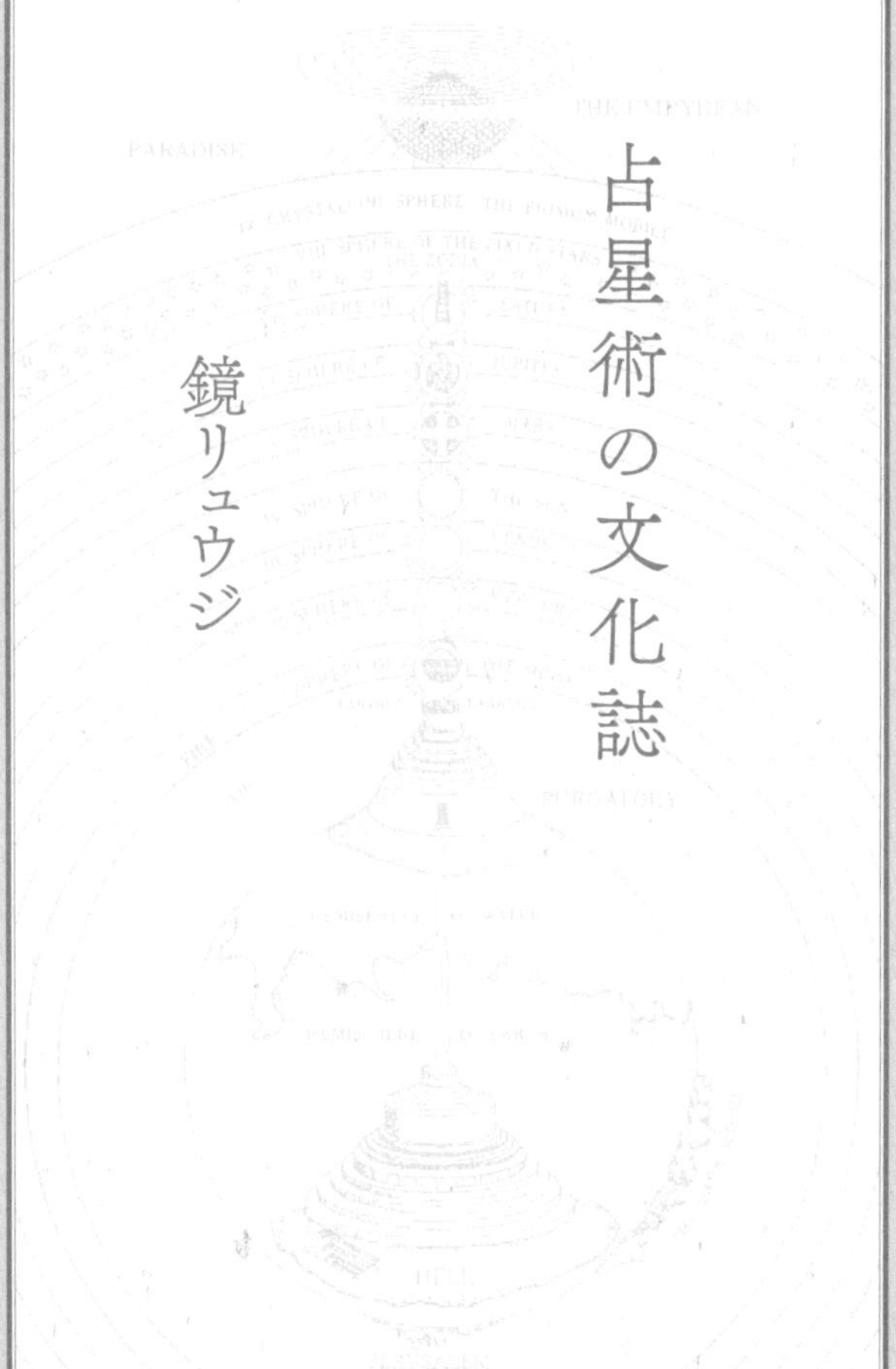

占星術の文化誌

鏡リュウジ

原書房

占星術の文化誌

目次

はじめに

　占星術の世界にかかわってもうずいぶん経つ。幼いころに星の神話に惹かれ、神秘的なものへの憧れから、いつしか「オカルト」と呼ばれる世界にどっぷりとはまりこみ、学生時代には「星占い」を看板に掲げてメディアで仕事をさせていただくことになった。

　それからいくつもの著書、翻訳書を出させていただくこともでき、少なからぬ数の人々に星の占いの世界をお楽しみいただいてきたのではないかと思う。

だが、その一方で、いまだにある種の歯がゆさが自分の中に残っているのもまた事実なのである。

　求められるままに雑誌やネットなどポピュラーメディアで「星占い」企画を提供させていただいてきた。その仕事も大好きではあるのだが、それだけが占星術だと受け取られていたのでは満足できない自分がいるのである。

　いや、占星術が立派で精緻な学問である、と言いたいのではない。占星術家のなかには、自分たちの占星術……詳細な生年月日、時刻、場所に基づくホロスコープによる占星「学」は、一種のサイエンスで、通俗的な星占いとは違う、などと主張する向きもあるが、僕の考えはそれとは違う。

占星術は近代の思考の枠組みからすると、あくまでも非科学であり、当たる・当たらない論争が始まるとどう考えても旗色が悪い。今世紀に入ってからの、占星術の的中率をめぐる統計的研究は、ほとんど占星術の有意性を否定する結果に終わってしまっている。

しかし、それでもなお、僕は占星術を愛している。占星術という思考法は、かけがえのない人生を星の動きと結びつけ、そこに意味を紡ぎ出す。その歴史は古く、そしてその広がりは驚くほど広い。

それは、近代的科学の枠組みだけではすくい上げることができない、人間の根本的な心の動き、思考の流れから占星術が生み出され、共鳴しているからではないかと僕は思う。統計という再現性の網の目にはかからない、一回性の——言い換えれば交換不可能な、かけがえのない人生の体験のなかでは、占星術は〝当たる〟ように感じられるのである。

占星術が普通に考えられているよりもずっと広い領域で人類の文化に関わり、寄与してきたことはその証左である。

占星術を単なる前科学、ないし偽科学と見るのではなく、思想史の重要なジャンルとして学問的研究の対象とする動きは、近年になって本格化してきた。「西洋」占星術の領域においては、ギリシャ語、ラテン語、アラビア語に通じた研究者たちによる科学史、文化史家たちの仕事に加え、宗教学、人類学などの立場からの分析もようやく加えられるようになっている。今後、文化史における「占星術」の重要性はますます認められていくだろう。

だが、そうしたアカデミズムにおける成果と、一般の人々の認識の間には、ずいぶんと隔たりがあるのが現状だ。

ありていにいえば、星占いといえば「今年の運勢を教えてください」という層と、専門性の高い論文を読みこなせる層の間には、大きな乖離があるのだ（これはいわゆる「プロ」占星術家にしても同じである）。

本書を執筆する動機は、その間を少しでも埋めることができないかという願いだった。本書を開いていただければわかるように、占星術は単なる運勢判断だけではなく、メディア、文学、美術、音楽、医術、心理学などなど実に幅広いジャンルで重要な役割を果たしている。本書で取り上げたのは、ほんの一部ではあるが、その「ほんの一部」を一瞥していただいただけでも、西洋の文化を理解するうえで星の文化がいかに重要であるかを感じていただけるのではないだろうか。

人はずっと星とともに生きてきた。そして、占星術という星の文化は人の歴史の中でそこここにきらめきを放っている。本書はそんなふだんは見過ごされがちなきらめきを拾い集めたものである。

この本が占星術の魅力と価値を少しでもお伝えするものになることを、それこそ星に祈りたい。

鏡リュウジ

第一章

占星術とメディア

マスメディアの「星占い」の誕生

書店の雑誌コーナーをのぞいてみよう。

以前ほど雑誌にメディアとしてのパワーがない時代ではあるけれど、それでも少なからぬ数の人が雑誌をぱらぱらとめくり立ち読みしているはずだ。とくに女性誌のコーナーを観察してみると、手に取った雑誌を後ろのほうから開く人がいる。

その姿を見ると、僕は嬉しくなる。そう、これは彼女が「星占い」をまずチェックしているということを意味するからだ。最近では例外もあるが、雑誌の星占いはたいてい、巻末近くに掲載されているのである。

僕自身が雑誌の星占いコーナーとかかわるようになってすでに久しい。はじめて雑誌で星占いの小さなコラムをもたせていただいたのは、一九八四年、僕が一六歳のときのことだったと思う。以来、実に三〇年以上も星占いの世界にいるのだから、我ながらあきれるというか、これもまた星の宿命のようなものなのかと思ったりもしている。

ともあれ、雑誌売り場で見かけた彼女が読んでいる星占いは、たとえば、こんなものであるはずだ。

魚座二月一九日～三月二〇日

【全体運】 頼まれ事が増える今週は、妥協しないことが重要なポイント。恋も仕事も、「あなたが合わせる」のではなく、「自然に噛み合う」形のほうが、あなたのプラスに。特に今週は、勝ちや結果を急ぐよりも、コダワリを貫くことがいい流れを呼ぶので、合わないチャンスは見送る勇気を……」

これはマガジンハウスの『ａｎａｎ』二〇一五年四月一日号、三月二五日から三一日までの一週間の魚座の星占い。占星術はサツキメイさんによる。イラストが大御所である宇野亜喜良氏であることから、『ａｎａｎ』誌にとっても星占いが重要な位置づけになっていることがわかる。

人の星占いばかりを俎上にのせるのはフェアではあるまい。そこで、講談社の月刊女性誌『ＦＲａＵ』に寄稿した僕自身の魚座の占いを見てみよう。ちなみに僕も魚座である。占う期間は二〇一五年四月一一日からの一か月間だ。

魚座　2／19〜3／20

知的な人との交流が増える星回り。ただ、あなたのほうが「顔出し」を怠ると、刺激的な知識や知性をもつ相手と出会い損ねてしまう心配が。「今から来ない?」という誘いや「一緒についてきて」というお願いには快くOKすべき……

というふうに書いた。誌面には、美しい花のアレンジメントを毎回撮り下ろしていただいていて、こちらもコストのかかった美しいページになっている。それぞれの雑誌、とくに女性誌が星占いのページに工夫をこらし、力を入れていることが見て取れると思う。

また、ネットメディアにおいても星占いは実に盛んである。たとえば、個人で始められた占星術のサイト「筋トレ」が国内でも有数の人気コンテンツとなった、「星占いライター」石井ゆかりさんのツイッター上でのフォロワー数は二五万七四六〇人！[1]である。

なお、石井さんの一二星座本（WAVE出版）は、二〇一〇年に出て以来、累計百万部を超えている。

僕自身の著書でサンクチュアリ出版から二〇一三年に出していただいた一二星座本も、それには及ばないが、現時点で五二万部を突破していることからも、「星占い」に大きな市場と需

1　二〇一七年一月三〇日二〇時二〇分アクセス

要があることがお察しいただけるのではないだろうか（ただし、星占い師になればすぐに成功できると思わないほうがいい。現実には、フルタイムの占星術家は国内外問わず、少ないと思われる）。

あなたも自分の「生まれ星座」をきっとご存じのはずだ。誕生日に紐づけられた星座は今や生まれ「年」の干支以上に普及しているといっていい。一見たわいない星座占いではあるが、あらためて振り返ると驚かされる。

西洋で発祥し発達した占いがこれほどの訴求力を見せているのである。それはもはやカレーライスやジーンズと同じくらいに日本文化の一部になっているといっていいだろう。

だが、その一方で、この星座占いがいつ、どのように誕生し、そして普及していったのか、ということはあまり知られていない。

占星術の文化史を語ろうとするなら、通例なら、古代バビロニアにさかのぼる占星術の起源から説き起こすのが定石であろうが、本書ではまずは足下からみていくことにしよう。

これほどまで身近で、これほどまでに普及している「星占い」がメディアで広がったのはいつごろのことなのだろう。そして、それはどんなふうに広がってきたのであろうか。それをさかのぼっていくと、三〇年近くも星占いを書いてきた僕自身もよく知らなかったようなことが見えてきたのである。

ロンドン蚤の市で見つけた星占い暦

最初におや？　と思ったのは、数年前にロンドンのアンティークショップで見つけた暦だった。

僕は仕事柄年に二、三度は渡英する。一つにはもちろん、占星術の「本場」、英国でさまざまな占星術研究者と交流し、学会などに顔を出すためだ。もちろん、しっかり観光もするが、ときおり思わぬところで思わぬ掘り出しものにも出会う。

最近、ロンドンでもおしゃれエリアとして注目を集めているショーディッチの蚤の市で、ヴィンテージの小物などの間にひっそりと置かれていた暦を見つけた。

FOULSHAM'S ORIGINAL OLD MOORE'S ALMANACK とある。オールド・ムーアのアルマナックといって、伝統ある星占い年鑑である。

アルマナックとは、辞書的にいうと「年鑑」という意味だが、とくに英国では占星術の暦を指すことが多い。アルマナックは一六世紀ごろからヨーロッパで普及した出版物で、一年ごとのカレ

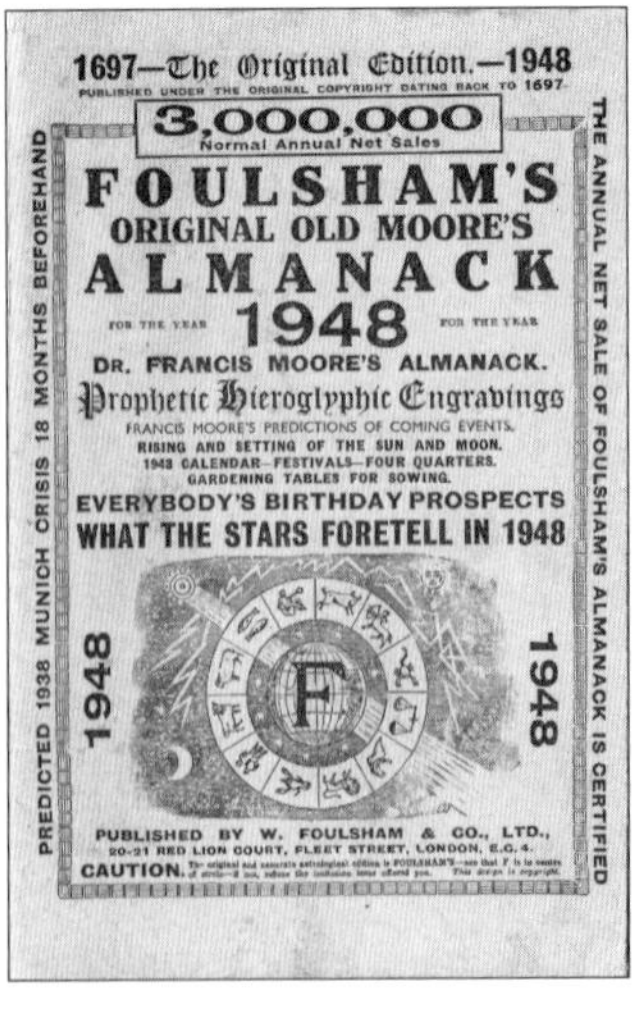

FOULSHAM'S ORIGINAL OLD MOORE'S ALMANACK

ンダー、星回りとそれに基づいた予言、さらには教会行事や生活の知恵なども書き込まれた内容によって大衆の人気をさらってきた。かの一六世紀フランスの大予言者ノストラダムスも、後世に名前を残す予言詩集に先だって、占星術のアルマナックを出して成功している。一七世紀半ばのロンドンでは実に聖書を上回る部数のアルマナックが出ていたという。[2]

オールド・ムーアの暦は現在も出版されているが、現存する英国のアルマナックとしては最古のものだとされている。

その一九四八年版が見つかったのだ。まあ、このくらいの年代のものはアンティークとはとても呼べずガラクタ扱いで、実際、その店でも売り物としてではなく、一種のディスプレイとしておかれていた。値段もつけられていない。だが、こういうものも貴重な資料になると思い、店番にいくらか聞くと、さもつまらなそうな顔で、五ポンド、などというので、すぐに買い取った。

星占いを書いている身としては、戦後間もないころの占い記事とはどんな内容だったのかということが気になったのだ。

気もそぞろに、カフェで入手したばかりの戦利品を開く。魚座生まれの運勢や性格はどのように書いてあるのだろうか。

2　キース・トマス『宗教と魔術の衰退　上』荒木正純訳、法政大学出版、一九九三年

EVERYBODY'S BIRTHDAY GUIDE—1948—*continued*

OCTOBER.—Quite a deal of good luck will follow those whose birthdays fall on the 1st, 2nd and 3rd of the month, and there will be a very auspicious opening out of affairs along new channels. The year ahead is good for interests of an overseas character, for travel, for business and for legal or philosophical affairs. The 4th to the 6th birthdays also show progress with a deriving of financial benefits, although those born on the 6th will find their benefit associated in some way with sorrowful conditions. For those born from the 7th to the 11th, the year ahead is shown to bring worry and anxiety with a need for watching both personal health and the health of others. Brighter conditions are indicated for birthdays from the 12th to the 16th, and the year will bring a better stabilising of home affairs with more security of tenure. It will be easier to make plans ahead and to carry these plans into operation. The 17th to the 23rd people will have a very eventful year, but there will be some liability to sudden disturbances, possible danger and accidents. Working or business affairs will be affected adversely through industrial matters beyond personal control, but those born on the 21st will experience many compensations. The 24th to the 28th anniversaries bring opportunities for the advancing of financial and affectional matters and the year is good for artistic, literary and social affairs. The last three days are favourable birthdays and also show an opening out of new interests with the forming of new friendships and associations and obtaining recognition of personal ability.

NOVEMBER.—Birthdays falling on the 1st and 2nd signify that the year ahead will be an eventful one, but disruptive conditions affecting the home, affectional or marital ties will be experienced, and sudden partings or breaks will occur. The 3rd to the 6th give much happier conditions, and the year will be productive of quite a deal of luck and good fortune, even though the 5th people will experience some

MARRIAGE AND YOU

Marriage Partners for January Born People.—If you are born under the CAPRICORN VIBRATION (December 22nd to January 21st) you will entertain certain idealistic conceptions regarding marriage but will also view things from the practical standpoint as well, and hence it will not be too easy to find the partner of your desires. You would, however, mate very well with Taurus born people (April 20th to May 21st), as these people would be practical in the handling of the financial side of marital life and you would be able to rely upon them to spend money to the best advantage. They would also help you in interests of a public or political nature.

Marriage Partners for February Born People.—The Aquarian vibration (January 22nd to February 19th) signifies that marriage will be associated with and will react upon your hopes and wishes. The ideal partner will be found under the influence of Sagittarius (November 22nd to December 21st) as these individuals would bring variety into your life and hence help to break up some

FOULSHAM'S ORIGINAL OLD MOORE'S ALMANACK より
（下）「結婚とあなた」という項目では 1 月生まれの人、と項目が立っており、その次に「山羊座の波動の下に生まれた人（12 月 22 日から 1 月 21 日生まれ）」と補足してあることから、48 年当時は誕生星座がいまほど普及していなかったことがわかる。

が……なんと、星座占いの項目が見つからないのである。

冒頭には一九四八年の社会的な予言。次ページには一年を四半期に分けた予言。女優マーガレット・ロックウッドのホロスコープの分析などが続き、毎月の予言と天文暦がくる。多くの広告があって、最後のほうにくるのが*EVERYBODY'S BIRTHDAY GUIDE 1948*（みんなの誕生日占い――一九四八年）である。ここには生まれ月別の年間予言が掲載されている。それは単に一月生まれは、というのではなく、たとえば三月であれば「三月の最初の五日間に生まれた人には大きな発展が見込める」などとなっているのである。

これがわずか四ページのみ。そしてそのセクションに続く「結婚とあなた」の項目でやっと星座が出てくる。

しかし、ここでも見出しには星座はない。「一月生まれの人にとっての結婚相手」という見出しのあと、本文中に「もしあなたが山羊座の波動のもとに生まれていれ

2011年版のオールド・ムーア

ば（一二月二二日から一月二一日）……」とあるのである。

お気づきだろうか。一九四八年の星占いの暦では、誕生星座は見出しに立っていないのである。これがこの暦の標準的な書式かといえばそうではない。

うちの書庫にもこのようなパルプ版の星占い暦は揃えていないが、たまたま数年前に買っておいた二〇一一年版のオールド・ムーアの暦を開いてみた。すると世界情勢の予言のすぐあとに、各星座二ページずつ、つまり二四ページ分を使って毎月の細かい「星座占い」による星占いが掲載されている。

この差は細かいようだが実に重要な事実を示している。

つまり、一九四八年の時点では、占星術の本場である英国においても、「星座占い」は一般的ではなかったことを意味しているのだ。

今ではイギリスでも日本でも、読者は記事の見出しにある生まれ星座を見て、すぐに自分の運勢に該当するコラムがどれかわかる。だからこそ、日本の女性誌『ａｎａｎ』も『ＦＲａＵ』も、あるいは現在のイギリスのアルマナックも、生まれ月ではなく、星座名を見出しにおいている。だが、一九四八年当時の暦では、見出しは星座ではない。

つまり、二〇世紀半ばには、欧米においてすら、自分の生まれ星座を知らないという人、つまり、誌面で自分の誕生日に紐づけられた星座を調べなければならない人が少なからずいた、ということをこの暦は示しているのではないだろうか。

西洋占星術の歴史は古い。牡羊座、牡牛座といった一二星座と惑星の運行をもとにするホロスコープの占星術の歴史は紀元前のバビロニアに遡る。そしてずっと昔から「星占い」は存在していて、それを戦後、あるいは明治大正期に僕たち日本が急速に輸入したのだ、と漠然と思っていた方が多いはずだ。僕自身、ついこの前までそうだった。

だが、意外なことに「星座占い」の普及は、西洋においてさえ新しい現象だったのである。この歴史について、国内外のことを少し調べていってみよう。

だが、その前に、みなさんには、まず知っておいていただかなくてはならないことがある。ごく簡単な占星術のしくみである。つまり、あなたの誕生星座がどのようにして決められているか、ということだ。

占星術の宇宙観　二四節気と一二星座

自分の誕生星座が何かを知らない人は、現代日本ではほとんどいないだろうが、どのようにして自分の誕生星座が決められているかを知っている人は多くはないだろう。生まれ星座は適当に決められていると思う向きもあると思うが、実はそうではない。

誕生星座の決定には、きちんとした暦上での「根拠」があるのだ。そして、その根拠は、季節にセンシテイブな日本人には実になじみ深いものなのである。

一二星座の区分

牡羊座	三月二一日～四月一九日
牡牛座	四月二〇日～五月二〇日
双子座	五月二一日～六月二一日
蟹座	六月二二日～七月二二日
獅子座	七月二三日～八月二二日
乙女座	八月二三日～九月二二日
天秤座	九月二三日～一〇月二三日
蠍座	一〇月二四日～一一月二一日
射手座	一一月二二日～一二月二一日
山羊座	一二月二二日～一月一九日
水瓶座	一月二〇日～二月一八日
魚座	二月一九日～三月二〇日

二四節気

立春（りっしゅん）	二月四日頃
雨水（うすい）	二月一九日頃
啓蟄（けいちつ）	三月五日頃
春分（しゅんぶん）	三月二一日頃
清明（せいめい）	四月五日頃
穀雨（こくう）	四月二〇日頃
立夏（りっか）	五月五日頃
小満（しょうまん）	五月二一日頃
芒種（ぼうしゅ）	六月六日頃
夏至（げし）	六月二一日頃
小暑（しょうしょ）	七月七日頃
大暑（たいしょ）	七月二三日頃
立秋（りっしゅう）	八月八日頃
処暑（しょしょ）	八月二三日頃
白露（はくろ）	九月八日頃
秋分（しゅうぶん）	九月二三日頃
寒露（かんろ）	一〇月八日頃
霜降（そうこう）	一〇月二四日頃
立冬（りっとう）	一一月七日頃
小雪（しょうせつ）	一一月二二日頃
大雪（たいせつ）	一二月七日頃
冬至（とうじ）	一二月二二日頃
小寒（しょうかん）	一月五日頃
大寒（だいかん）	一月二一日頃

※日付は年毎に前後する

まず、誕生星座の始まりの日付をみていただきたい。媒体によって若干の異同はあるものの、おおよそ、20ページ上の表のようになっているはずだ。

たとえば、僕は三月二日生まれなので、二月一九日から三月二〇日までの期間に該当し、結果、「魚座生まれ」となるわけだ。が、なぜ二月は魚座、三月は牡羊座、というふうにキリよくいかないのだろうか。毎月、二〇日前後という不思議な日付で星座が切り替わっているのはなぜなのか。

それを理解するには初歩的な天文学の知識が必要になる。ここではごく簡単にご説明しようと思うが、その前に、この星座の切り替えの日付をじっくりとにらんでみて欲しい。何かに気が付かないだろうか。そう、これは伝統的な二四節気と重なっている。

確認のため、20ページ下の表の節気の日付を見ていただきたい。

誕生星座の牡羊座は毎年の「春分」の日付から始まる。続く牡牛座は「穀雨」から、双子座は「小満」から始まるのである。誕生星座の一二星座は、一年をおおよそ一二に分割したものであるが、それをさらに半分ずつにした日付が二四節気ということになる。

これは偶然の一致かというと、もちろん、そうではない。日本人になじみ深い、二四節気という季節の節目にあたる日付と、西洋占星術における誕生星座の日付は、実は同じロジックにしたがって定められている。だからこそ、その日付が合致するのだ。

では、二四節気はどのように定義されているのか。国立天文台のウェブサイトには以下のようにある。

二十四節気（にじゅうしせっき）は、1年の太陽の黄道上の動きを視黄経の15度ごとに24等分して決められている。

簡潔な定義で正確この上ないのだが、これでは初心者には難しいだろう。ちょっとかみ砕いて説明したい。

太陽系宇宙は、太陽のまわりを地球をはじめとする惑星が回転していると、今では誰でも知っている。しかし、地球が動いているという実感を得るのは感覚的には極めて難しい。少し地表が揺れる現象——つまり地震——でさえも、地面に生きる僕たち人間にとっては極めて深刻な影響を及ぼす。だとするなら、この大地そのものが猛スピードで宇宙空間上を移動しているなど と、想像することすら極めて困難であったと、すぐに理解できるだろう。

古代ギリシャの時点で、地球が動いていると唱えた自然哲学者はいたことにはいたのだが、ヨーロッパにおいてはかのコペルニクスにいたるまで、宇宙の中心には地球があるという考えが主流であった。

いわゆる科学革命の時代にいたるまで、西洋は地球を中心とした宇宙観——Geocentrism, 地球中心説、ないし天動説——に支配されていた。この地球中心説の宇宙観を決定づけたのは、二世紀のアレクサンドリアの天文学者にして占星術家でもあったプトレマイオスである。
当然、占星術はこの地球中心説のなかで発展してきた。
実際には、地球のほうが太陽の周りを一年かけて一周するのであるが、地球を不動のものととらえると、地球から見て、太陽のほうが一年かけて天球を一周するように見える。この見かけ上の太陽の通り道を「黄道」と呼んでいる。

黄道と星座宮のイメージ

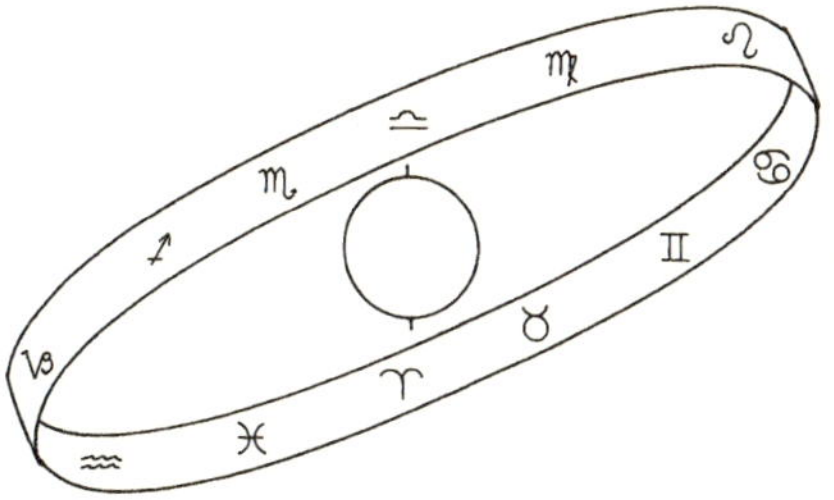

この太陽の通り道、三六〇度の黄道をきっかり二四で割った座標を太陽が毎年通過するときが二十四節気の日付であり、またその半分の一二で割った場所を太陽が通過するときが「一二星座」の切り替え日となるわけである。

黄道は、地球の赤道面を延長した「天の赤道」にたいして、斜めに横切るかたちになっている。

そこで、太陽の高さは毎年、一定の周期で変わることになるのだが、これが一日の中での昼間と夜の長さが変動し、季節が生まれる原因となる。つまり、地球から見た太陽の位置で季節の目安が決まるわけだ。だからこそ、太陽の位置を基準にした日付を季節の目安とする。

一方、西洋では黄道付近にあった一二の星座の名前をとって、この三〇度ずつ、一二の宇宙空間の区切りを「星座宮」（サイン）と呼ぶことになった。これは春分点を基準とする。

日本語では、実際に天にかかっている星座も、占星術で用いるこの規則的な分割も両方、「星座」と呼ぶので、ややこしいのではあるが、英語では、実際に見える星座は「コンステレーション」と呼び、三〇度ずつのサインとははっきり区別している。

そして、占星術でいう、「誕生星座」とは、その人が生まれた時に、地球から見て、太陽が黄道上のどこの位置にあったかによって決定される。

たとえば、三月二日生まれの僕は、「魚座生まれ」とされるが、これは僕が生まれた時に、太陽は地球から見て、魚座のサインの方向にあったということを意味しているわけだ。

ということは、「魚座のもとに生まれた」といっても、僕が生まれた時に、星空で魚座は輝いていなかったことになる。

そう、太陽が魚座の方向にあるときに生まれたのだから、魚座は見えるはずはない。魚座は昼間の空にあり、地球からは見えない季節なのである。

なお、記事によって星座の境界線の日付がずれていることがあるのは、それが毎年の太陽の実際の動きと、暦の上でぴったり合致するわけではないからだ。これは春分や夏至の日付が年によって一日ずつくらいズレてしまうのとまったく同じ理屈なのである。

だから、もしあなたがいわゆる星座の境界線上で生まれていて、メディアによって紐づけられる誕生星座が異なる、という場合には、あなたが生まれた時の天文暦などを参照して正確に調べるのがよい。このとき、出生時刻や場所があればなおよい。今ではネット上でも簡単に計算できるサービスがあるので、利用してみるのもいいだろう。

「ホロスコープ占星術」対「星座占い」　占星術師の敵は占星術師

これで、いわゆる星座占いの仕組みをご理解いただけただろう。

「星占い」というから、なんだかもっとロマンチックなものかと思っていたら、案外、天文学的な根拠にのっとっているのかという感想をお持ちになった方もおられるだろう。一方、しくみがわかったところで、すべての人を一二のカテゴリーに分けるという点ではやっぱり大雑把だなと思われる方もいるだろう。

だが、重要なことは、この「誕生星座占い」が、懐疑主義的な人ばかりではなく、占星術師たちからも、つまり同業者たちからも、すこぶる評判が悪かった、ということである。

一体何が問題なのだろうか。

誕生星座＝太陽星座占いへの、占星術師たちからの手厳しい批判は早くも一九三〇年代から現れている。たとえば、一九三四年二月の「英国占星術ジャーナル」の冒頭から。

新聞記事（の星占い）におけるもっとも誤解を招く側面は、太陽の星座にきわめて重要な力点が置かれており、まるでほかの影響力が皆無であるかのように提示されている点だ。こうした記事を書く著者たちは、太陽による診断しか知らず、本当の科学（True Science）について全く無知である可能性がある[3]……

惑星の軌道を示した図。©sntpzh/Shutterstock

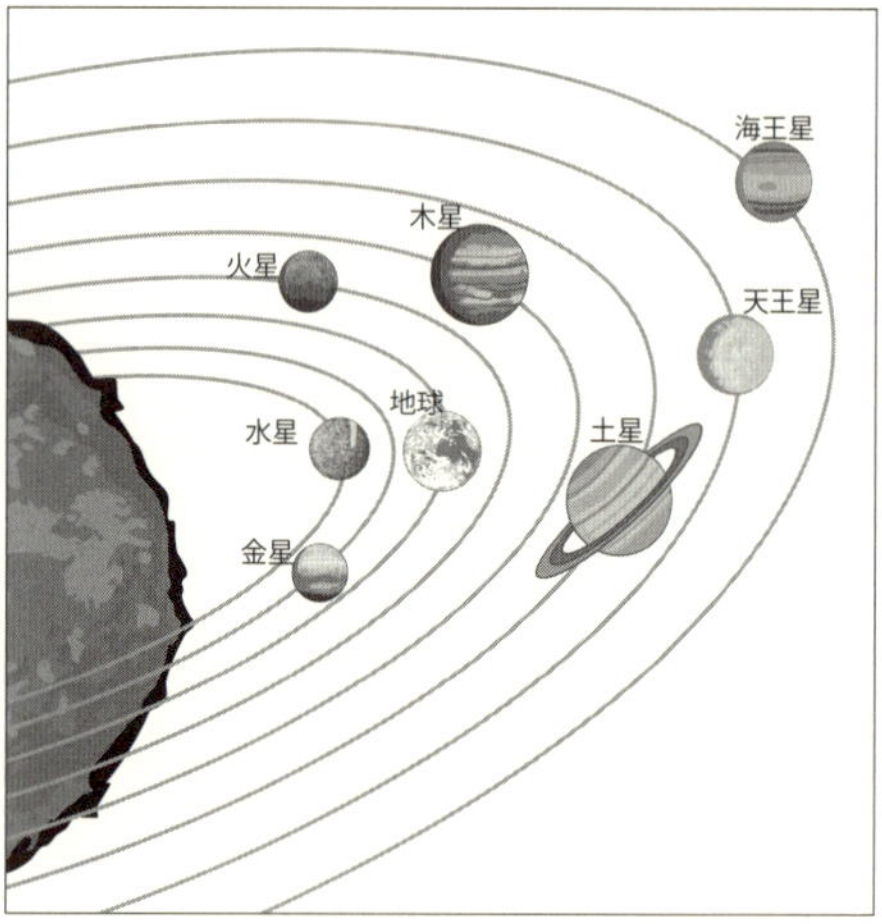

英国占星術ジャーナルというのは、職業占星術師たちによる「学術誌」であるが、ここで新聞の星占いと対置されている「本当の科学」True Science とは何であろうか。これは、正確なホロスコープによる占星術のことなのだ。中学校か高校で習ったであろう、太陽系のモデルを思い出してみて欲しい。太陽を中心にした惑星たち、すなわち水星、金星、火星、木星などは、地球と同じように太陽の周囲を回って

3　Kim Farnell, *Flirting the Zodiac*, The Wessex Astrologer, 2007.

いる。

その軌道を思い返していただきたいのだが、惑星たちの通り道は、レコード盤のように、ほぼ平面として図示されている。

ということは、太陽系の星の位置は、同じ平面上で示すことができるというわけだ。伝統的な世界観では地球が宇宙の中央にある。地球から見ると惑星たちは、太陽の通り道（黄道）とほぼ同じコースを動いているように見える。そこで、黄道上の位置（つまり星座宮、サイン）を使って、ある時点での惑星の位置を示すこともできるということなのだ。

こうして、一二星座宮、太陽と月と惑星群を一枚の図表に示す。これが「ホロスコープ」である。

専門的な占星術家は、黄道帯上の天体、地平線の位置などを、細かく観測、計算して図表化する。そこで必要になるのは、単に誕生日だけではなく、出生時を使うとするなら、生年月日と時刻、場所だ。

僕たちが普段使うカレンダーは太陽暦なので、月日がわかればだいたいの黄道上での太陽の位置はわかるが、ほかの天体の位置はわからない。そこで専門の天文暦を使ったり、現在では占星術用のソフトを使ってホロスコープを計算する。

こうしてできたホロスコープは、理論上は、その人だけのものなので、より正確な判断ができる、と占星術家たちは考えているのである。

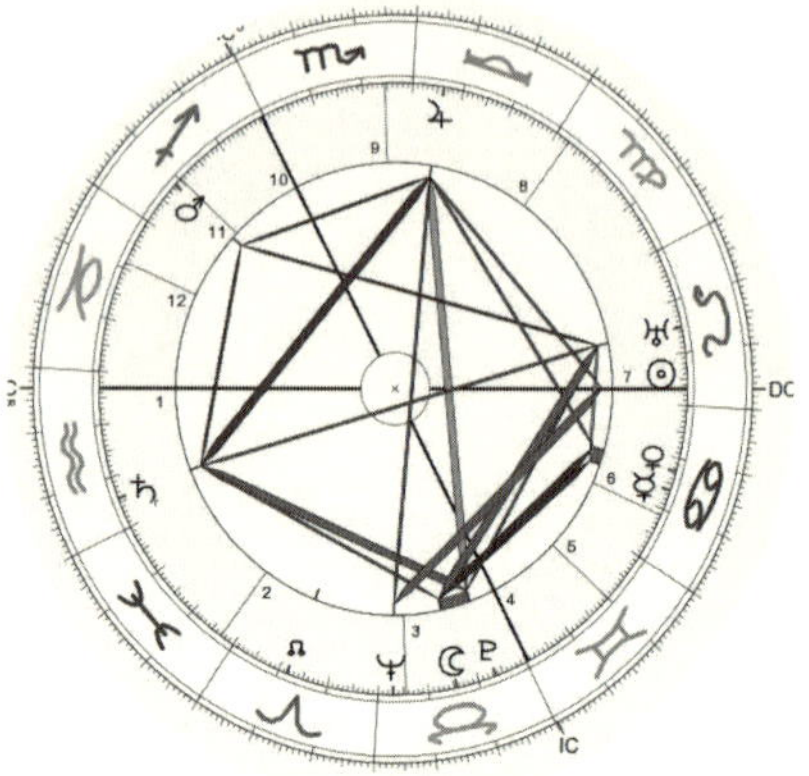

現代のホロスコープの例。ユングのホロスコープ、Astrodatabank

ちなみに、上の図は心理学者ユングのホロスコープだ。

ユングは七月二六日生まれなので、誕生星座、つまり太陽星座は獅子座である。

ホロスコープでは星座や惑星は記号で示されることが多いが、太陽を表すのは⊙のマーク。これを図から探すと、太陽は♌のエリアにある。♌は獅子座のマークであるから、ホロスコープの図の上でも太陽が獅子座に入っていることが確認できる。

しかし、このホロスコープに描きこまれているのは太陽だけではない。たとえば☽は、もちろん、月を意味している。月は牡牛座（♉）のエリアに入っているので、ユングが生まれた時には月は牡牛座にあったということになる。

月はおよそ二日半で一つの星座を抜けていく。そこで、誕生日が違えば同じ星座生まれ（太陽星座）でも、月の星座は異なる。これだけでも、太陽と月の組み合わせで一四四のパターンができる。さらに水星、金星、火星、木星などを組み合わせていけば、それは膨大なバリエーションとなり、細かな判断ができるようになる、というわけである。

このような計算には、かつては高度な知識と技術が必要であった。占星術家が「本当の科学」と誇らしげにいったのも、無理からぬことであっただろう。

それに比べれば、太陽の位置だけで大雑把に人類を一二に分けて占うというのは、いかにも乱暴である。面倒な計算のいらない部分だけを切り出して、マスコミが商業用に作り上げた占いであるとして、本格的な占星術師たちがこれを軽視したというのもうなずける。

このようなマスメディア向けの星占いが新聞に初めて掲載されたのは、一九三〇年のことだと言われている。二千数百年の歴史を誇る「ホロスコープ占星術」のなかでは、きわめて新しい現象だと言わざるをえない。

しかし、すぐあとで見るように、最初の段階ではまだ誕生星座別の占いが掲載されていたわけではなく、誕生日に基づくものであった。

英国、あるいはアメリカで戦争をはさんで徐々に星座による占いが普及していくことになるが、本書冒頭で、「オールド・ムーアのアルマナック」一九四八年版を参照したように、一九四〇年代末になっても、まだ誕生星座占いは完全に一般には周知されていなかったようで、今のように広く誕生星座を知るようになるのは、一九五〇年代になってからだと思われるのである。現代占星術の発展を自らの博士論文のテーマとして選び、広範な調査を行い、現在、英国ウエールズ大学で「文化天文学と占星術」修士課程コースを率いるニコラス・キャンピオン博士によれば、「二〇世紀初頭以前のどの占星術家にとっても、太陽星座《サンサイン》は無意味なものであった、私の集めた証拠では、少なくとも英国においては、一九五〇年代になるまで大衆の気持ちをつかむものではなかったのである」[4]

最初のマスコミの星占い

一九二九年のウォールストリートの株価大暴落の影響で暗いムードに包まれていた世界の中で、英国人にとって喜ばしいニュースが一つあった。

一九三〇年八月、ロイヤルベビー、マーガレット王女の誕生だ。当時も各種メディアは、どんなかたちでこのおめでたいニュースを伝えるか、ということを考えたはずだが、『サンデー・エクスプレス』の企画は現代の占星術の発展に決定的な影響を及ぼすことになる。

それは、占星術師にマーガレット王女の星を占わせる、というものだった。

大不況の暗い世相のなかでの王女の運命には、皆が関心をもつはずだ。そして、それは国民の運命とも重なるところが大きいはずなのだ。

ロイヤルベビーを占う栄誉ある占星術師としてまず白羽の矢が立ったのは、当時、英国でもっとも人気のあった占い師カイロ（キロー）だったという。

4 Nick Campion, *Astrology and Popular Religion in the Modern West*, Ashgate, 2012.

カイロ（Cheiro）は筆名である。日本でもキローという発音で占い関係者にはよく知られている人物だ。カイロは占星術家でもあったが、占いの業界では手相術を普及させた人物として知られている。何しろ、そのペンネーム、カイロもギリシャ語の「手」に由来するのであるから（カイロプラクティック、というのも同じ語源に由来する。手の技、という意味）。カイロの手相教本、『手の言葉 *The Language of Hand*』は大正期より日本でも何度か翻訳され、いわゆる「生命線」「頭脳線」という名称を使う西洋流の手相を普及させることになる。

多くの占い師の例にもれず、カイロの人生も伝説と事実が入り交じっているのだが、一八六六年一一月一日にアイルランドのダブリンで生まれているともされる。伝説ではジプシーに誘拐され、幼いころから透視能力を発揮して、インドにわたって手相と占星術を学んだなどともいう。一九二〇年代にはすでに名声を得ており、女優のサラ・ベルナールや、かのオスカー・ワイルドを顧客に迎えているなどとも伝えられていた。

カイロ（キロー）

サンデー・エクスプレスの編集者がカイロを指名したのは、当然の成り行きだったが、当時カイロは多忙に過ぎたようで、マーガレット王女を占う役目を助手であったR・H・ネイラー（リチャード・ハロルド・ネイラー）に譲った。

そして、最初の新聞上での「星占い」と、この占星術業界では名高い記事が現れるのである。

ただ、注意したいのは、この記事は現在のマスメディアでよく見られるような、一二の星座のそれぞれの記述に、ほぼ同じ文字数が割り当てられ、ある期間についての動向やアドバイスを示す形式はとっていない。まだ現在のかたちでの「星占い」は完成していなかったのだ。

その記事を参照すると（幸い、この記事はキム・ファーネルの著書の中にまるごと引用されている）[5]、まずはマーガレット王女の出生のホロスコープの、ごくごく基本的な解釈である。

ネイラーは「さまざまな出来事に満ちた」(eventful) 人生になると予言、そのうえでマーガレットが自立した新時代の女性であるとし、「七年後にイギリス王室にとってきわめて重大な一連の出来事が起こり、こうした出来事がマーガレット王女自身の運命にも間接的な影響を与える」と書いたのだった。

はたして、予言の年、一九三六年にエドワード八世が王位を放棄するという一大事が起こり、

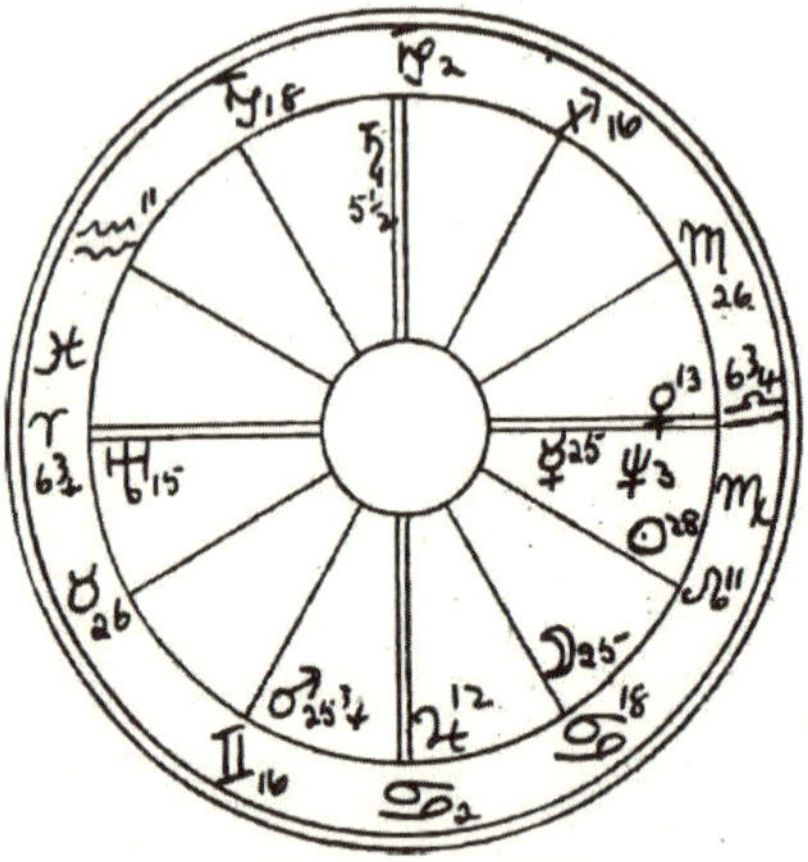

THE NEW PRINCESS' HOROSCOPE.

ネイラーによるマーガレット王女のホロスコープ

5 Farnell, ibid.

結果、父がジョージ六世として王位についたために、マーガレット王女自身の王位継承権も第二位に繰り上がる。この予言が「的中」することになるかどうかは、当時の読者たちは知る由もなかったわけだが、ネイラーの星占いコラムは読者から好意的な反響を獲得し、その後も続いて掲載される。

一〇月五日付の新聞で、ネイラーはこのような予言をする。

一九三〇年の秋、地震が起こる。大部分は海底で起き、半島部が影響を受けることになる。起きるのは一〇月ではないかもしれないが、八日から一五日の間はとくに危険だ。ただし、一一月から一二月にかけて起こる可能性もある。またイギリスの航空機もほぼ同じ日付に危険にさらされる。

一〇月五日に、イギリスの航空機R１０１が墜落し、日付は違っているもののこの「予言」が的中したと解釈され、ネイラーは瞬く間にスター占星術師の位置に上り詰めた。

占いによる予言はたいていそうだが、実際には日付もズバリというわけではないので、「的中」と言えるかどうか、疑わしいのは事実である。しかし、これが「的中した」と噂になったためにネイラーのホロスコープは、全国に巨大な影響を及ぼすことになった。「月曜日の買い物がよくないとネイラーがいえば、ウエスト・エンドでは星の配置が好転するのを待つ人が続出したのである」（ネイラーを起用した同紙の娯楽記事担当編集者アーサー・クリスチャンセンの言）。

ただし、こうしたセンセーショナルな「予言」は、実は占星術の歴史の上ではさほど革新的なものではない。一六世紀の占星術師で予言者、ノストラダムスを思い出そう。ノストラダムスもいわゆる「年鑑」での予言で名声を博した。また一七世紀ロンドンには、一六六六年のロンドン大火を予言し、大成功を収めた占星術師ウィリアム・リリーがいた。

ネイラーとサンデー・エクスプレスが真に画期的であった点は「誕生星座占い」そのものを準備したことにある。先ほどのプリンセスのホロスコープの解釈を引用しよう。注目すべきは、この部分だ。

この赤ちゃんは、真に「ロイヤル」なものである。……彼女は伝統的に「ロイヤル」な星座である獅子座に太陽が運行していた時にお生まれになっているからだ。

プリンセスはこの月に生まれたすべての人々と、ある基本的に共通した性格を共有している。つまり、ある意味で、王女はこの時期に誕生日をもつ、サンデー・エクスプレスの読者の方すべてにとっての占星術上の従兄弟Astrological cousinといっていいのである。

王女と誕生日が近いというだけで、星の上での家族になれる！　なんという素晴らしい表現だろう。そしてそれらの人々は「忠誠心、プライド、そして愛し愛される性質と、さらに強い意志をもつ」というのだ！

さらに、ネイラーはこのように続ける。「どの年であれ、七月最初の週に生まれた幸運なるサンデー・エクスプレスの読者の方は、大幸運期に入るだろう。金銭はやってくる……いやそれ以上に大切なことはより安寧なる時期がくるということだ！　もし七月はじめ、あるいは一一月はじめ、あるいは三月はじめの生まれであれば、銀行の支店長があなたによくしてくれることだろう！」そして、さらに「今週の出来事に関するいくつかのヒント」として、その週の誕生日の人に向けた「八月二七日……ロマンティックでわくわくするようなとき」などという、ごくごく簡単な占いも付した。これが、先に述べた飛行機事故の予言とあいまって大反響を呼び起こすのである。

さらにその二年後、海を越えたアメリカでは、『あなたの運命　*Your Destiny*』という一種の占い雑誌で今のような、星座ごとの欄になっている星占いが登場する。

射手座の人（Sagittarians）、とくに一二月六日から九日に生まれた人には何かを変えるのにいいときです。それはビジネス上の、あるいは経済上の調整や仕事の環境についてのものになるでしょう。家庭内では少し荒れ模様で一一月二六日から三〇日に生まれた人にとっては欺瞞やエネルギーの浪費に気を付けるべきときです。

今の星占いとほとんど変わらないスタイルになっている。こうして大戦の前にマスコミ占星術の種子はまかれていったのである。

マスメディアの占星術が完全に花を咲かせるのは一九六〇年代に入ってからなのであるが、そのときに大きな力を与えたのは、星占いの単なる「予言」だけではなかったのだと僕は考えている。

今、星占いの人気は「予言」「予測」だけにあるのではない。むしろ、星占いの需要は「あなたはこんな人」という性格描写に大きな比重が置かれているということにお気づきであろうか。ネイラーの占いも、プリンセスの潜在的な才能や性格を描写し、そこに読者の性格を重ね合わせるというスタイルが画期的だったといえるだろう。ここでは占星術のより深く、よりラディカルな変革に、現代人の変化が映し出されている。

そこには外面的な予言ばかりではなく、個人の内面に焦点をあてる占星術の誕生が大きくかかわっている。この動きは一九世紀半ばから始まっていた。

次章ではそれを見ていくことにしよう。

太陽占星術の誕生

前章では、いわゆる「星座占い」の普及が普通に考えられているよりもずっと新しい現象であることを確認してきた。そして、この「星座占い」が、そのしくみとしては太陽星座の占いであるということもご理解いただけたと思う。

これだけ普及している星座占いだが、一九四〇年代ではおそらく英語圏でも広くは知られておらず、ごく一般の人であれば自分の「生まれ星座」を即座に言えなかった可能性が高いのである。

星座占いの爆発的な普及は、おそらく六〇年代も後半になってからだといっていいだろう。なぜそう言えるのか。占星術の出版史を見ていくと、単行本というかたちで英語圏で最初に太陽星座占いの本を大ヒットさせたのは、リンダ・グッドマン（本名 Mary Alice Kemery）という人物であることにつきあたる。世界的に太陽星座占いを普及させた、最大の貢献者といってもよいグッドマンであるが、残念ながら日本ではさほど知られていない。日本でも一冊、グッドマンの本の翻訳はあるものの、さほどのヒットには繋がっていないようで、日本の星占いファンの間での知名度が高くないのが惜しまれる。

そう、一九六八年に刊行された、その名も『太陽星座 *Sun Sign*』[1]という彼女の本こそ、真の意味で星座占いを広く知らしめたのである。

この本は出版後すぐに大ベストセラーになり、五〇〇万部を超すヒットを記録した。今でも刷りを重ね、電子版も出ている。本書の登場によってはじめて、星座の占いは日常的な人々の「常識」になったということができる。実際、このシンプルな星占い本が本格的で複雑な占星術への入り口になった、というプロの占星術家も多いのだ。

一見小さな本ではあるが、細かい文字でびっしりと書きこまれていて、その情報量は多い。ここにはいわゆる未来予想的な要素はほとんどなく、実に豊かな語彙とたとえによって各星座の人の性格や行動パターン、価値観などが分厚く詳細に描写されているのが最大の特徴だ。

むろん、時代の制約もあって、そこで描かれるライフスタイルは、今の視点から見ると少し時代遅れなかんじも否めないが（とくに女性は結婚することを前提に書かれている点など）、そのたとえの豊かさや描写は今の高いクオリティの星占いをもしのいでいると言わざるをえない。星占いを日々書く僕自身、このような筆致で書くことができれば、と学ぶところが大きい。何といってもその表現に詩情がある。

1 Linda Goodman, *Linda Goodman's Sun Signs*, Tapilinger Publishing 1968, Bantam Edition 1971.

ここにご紹介するのは、水瓶座のセクションの冒頭だ。翻訳するよりも、まずは英語でその表現を見ていただきたい。

Lots of people like rainbows. Children make wishes on them, artists paint them, dreamers chase them, but the Aquarian is ahead of everybody. He lives on one. What's more, he's taken it apart and examined it, piece by piece, color by color, and he still believes in it. It isn't easy to believe in something after you know what it's really like, but the Aquarian is essentially a realist, even though his address is tomorrow, with a wild-blue-yonder zip code.

易しい英語だが、美しい。僕の拙い訳で雰囲気が伝わるかどうかわからないが、おおよそこんな内容である。

虹を愛する人は多いでしょう。子どもたちは虹に願いをかけ、芸術家たちは虹を描き、そして夢想家たちは見果てぬ夢の虹を追い求めます。けれど、水瓶座の人は虹で生きるのです。それどころか、水瓶座の人は虹を解体し、そのパーツを、そして色を分解して細かく観察さえします。しかし、そのうえでなお、水瓶座は虹を信じます。実像を見抜いてしまった後も、そこに夢を見て愛することは簡単なことではありません。水瓶座は本質的には現実主義者です。が、それでもなお、水瓶座は明日に生きます。水瓶座の居住地の郵便番号があるとするなら、それは遠い遠い明日の場所を指すものでしょう。

実に格好いいではないか。はじめてこの本を読んだ学生時代には、水瓶座生まれになりたいと思ったほどだ。

ついでに補足しておくと、「虹の解体」という主題は、科学が神秘になしたロマンの破壊を指すたとえとしてよく出てくるものだ。かの懐疑主義者にして疑似科学批判の急先鋒、さらに「利己的遺伝子」で有名なリチャード・ドーキンスの著書にも『虹の解体』というタイトルがある。この言葉は、英国詩人キーツの unweave the rainbow という一節に由来する。キーツはプリズムの実験で、虹の正体を暴いたニュートンを詩の中で批判した。いわゆる近代科学の目によって、虹の美しさの正体を光の波長に「すぎない」として物質的に矮小化してしまう科学主義、科学信仰の浸透を詩人らしく嘆いているわけである。

が、ドーキンスは、そうではない、というのである。科学の目が虹を解体してもなお、むしろ、科学を通して自然の事実を見た時にこそ、自然の実相の素晴らしさから感動が生まれるのだ、と反論する。

この科学主義者ドーキンスは、激烈な占星術批判者としても知られている。占星術を含め疑似科学を強く弾劾し、新聞で「プロ占星術師などはなぜ詐欺罪で投獄されないのか」とまで言い放っている。[2]

ドーキンスがこのグッドマンの星占いを読んでいたかどうかは定かではないが、解体された虹をみてなお、高い夢を見続けるという知性のありようのたとえを、ドーキンスが批判してやまない星占いの本が先取りしているというのは、面白い皮肉だ。

グッドマンによる水瓶座の知性の描写も素晴らしいが、僕自身の生まれ星座である魚座の描写も見ておこう。原文は引用しないが、大意としてはこんな描写である。

「二匹の魚が異なる方向に泳ぐ魚座のシンボルから、海王星人は二つの望みの間で引き裂かれていると書いてある本を読んだことがあるかもしれません。けれどそれは間違いです。二重の望みは双子座のもの。二つの異なる魚の行き先は、魚座には選択肢なのです。一つは頂上を目指すこと、あるいは底辺を目指すこと……そしてそのゴールにたどり着くことはありません。魚座はいずれかのかたちで人類に奉仕することを学ばねばなりません。魚座のアインシュタインは上をめざし、相対論によって人類に貢献しました。一方で、皿を洗い、雪をかくという、下流へ向かうことで人類に貢献する人もいるのです。魚の目は、両側についていて、その両方の価値を見ることができ、いつでもその選択ができるのです」

2　*Independent* 一九九五年一二月三一日。電子版 http://www.independent.co.uk/voices/the-real-romance-in-the-stars-1527970.html

このような星占いの描写は、従来のアルマナック（暦）などにみる「明日は投機に吉」などといった単純な予報とは大きく異なっている。詩情くすぐる、メタファーに満ちた表現は読むものに強い印象を与え、読者の内面の心の動きを代弁し、またこれからの指針として自己啓発的な洞察を与えてくれる可能性がある。グッドマンの本が当時大ベストセラーになったというのもうなずける。

ただし、それぞれの星座にこのようなメタフォリカルな表現を与えた占星術家はグッドマンが最初ではない。イサベル・ペイガンの『パイオニアから詩人へ』[3]（一九一一年）は、性格描写が豊かな初期の星占い本の代表的なものだ。

このタイトル『パイオニアから詩人へ』だけでは、一見、星占いの本とはわかりにくいかもしれない。しかし、このタイトルこそ、隠喩やシンボリックの豊かな解釈を許すようになる、のちの星占い文体のさきがけでもあった。「パイオニア」というのはここでは牡羊座を指す。牡羊座生まれは一二星座の最初に位置する星座であり、象徴的にいえばみな「パイオニア」なのである。一方、一二星座の最後に位置し、ロマンチックな感性を備えた魚座は「詩人」なのだと、この本では解釈されている。つまりパイオニア（牡羊座）から始まって詩人（魚座）に

3　Isabelle. M. Pagan, *From Pioneer to Poet*, The Theosophical Publishing House, 1911.

いたるプロセスとしてホロスコープが解釈されているのである。

ただし、ペイガンのこの本は、いわば隠れた名著とでもいうべきもので、世界的な成功をなしとげたとはいえない。星占い本のベストセラーとなったグッドマンの『太陽星座』が出たのはその半世紀も後の一九六八年のことである。グッドマンの本がこれほどまでに受け入れられたのには、著者の筆力以外に社会的な要因もあった。当時はカウンターカルチャーの勃興期であり、西洋の主流文化とは異なった価値観を若者たちが熱狂的に求めていた。論理から感性へ、という風潮のなかでそれまで非科学的、非合理的だとされていた占星術に注目が集まったということも言えるだろう。

『太陽星座』の爆発的ヒットによって文字通りスターになったグッドマンは、まさにセレブリティと呼ぶにふさわしいステイタスを得る。ケネディ一族やハワード・ヒューズと食事をともにし、スティーヴ・マックイーンやグレース妃ら著名人が彼女に星を見てもらおうとこぞって面会を求めた。

表面的にはまさにスターダムにのったグッドマンだが、私生活は悲劇に満ちていた。[4] とくに恵まれなかったのは子ども運である。五人いた子どものうち三人が、一九七〇年代に幼くして命を落としている。星からのメッセージで人々を励まし続け、「つらい時にはあのヘレン・

4 グッドマンの伝記的な情報は Kim Farnell, *Flirting with the Zodiac*, Wessex Astrologer, 2007 を参照。

ケラーのような自分の不運に打ち勝った人を思いなさい。そして星から与えられる力を信じて耳を傾けなさい」と自らの星占い本で書いていたグッドマン自身がこのようなつらい思いをしていたと知ると、胸に迫るものがある。

離婚を経て、コロラドの静かな町に居を構え、執筆に専念。が、今度は一九七三年に二三歳の娘サラ（サリー）が消息を絶つ。警察は、サラは薬物の多量使用で自殺を図っていたことがわかったと発表したのだが、グッドマンはそれを信じることができず、生涯、自著から得られる莫大な印税をつぎ込んで「行方不明」の娘を捜し続けた。

悲しいかな、そのかいもあるはずはなく、娘は発見できない。しだいにグッドマンは精神のバランスを崩して、ついには、娘が行方不明になったのは国家的な陰謀によるものだという妄想に取りつかれるにいたる。財産も使い果たし、果てはプレスリーやマリリン・モンローもまだ生きているなどと口走るようになっていたというからなんとも痛ましい。しかし、このような状況のなかでもグッドマンは一九九五年に他界するまで筆を執り続けた。

太陽の重要性

誕生月だけからわかる太陽星座の占いは、占星術を普及させるのに大いに貢献した。このような星座占いがなく、面倒なホロスコープを毎回作成しなければならないようでは、占星術が一般の人々の間で生き延びることはなかったであろう。

しかし、その一方で、プロ占星術家の間では、星座占いの評判は芳しくない。

僕自身、まじめに占星術を何十年も学んできたという女性が地方のミニコミ誌で星占いを書きはじめられたときに、こんなふうに言われたことがある。

「いや、本当はこんな記事は書きたくはないんですけどね、頼まれて仕方なく」

売卜《ばいぼく》という言葉がかつて使われていたようだが、専門的な占星術の安売りをしているという意識もあったのだろう。

実際、英国の占星術職業団体は、かつて太陽星座占いを書くことを倫理規定上、会員に禁じていたこともある。単純に全人類を一二種類に分けてなにがしかのアドバイスをするということは普通、どのように考えても科学的正当性があるとは思えないし、それが「正当な」占星術を誤解させることになるというわけである。

あるいはよく見積もっても、このような星座占いはメディアのために薄められ、単純化された占星術にすぎないというわけである。

正確なホロスコープを作成しようとすれば三月二〇日から四月二一日生まれまで、といった分け方だけではなく、正確な天文暦を必要とし、雑誌などではそれだけでも何十ページも必要となって、掲載はとても無理である。メディアでは、仕方なく、詳細な天文暦のいらない太陽星座占いだけが採用されている、というのが多くの占星術家から見た、これまでの雑誌星占いへの評価であったのだ。この分析はかなり妥当であり、僕自身、メディアで仕事をしてきた経験上、よくわかる。細かい煩雑な表から計算するという手間を喜ぶ読者もいるが、圧倒的多数の人々はそのような手間を惜しむものである。すでに前節で見たように、マスメディアの星占いが普及し始めたときに、専門的な占星術家からの批判が寄せられている。

しかし、歴史をさかのぼっていくと、星占いがメディア上での利便性から生まれたというだけでは説明しきれない、重要な要素が他にも浮かび上がってくる。そこには、先駆的な占星術家たちが胸に抱いていた「太陽」への熱い思いと、そして、人間の心をどのように見ているかという、人間観の大きな変化があるのである。

予言から厚い性格描写へ

昨今日本でもヒットしている星占い本やリンダ・グッドマンの星占い本と、前章でご紹介した「最初のニュースペーパー占星術家」ネイラーの星占いの記述を見比べて、一つ、大きな違いがあるのにお気づきだろうか。

先ほど引用したネイラーの最初の新聞における記事(一九三〇年)を再度見てみよう。

どの年であれ、七月最初の週に生まれた幸運なるサンデー・エクスプレスの読者の方は、大幸運期に入るだろう。金銭はやってくる……いやそれ以上に大切なことはより安寧なる時期がくるということだ！　もし七月はじめ、あるいは一一月はじめ、あるいは三月はじめの生まれであれば、銀行の支店長があなたによくしてくれることだろう！

星座の名前は入っていないものの、基本的には出生時の太陽の位置をもとにした、新聞発行時からの予言となっている。七月最初の週の生まれであれば、出生時に太陽は占星術上の蟹座の中旬の生まれである。そしてこの新聞が出たのは一九三〇年七月、幸運の星とされる木星は蟹座へと進んでいっていた。つまり、このころ、蟹座生まれ（蟹座に太陽をもつ人）に幸運の木星が接触し、ツキをもたらしているというわけだ。

さらに一一月、三月のはじめの生まれの人は、そ

ネイラーの予言月報、一九四五年八月、一一月

れぞれ蠍座、魚座にあたり、蟹座とともに「水の星座」とされ、蟹座に入った木星のよい影響を同様に受けることができるとされている。

ネイラーのシンプルな予言スタイルは、その後も変わらない。たまたま、一九四五年にネイラーが自費出版で発行していた『ネイラーの予言月報　*Naylor's Monthly Forecast" Naylor's Publications LTD*』の現物を入手することができたのでこれを参照してみよう。それぞれわずか三〇ページ足らず、文庫本サイズの小さなパンフレットであるが、驚くべきことに、ネイラーは戦時中にもこのような星占いの暦を私家版で発行し続けていたのだ。この小さなアルマナックは、国際情勢の予言、そしてすべての星座に共通する吉日、凶日を掲載、さらにその月のそれぞれの誕生日生まれの人のための、今後一年の星占いを掲載している。

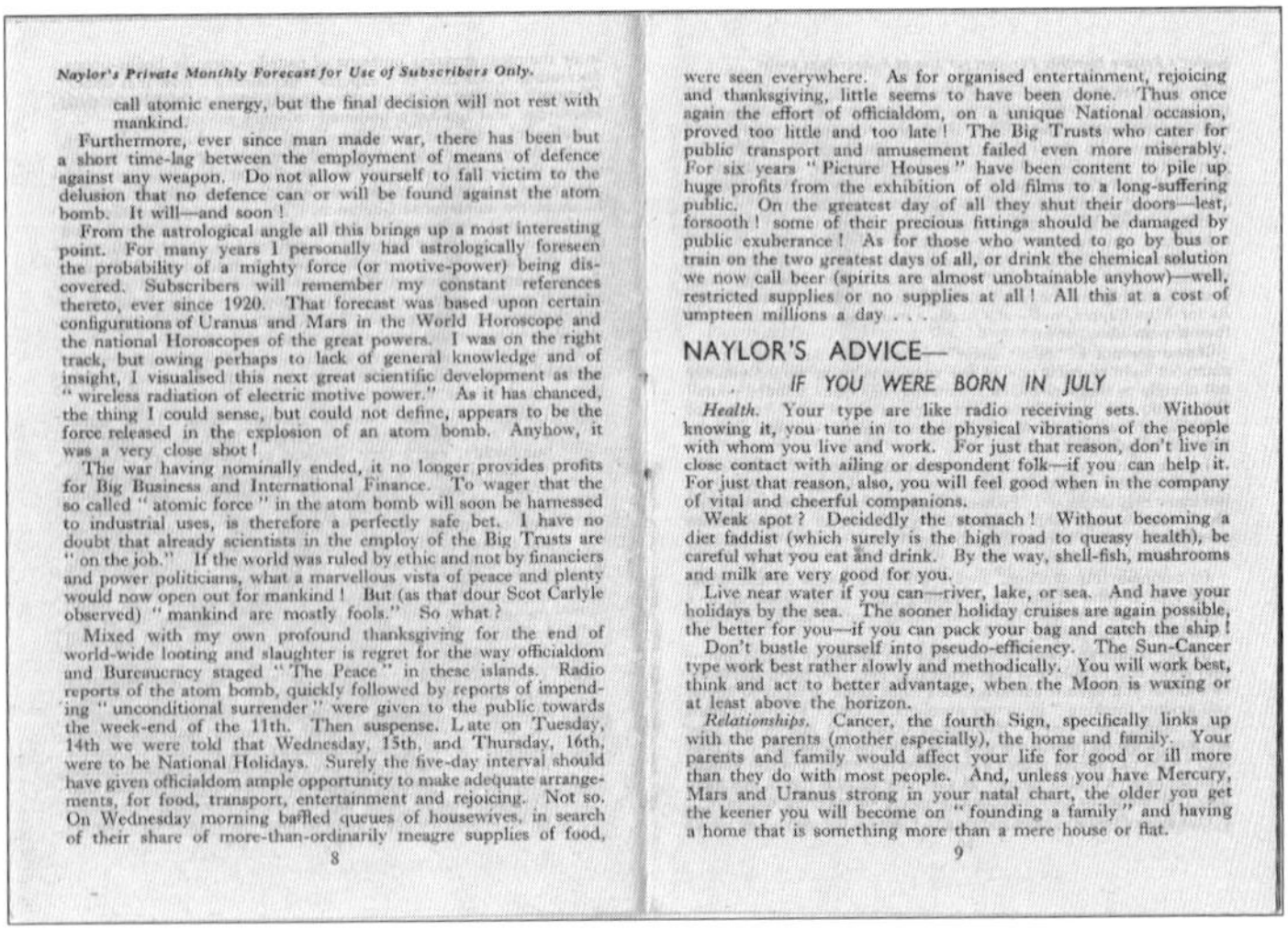

Naylor's Private Monthly Forecast for Use of Subscribers Only.

call atomic energy, but the final decision will not rest with mankind.

Furthermore, ever since man made war, there has been but a short time-lag between the employment of means of defence against any weapon. Do not allow yourself to fall victim to the delusion that no defence can or will be found against the atom bomb. It will—and soon !

From the astrological angle all this brings up a most interesting point. For many years I personally had astrologically foreseen the probability of a mighty force (or motive-power) being discovered. Subscribers will remember my constant references thereto, ever since 1920. That forecast was based upon certain configurations of Uranus and Mars in the World Horoscope and the national Horoscopes of the great powers. I was on the right track, but owing perhaps to lack of general knowledge and of insight, I visualised this next great scientific development as the "wireless radiation of electric motive power." As it has chanced, the thing I could sense, but could not define, appears to be the force released in the explosion of an atom bomb. Anyhow, it was a very close shot !

The war having nominally ended, it no longer provides profits for Big Business and International Finance. To wager that the so called "atomic force" in the atom bomb will soon be harnessed to industrial uses, is therefore a perfectly safe bet. I have no doubt that already scientists in the employ of the Big Trusts are "on the job." If the world was ruled by ethic and not by financiers and power politicians, what a marvellous vista of peace and plenty would now open out for mankind ! But (as that dour Scot Carlyle observed) "mankind are mostly fools." So what ?

Mixed with my own profound thanksgiving for the end of world-wide looting and slaughter is regret for the way officialdom and Bureaucracy staged "The Peace" in these islands. Radio reports of the atom bomb, quickly followed by reports of impending "unconditional surrender" were given to the public towards the week-end of the 11th. Then suspense. Late on Tuesday, 14th we were told that Wednesday, 15th, and Thursday, 16th, were to be National Holidays. Surely the five-day interval should have given officialdom ample opportunity to make adequate arrangements, for food, transport, entertainment and rejoicing. Not so. On Wednesday morning baffled queues of housewives, in search of their share of more-than-ordinarily meagre supplies of food,

8

were seen everywhere. As for organised entertainment, rejoicing and thanksgiving, little seems to have been done. Thus once again the effort of officialdom, on a unique National occasion, proved too little and too late ! The Big Trusts who cater for public transport and amusement failed even more miserably. For six years "Picture Houses" have been content to pile up huge profits from the exhibition of old films to a long-suffering public. On the greatest day of all they shut their doors—lest, forsooth ! some of their precious fittings should be damaged by public exuberance ! As for those who wanted to go by bus or train on the two greatest days of all, or drink the chemical solution we now call beer (spirits are almost unobtainable anyhow)—well, restricted supplies or no supplies at all ! All this at a cost of umpteen millions a day . . .

NAYLOR'S ADVICE—

IF YOU WERE BORN IN JULY

Health. Your type are like radio receiving sets. Without knowing it, you tune in to the physical vibrations of the people with whom you live and work. For just that reason, don't live in close contact with ailing or despondent folk—if you can help it. For just that reason, also, you will feel good when in the company of vital and cheerful companions.

Weak spot ? Decidedly the stomach ! Without becoming a diet faddist (which surely is the high road to queasy health), be careful what you eat and drink. By the way, shell-fish, mushrooms and milk are very good for you.

Live near water if you can—river, lake, or sea. And have your holidays by the sea. The sooner holiday cruises are again possible, the better for you—if you can pack your bag and catch the ship !

Don't bustle yourself into pseudo-efficiency. The Sun-Cancer type work best rather slowly and methodically. You will work best, think and act to better advantage, when the Moon is waxing or at least above the horizon.

Relationships. Cancer, the fourth Sign, specifically links up with the parents (mother especially), the home and family. Your parents and family would affect your life for good or ill more than they do with most people. And, unless you have Mercury, Mars and Uranus strong in your natal chart, the older you get the keener you will become on "founding a family" and having a home that is something more than a mere house or flat.

9

『ネイラーの予言月報』本文

八月二日生まれの人の項目を見ると、このようにある。

さまざまな出来事に彩られる年。一つか二つ、争いがある。おそらくは親戚と、あるいはビジネス上の人物とのトラブルであろう。冒険に満ちた時で、経済的には恵まれ、興味深い年になる。銀行での収支は黒字に。

このようなスタイルの占いは、いつの時代も人気がある。しかしグッドマンの星占いと、これがいかに異なることか。ネイラーのスタイルは、あくまでもシンプルかつ具体的な予言である。一方、グッドマンのそれは、予言ではなく細やかな心象風景の描写のような、星座のキャラクターの解説なのである。

もちろん、歴史的にも星座の性格付けはあるにはあった。しかし、それはごく簡単なものであって、グッドマンの本のように分厚く人の心模様を描こうとするものとはまったく異なっている。

ここで歴史を遡ってみることにしよう。

まず、占星術の歴史のなかで初めてのまとまった教科書であるとされる、二世紀にアレクサンドリアで活躍したプトレマイオスの『テトラビブロス』[5]を参照してみる。ちなみにこのプトレマイオスこそ、地球中心の太陽系モデル（天動説）を完成させ、のちにコペルニクスが出るまで一四〇〇年以上にもわたってヨーロッパの宇宙観を決定づけた人物でもある。

プトレマイオスの『テトラビブロス』にも、たしかに惑星の性質についての解説はあり、かつ、一二星座宮のそれぞれの性質を「男性的・女性的」「エレメント」などに分けたものがある。しかし、現在の占星術書のように星座の性質をまとまったかたちで描写した箇所はない。それは四世紀のフィルミカスの占星術書においても同じである。さらに一五世紀終盤から一六世紀初頭における、グイド・ボナッテイの占星術書のラテン語訳を見ると、かろうじて、先の水瓶座は「有害な風の性質を持ち」などという記述が現れるくらいだ。

さらに最初に英語で書かれた占星術の教科書、一七世紀半ばのウイリアム・リリーの『クリスチャン・アストロロジー』[6]を見てみよう。リリーはギリシャ以来のさまざまな占星術書を参照しつつ、自身の豊富な実践経験を織り込みながらこの本を著した。が、この八三二頁の分厚い本のなかに、それぞれの星座の性質については、一星座あたりわずか半ページほどずつしかないのである。

5　C.Ptolemy, Trans. by J.MAshmand, *Tetrabiblos*, Astrology Classics, 2002 (First Published in 1822)

6　W.Lilly, *Christian Astrology*, 1647. ウイリアム・リリー『クリスチャン・アストロロジー　第3書』田中要一郎監訳、太玄社、二〇一五年たとえば水瓶座の描写を見てみよう。

「♒は風の、熱の、湿の星座であり、風の三角形に属する。昼の宮、多血質である、不動星座であり、合理的、人の形の星座で、男性的、土星を主星とするハウスであり、土星はこの宮でもっとも喜ぶ。西」。かかりやすい病気の部位として「脚とかかと、また静脈の凝固」さらにこの星座とゆかりの深い地形や国や土地とともに、「ずんぐりした、厚い体型だが、身長は高くない」といった身体的描写があるのみである。

ウィリアム・リリー、サミュエル・フリーマンによる版画

このような星座のそっけない、外面的な描写は、一九世紀の占星術師ザドキエルにも引き継がれている。

ザドキエルの『占星術の文法』[7]は、詳細なホロスコープ解読のためのマニュアルであるが、そのなかの水瓶座のセクションはごく短く、身体的な特徴を描写するにとどまっている。

いわく、「がっしりした人で見栄えはよく、

7　Zadkiel, *Grammar of Astrology*, 1833.

少し背が高いが決して非常に高いことはなく、また背が低いことは決してない。壮健で頑丈、健康的な容貌。長く少し肉付きの良い顔。その体つきはすっきりしていて繊細、いくばくか多血質的。ヘーゼル色の目、薄茶色の髪、天秤座を除いてほかのどの星座よりも美しい姿形を与える。――水上にいることを喜ぶといわれている」といったものである。

つまり、星座の性質の描写は身体的特徴や体質についてがほとんどであり、内面的な記述はかなりお粗末である。このような伝統的占星術の星座描写と、グッドマンに代表されるような、たとえば、水瓶座の知性は虹を解体してなお、きらめくものである、というような豊かな記述とはまったく異質であるということがわかるだろう。

現代の占星術に求められているのは、単なる予言だけではない。現代の占星術は、自分自身を、そして愛する人を知るためのヒントとしての役割を果たすようになっているわけである。

だが、二〇〇〇年にわたって、占星術において性格の描写はメインとして扱われてこなかった。むしろ、占星術においては、内面というものが存在しなかったとさえいえるだろう。二〇世紀初期のネイラーの占星術には、若干、その要素はあるが、いぜんとして運勢占いレベルにとどまっている。

伝統的な占星術における、貧弱な星座占いの記述に血肉が与えられるには、一九世紀末から二〇世紀にかけての占星術の大きな変貌を待たねばならないのである。

その大改革を成し遂げた人物を、次にご紹介することにする。

近代占星術の父　アラン・レオ

その人物は、アラン・レオという名前で知られている。これは筆名で、自身が生まれた時に東の地平線から上昇していた星座が獅子座であったために、レオという名前を選んだといわれている。

レオの名が語られるときには、必ずと言っていいほど、「現代占星術の父」という枕詞が添えられる。実際、レオはいくつもの点で、現代占星術の父であり、最初のモダン占星術師であった。

アラン・レオ

このレオにはいくつもの顔がある。第一に占星術出版人としてのレオ。新聞のようなマスメディアとはいえないが、占星術の学徒のための雑誌を刊行して成功、また精力的に執筆。レオの著述は、順次、本としても編纂され、のちに七巻本にまとめられる占星術のテキストシリーズとなる。このテキストは、少なくとも二〇世紀後半まではスタンダードな占星術の教科書とされてきたし、現在でも熱心な占星術の学徒なら一度は参照するはずで、今なお、版を重ねている。

さらには、現代にまで続く占星術関係者の組織作りに成功したネットワーカーとしてのレオ。一九一五年にレオが組織したロンドンの占星術ロッジは、現存する英国最古参の占星術団体として二〇一五年に百周年を迎えた。現在、英国に存在するいくつもの占星術団体のほとんどは、レオのロッジから枝分かれしてきたものだ。

そして、心理学的、霊的占星術の祖としてのレオ。レオは占星術を改革し、占星術を単なる予言の科学、予言術ではなく、スピリチュアルな哲学にまで高めようとしたという点でも、大きな特徴をもつ。

現代の占星術は多かれ少なかれ、心理学的な要素をもっているが、実はこれはレオからスタートしているといって過言ではない。そして、今の星座占いに繋がる太陽星座の性格を強調したのもまた、レオであった。

占星術のシンボリズムを使って言えば、彼の筆名レオは獅子座を意味する。そして獅子座の占星術上での守護星は太陽である。太陽星座占星術の祖にふさわしい名前であったといえよう。

レオはどのような人物だったのだろうか。いくつかの伝記を参照しながら、少しばかり足取りをたどってみよう。[8]

アラン・レオ（一八六七−一九一七年）は本名をウィリアム・フレドリック・アレンという。

8　レオの伝記としては Bessie Leo, *The Life and Work of Alan Leo*, 1919; Patrick Curry, *A Confusion of Prophets*, Collins and Brown, 1992 などがある。

生まれはロンドン、異様なまでに厳格なことで知られるプリマス兄弟団という一派のキリスト教を奉じる家庭で幼いころを過ごす。ちなみに、有名なオカルト主義者のアレイスター・クロウリーもプリマス兄弟団の家庭に育っているが、クロウリーが長じて強烈な反キリスト教者になるのもその生い立ちが影を落としているのかもしれない。

父とは早くに離別し、母の手で育てられる。経済的には恵まれず、教育としては初等教育しか受けていない。

世紀末英国は大繁栄を遂げているわけだが、それを支えた背後には、大きな階級の経済的格差があった。労働者階級と中産階級の格差が開いていく不平等を若きレオは見ている。贅沢な豪邸に住む人々がいる一方で、貧しいままの暮らしを余儀なくされる人もいる。一体このようなことを、宗教はどのように説明するというのか。

レオは、このように母にしばしば問いかけていたという。

「お母さん、神様が人を永遠の拷問で罰するなんてことがあるのなら、そもそもなぜ人間をお創りになったの？　僕が天国に行けたとして、ほかの人が地獄で苦しんでいるなんてことを知っていたとしたら、天国で幸せでいられると思う？」

母からの答えは、「神の意志に疑問を差しはさむなんてとんでもない、聖書を読み、祈りなさい」というものだけであったという。レオは納得しなかっただろう。このような人々の格差、不平等にたいして敏感な感覚をもっていたレオは、のちにキリスト教の枠に収まらず、当時大きく勢力を伸ばしていた、「宗教と科学を総合する」ことをもくろんだ神智学に深く傾倒していくことになる。

そして、この神智学がレオの占星術と一体化していくのであるが、占星術の出会いは神智学への傾倒よりも先に起こっている。

二一歳の時、レオはマンチェスターで食料品店の店長の職を得た。給料はよかったものの、過労のために体調を崩してしまう。レオの健康を気遣った下宿屋の女将は、地元で知られていたハーバリスト（薬草医）を訪ねるように勧めた。

その医師は、レオに生年月日、時刻、場所を訪ね、奇妙な図形を描き、こう告げた。

「お前さんは腎臓を患っているようだが、三週間後にはよくなるだろう」

そして、その医師――ドクター・リチャードソンと呼ばれていた老人――は薬草を処方した。はたせるかな、レオはその予言通りに治癒したのだった。

感服したレオは、老人にその秘密を聞いたところ、リチャードソンはこう答えた。

「私はお前のホロスコープを見て信用にたる人物だとみたので、教えてやろう。私は占星術を学んでいるのだ」

レオはその日からリチャードソンに占星術を学び、驚くほどの速度で才能を示した。二年もすると師に「もう教えることはない」と言わしめるほどであったという。

このころ、レオはすでに占星術にかかわるオカルト結社とも接触をもっていた。ウェールズ出身の幻視者にして神秘家、チャルベル（Chraubel、本名ジョン・トマス）[9]の主催する「天空の兄弟団」のメンバーになっていたのである。

そして、二八歳のとき、雇い主が他界するとレオはロンドンに出て、新たな道を歩み始めたのだった。製菓会社の営業職としての仕事の傍ら、フレドリック・レイシーが刊行していた占星術の専門誌『占星術家　*The astrologer*』を編集、執筆するようになる。そしてこのレイシーを通じて、占星術家セファリエル（本名ウォルター・スコット）と知己を得る。彼は神智学協会の中でもかなり中心部に近く、神智学協会の創始者であるブラヴァツキー夫人とも親しくしていた人物であったのだ。そして、このセファリエルを通じて、「アヒルが水に引き寄せられるように[10]」神智学協会に引き付けられ、一八九〇年に正式に会員になり、生涯を通して熱心な神智学の信奉者であり続けた。

ここで神智学について解説すべきだが、この巨大な宗教・思想運動について説明しつくすことはとても不可能である。

ごく簡単に言えば、ロシアの霊媒ブラヴァツキー夫人（ヘレナ・ペトロヴナ・ブラヴァツキー一八三一－一九一年）らによって創始された運動であり、彼らなりのやりかたで科学と宗教を

9　チャルベルは現在ではわずかに、三六〇度のホロスコープの一度一度にシンボルをつけたディグリーシンボルの創始者として知られるのみである。その雑誌「オカルテイスト」にはレオも寄稿していた。またこの雑誌は、神智学協会のライバルとなるルクソールの兄弟団とも関係をもっていたという。

10　Kim Firnell, ibid.

セファリエル

ブラヴァツキー夫人

統合しようとした。
　神智学協会の目標は、ひとつには世界的な同胞愛の拠点を形成すること、さらにはあらゆる宗教、哲学、科学の研究を奨励すること、そして自然の法則および人間の魂と霊の力の研究にあった[11]。
　ブラヴァツキー夫人は膨大な量の著述を残しているが、最初の主著『ベールをとったイシス』[12]は、一八七五年の神智学協会設立の二年後に出たものであり、「その内容は、当時飛躍的に進歩しつつあった近代科学の潮流、特にダーウィンの進化論に対し、物質主義的生命観の誤謬や狭隘さを批判する一方、諸宗教の伝統の内奥を探究することにより、科学と宗教の融合を可能にする真の霊知を明らかにしようとするものであった[13]」
　そして、「その内容と着想において、神智学協会は東洋の霊性、とりわけインド思想に依拠

11　アントワーヌ・フェーブル『エソテリズム思想』田中義廣訳、文庫クセジュ、一九九五年
12　H.P.Blavatsky, *Isis Unveiled*, Theospical University Press, 1998(Reprint of 1877). H・P・ブラヴァツキー『ベールをとったイシス　上下』老松克博訳、竜王文庫、二〇一一、二〇一五年
13　太田俊寛『現代オカルトの根源』ちくま新書、二〇一三年

して」[14]いる。

神智学協会はその最初から、詐欺的であると各方面から批判にさらされ、内部告発やスキャンダルも絶えず、ほかの多くのオカルト団体の例にもれず、分裂を繰り返してゆく。お世辞にも全くやましいところのない運動であったとはいいがたい。が、その影響の大きさははかりしれない。とくに最近になって指摘されるようになったのは、近代のアジア仏教再興に与えた影響である。また日本でもユニークな教育法の創始者としても知られるルドルフ・シュタイナーが神智学協会から独立して人智学を創始したことはご存じの方も多いであろう。

ブラヴァツキー夫人の『ベールをとったイシス』および『シークレット・ドクトリン』[15]は、神智学協会の二つの〝聖典〟である。分厚いこの二つの書は古今東西の宗教や神秘思想を折衷したうえで、とくに後者は独特の進化論的宇宙論を展開している。

神智学が強烈な存在感を示している理由は、旧来のキリスト教にはなかった、輪廻転生の思想をインドから借用し西洋に再流入させたうえで、それを当時大きなインパクトを社会に与えていたダーウィンの進化論と接ぎ木し、人間の魂はカルマをもった転生を繰り返しながら霊的に進化してゆく、という教義を確立した点にあるといっていい。その後の神秘思想やオカルテ

14 フェーブル前掲書
15 H. P. Blavatsky, *The Secret Doctrine, the Synthesis of Science*, Religion and Philosophy, 1888. H・P・ブラヴァツキー『シークレット・ドクトリン』田中恵美子／ジェフ・クラーク訳、宇宙パブリッシング、二〇一三年

イズムに与えた影響ははかりしれない。

そして、その「進化」は惑星レベルでも起こるとされ、今は新しい霊的覚醒期にあたる、というニューエイジ思想を準備したことも見逃せない。この西洋化されたカルマの思想がアラン・レオに大きなインパクトを与えたのである。

レオが労働者階級の生まれであり、幼いころから生まれながらの格差に敏感に反応していたことを思い出してほしい。著書『秘教占星術』[16]において、レオはこのように述懐する。「ついに私は占星術の科学において、(人間の格差についての)問題への鍵を見出した。それは輪廻転生の理論と占星術を結びつけて、の話である」。そして、「カルマと輪廻の理論を抜きにしては、出生占星術には価値はない」とまで断言するのである。

占星術のホロスコープは、本人の今回の生における運命を示すが、それは過去世からのカルマをも反映している。カルマを知り、それを乗り越えていくことこそ、占星術の真の目的なのだ。

神智学は正統的なキリスト教以外であれば何でも、霊的英知の伝統として折衷的に採用する。占星術ももちろん、神智学が採用した要素の一つであり、ブラヴァツキー夫人の著書にも、占星術はときおり言及される。

たとえば、このような記述もある。

16 Alan Leo, *Esoteric Astrology*, L.N.Fowler, 1967.

占星術の達人は特定の日の惑星の配置を知り、推移する惑星の配置を見て知識を応用すればある程度の正確さでそのホロスコープの持ち主の運命をたどることができ、予言することさえできるのである。

占星術は科学であり、天文学と同じく完全に正しい。しかし、それは解釈者も正しいという場合に限られる。……天文学にたいしての占星術の関係は、まさに生理学に対する心理学の関係に等しい。我々は目に見える世界から、その向こうにある世界に足を踏み入れなければならない。[17]

レオは熱心に神智学協会の会合に出席、ブラヴァツキーの後をついで第二期の神智学協会を率いていくアニー・ベサントとも距離を縮め、ともにインドに向かうほどの絆を結ぶ。そして全情熱をこめて占星術と神智学的な思想を結びつけようとした。

とはいえ、レオは単なる秘教的な世捨て人であったわけではない。若いころから数々の職を転々としていた彼は、神秘主義的な書物を読みふけることだけでは生活できないとよく知って

17 Blavatsky, *Isis Unveiled* より筆者が訳出

いたのだろう。

レオは現実のなかで生きようとしていた。それまでのさまざまな職ではレオは成功をつかむことはできなかったが、彼がかかわった占星術雑誌で革命的な企画を実現させた。それは「シリングホロスコープ」だった。

読者は自分のホロスコープとともにわずか一シリングの金額を編集部に送る。編集スタッフはそれとひきかえに、二〇ページにわたるホロスコープ解読の結果を読者に送り返すのである。いわば、占星術の通信販売の誕生である。これは予想以上のヒットを記録し、大きな反響を呼んだ。

だが、ホロスコープの解釈をいちいちオリジナルに手書きで作っていたのでは、膨大な手間がかかり、コストに見合わない。そのうちにスタッフの一人が、ここで生産されるホロスコープ解釈の文章が、ときによく似ているものがあることに気が付く。それもそのはず、ホロスコープの解釈は惑星と星座、ハウス、その角度関係の組み合わせでなされているのであるから、そのパラメータの一つ一つを分解していけば、解釈のモジュール、ブロックが出てくるというわけだ。

逆にいえば、最初から太陽が牡羊座の人、牡牛座の人、というふうに、星の組み合わせの解釈を用意し、そのカーボンコピーを必要に応じて取り出しクリップして送付するようにすれば、ホロスコープ解釈の手間は大きく軽減される。

今ではこのシステムは、コンピュータホロスコープで自動化されて活用されているが（しかし、レオの時代と違ってネット上での占いメニューは実に頻繁に更新されることが要求されるので、結果的には労力は印刷時代以上に要求されることがあるのだが）、実にこれもまたレオの先駆なのである。

ただし、その占星術は「予言」ではなかった。レオは、まずはカルマを知ることの第一段階として、自分自身を知るためにホロスコープを使おうとした。そのため、性格描写に力点を置く占星術を打ち出すのである。

レオの占星術教本に次のようにあるのは、まさにそのためである。

占星術の真の目的は物質的（肉体的）生活にたいしてのガイドになることである。しかし、ホロスコープの真の価値を完全に認識できるようになるには、魂の目覚めが必要となる。著者は「性格こそ運命なり　CHARACTER IS DESTINY」と信じるものである。私たちは過去世においてそのときの思考によって運命の糸の網を紡ぎあげてきており、現在も未来のホロスコープとなる運命の網をまさに紡いでいる。あらゆる罪は無明、ないし無知の結果であり、それゆえ、我々自身を〝知る〟ことが賢明になること、つまり宿命を克服することにもなる。あらゆる宿命、善と悪は元来、我々自身の思考と行動に由来する。そしてそのルーツは我々の〝性格〟なのである。ホロスコープは作用している「神的法則　DIVINE LAW」を示すものであり、我々の運命を見出すための大きな助けとなるのである。[18]

ここにあげられる「性格こそ運命」というのが、のちのレオの占星術のモットーとなってゆく。その中心になったのが、太陽であったのだ。

伝統的な占星術においては、太陽は七つの天体のうちの一つにすぎず、とくに重要な位置は与えられていない。リリーの占星術の本を見てもまっさきに出てくるのは、当時地球から遠いと考えられていた土星であり、次いで木星、火星、そして太陽、と続いていく。とくに太陽が重視されているということはないのだ。

二世紀のプトレマイオスの「テトラビブロス」では、自然学的な解釈がなされており、太陽の熱がこの地上における季節変化をはじめ、さまざまな変転の原因になっているという点から、とくに太陽を重視するような記述はあるにはあるが、レオの次のような記述とは全く異質である。

レオは神智学的な占星術の教科書『統合の技法[19]』の中においてこのように述べる。

太陽は、ここにあげる七つの惑星の一つには数えられていない。天文学的には太陽は太陽系の中心であり、秘教的には〝霊的な中心〟であってここから太陽系のロゴスと呼ばれる

18　Alan Leo, *The Key to Your Own Nativity*, 1910. ホロスコープ解釈の様式フォーマットの序文
19　Alan Leo, *The Art of Synthesis*, 1912,1968.

偉大な〝存在〟の光と生命が流れ出す。
太陽は、ソーラー・ロゴスの顕現である。

個人のホロスコープにおいては、太陽はその人のインディビジュアリティ、つまり、かけがえのない本人の霊的アイデンティティを示すと解釈されるようになるのである。

レオの太陽崇拝がどこから出てきたかというと、むろん、神智学からであった。ブラヴァツキーの著書には、「中心的霊的太陽」(Central Spiritual Sun) という言葉が登場する。これは目には見えない宇宙の中心原理である。神秘思想の系譜からいえば、これは新プラトン主義やヘルメス思想における宇宙の中心火という概念や、古代の太陽崇拝の復活でもある。歴史的にはこのような太陽崇拝は西ヨーロッパにおいて、ルネサンス期にフィレンツェのマルシリオ・フィチーノによるヘルメス文書の翻訳で、一度復活している。

一部には、この神秘的な太陽崇拝がコペルニクスの太陽中心宇宙論の着想に影響を与えたのではないかという説すらあるのである。

科学史家E・A・バートの『近代科学の形而上学的基礎』という本には、次のようなコペルニクスの言葉が引用されている。

そして全部の中心に太陽がいる。なぜなら、私たちのこの美しい聖堂の中で、だれがこの光り輝くものを、全体をいっぺんに照らすことのできる場所以外に、あるいはもっともよい場所におくことができようか？　ある人は適切にもこれを世界の灯火とよび、ある人は世界の魂とよび、ある人は世界の支配者とよんでいるという事実を引き合いに出すまでもない。トリスメギストゥス［三重に偉大なヘルメス。伝説上の神人］はそれを目に見える神とよび、ソポクレスのエレクトラはそれを、すべてを見る者とよぶ。そして事実、太陽は自分の王座に座り、自分のまわりを回る太陽の家族を支配する。[20]　［［　］内は筆者による補足。以下同］

しかし、コペルニクスがもしこのような秘教的な太陽崇拝を受け入れていたとするなら、そのスピリチュアルないしシンボリックな面は、現実的な天文学の発展への寄与によって覆い隠されてしまったわけで、ルネサンスに復活した霊的な太陽崇拝は実質的には、近代の神智学を経由して、ポピュラーな「星座占い」のなかに根を下ろしたことになるのである。

レオの占星術書のなかでももっとも普及した『万人のための占星術 *Astrology For All*』では、惑星のなかで真っ先に太陽をとりあげ（一九世紀までの占星術書では、木星、土星、火星……の順が一般的）、生まれ日ごとの太陽星座の描写が続く。そして、わずか数パラグラフだった

20　E・A・バート『近代科学の形而上学的基礎』市場泰男訳、平凡社、一九八八年

一九世紀の占星術書の星座解説とは対照的に、こと細かく星座の性格が書かれるようになるのだ。

レオの遺産は、のちにフランス系アメリカ人ルディアやユングによって、「心理占星術」を誕生させることになるが、それについては章を改めよう。

ここでレオが晩年に見たという、「夢」をご紹介しておきたい。これはレオの身近で働いていたフロレンス・ヒギンズなる人物がレオの没後に追悼として書いた文の中で報告しているものだ。

レオは当時の法律によって「未来を予言したと詐称」したかどで裁判にかけられた。この時代にはまだ「魔女法」が生きていて、「運勢を予言できると詐称する」ことは有罪とされていたのである。レオは神智学的な占星術という思想上の問題だけではなく、きわめて現実的な問題からも、自分の占星術を従来の「予言」中心のものから「性格こそ運命なり」という、性格描写に力点をおいた内面的なものへシフトさせる必要にかられていたのだ。

そこでレオはこれまでに書いた膨大な占星術判断のテキストを全面的に書き直す必要にも迫られた。その過度な仕事が彼の寿命を縮めた可能性もある。

そんなおり、レオはこんな夢を見たという。[21]「夢の中で彼［レオ］は何かを手に海岸を歩い

21 Bessie Leo and others, *The Life and Work of Alan Leo*, "Modern Astrology" Office, 1919.

ていた。目をやると、それは生命のないものだとわかった。彼はひとりごちる。『〝死んだ〟ものをもっていても仕方がない』。それを海に投げ捨てると、それが海に落ち水しぶきをあげて消えるのが目に入った。けれど、それが消えた場所から水鳥が現れた。その頭は孔雀のように鮮やかな青色だった。水鳥は泳いできて上陸し、全身を身震いさせて水を振り落とした。そしてどんどん大きくなってますます輝きを増したのだった」

この夢は実に印象的だ。レオは伝統的占星術をそのままでは「死んだもの」だとして扱った。そして神智学と彼自身の思想によって占星術を革新させようとしたのだが、しかし、時期はまだ尚早であり、その理想を完全に花開かせることはなかった。

だが、彼が海に「投げ捨てた」ものは、その後、戻ってきてより大きく輝かしい存在となって育っていったのではないか。もしかすると、それが20世紀から21世紀においての、占星術の大きな興隆であり、ユングによる占星術の変容でもあったように、僕には思えてならないのだ。その変容については、「占星術と心理学」の章で見ることにしよう。

忘れられたもうひとつの「星座占い」　ソーラー・バイオロジー

占星術における、太陽星座の厚みある描写という二〇世紀以降の占星術の大きな発展に、「近代占星術の父」アラン・レオが決定的な寄与をしたということはすでにお話しした。

だが、レオ以前に、「太陽占星術」を独自に展開していた人物がいる。

主流の占星術の流れでは扱われることはほとんどないが、その独特の太陽占星術は相当な影響力をもっていた。アラン・レオもこれを参照していたことは間違いないし、またアメリカにおける占星術を普及させた立役者の一人、エバンジェリン・アダムスにも影響を与えている。いわば、「忘れ去られたもうひとつの星座占い」が存在していたのである。

その独自の占星術とは「ソーラー・バイオロジー」という体系である。一八八七年に同名の書として一冊にまとまったかたちで刊行された。面白いのは迷信的な響きである「占星術」（アストロロジー）という言葉が用いられず、「生物学」（バイオロジー）という名称をもっていることだ。この『ソーラー・バイオロジー』を引用する占星術家はいまではほとんどいないし、その存在を知っている占星術家もさほど多くはあるまい。

アメリカの占星術史に通じているジェイムズ・ホールデンによると、この書は一八八七年に出版された当初から、当時の著名な占星術家I・ブルートンにも「疑似占星術」であり「信頼できない」と酷評されていたにもかかわらず、刷りを重ねて、出版後一〇〇年たった一九八七年でも占星術専門書店では入手可能であったということである。現在、この書物はネット上でオープンリソースとして公開されている。[1]

では、ソーラー・バイオロジーとはどのようなものであったのだろうか。創始者のヒラム・E・バトラー（一八四一－一九一六年）は、アメリカのオカルティストであり、占星術師である。いくつかのオカルト結社に属し、神智学協会にもかかわっていた。

バトラーの「ソーラー・バイオロジー」は、その名前こそ「バイオロジー」（生物学）ではあるが、近代科学としての生物学とは無関係であり、その内容を一読すると、一八世紀以来のオカルト的天文学に基づいていることがよくわかる。

一八世紀のオカルト主義者たち――たとえば「近代魔術の父」フランスのエリファス・レヴィは、この宇宙は不可視の半霊的、半物質的媒介物である「アストラルライト」に満たされていると考えていた。催眠術の祖だとされるアントン・メスマーは、この宇宙は「生命磁気」（動物磁気、アニマル・マグネティズム）に満ちていると考えた。さかのぼればこれは、ルネサン

1 James Herschel Holden, *Biographical Dictionary of Western Astrologers*, American Federation of Astrologers, 2013.

スの思想で想定された宇宙を満たす精気（スピリタス）の再来でもあり、また、近代科学が放棄した概念――宇宙を満たすエーテル――の生き残りであるといってもいいだろう。

バトラーは、こうした伝統の継承者であり、宇宙を満たす流体の存在を確信していた。ただ、彼の特徴はその不可視の神秘的な、しかし半物質的な流体が太陽から放射されていると確信している点にある。

バトラーの神智学的な歴史観によれば、占星術の歴史は聖書に記された楽園追放と重なり合っている。古代の人々は太陽系を取り囲む一二宮を発見したわけだが、この古代の純粋な人々は近代人よりも太陽からの流体の息吹を直接的に、しかも広範に享受していた。いわば彼らは太陽のエネルギーにもっと近く、精妙な生を生きてきた。

しかし、ある時点から近代人はより「地球に近く」、つまり、より物質的で粗雑な生を生きることになってしまったのである。結果、古代の人々がもっていたような純粋で聖なる天界との繋がりを近代人は喪失してしまったわけだが、これが聖書のいう楽園追放の意味するところである、というのがバトラーの考えであった。

バトラーによれば、太陽の息吹は一二に分節化して描写されることが可能であるという。聖書におけるアブラハムやイサク、ヤコブといった一二人の息子やイスラエルの一二氏族とは、実は太陽からの流体の一二の局面を表している。そしてそれはまた、一二星座としても示されることになったのである。

ここからが占星術的な解釈の根拠となるわけだが、ある人物が生まれた時に「地球が入っていた星座」の太陽からの流体の電気的、磁気的影響がその人物に放射されるのだという。このようにバトラーは太陽に圧倒的に重要な地位を与えているために、ソーラー・バイオロジーは太陽中心の宇宙図を想定する。

次の図を見てすぐにわかるように、バトラーのシステムでは太陽が中心におかれる。太陽からの息吹であると考えられる、太陽の流体の海のなかのどこに地球が通過中であったか、出生時の位置が重要になる。これは伝統的な占星術があくまでも地球を中心に考えていたことと対照的である。

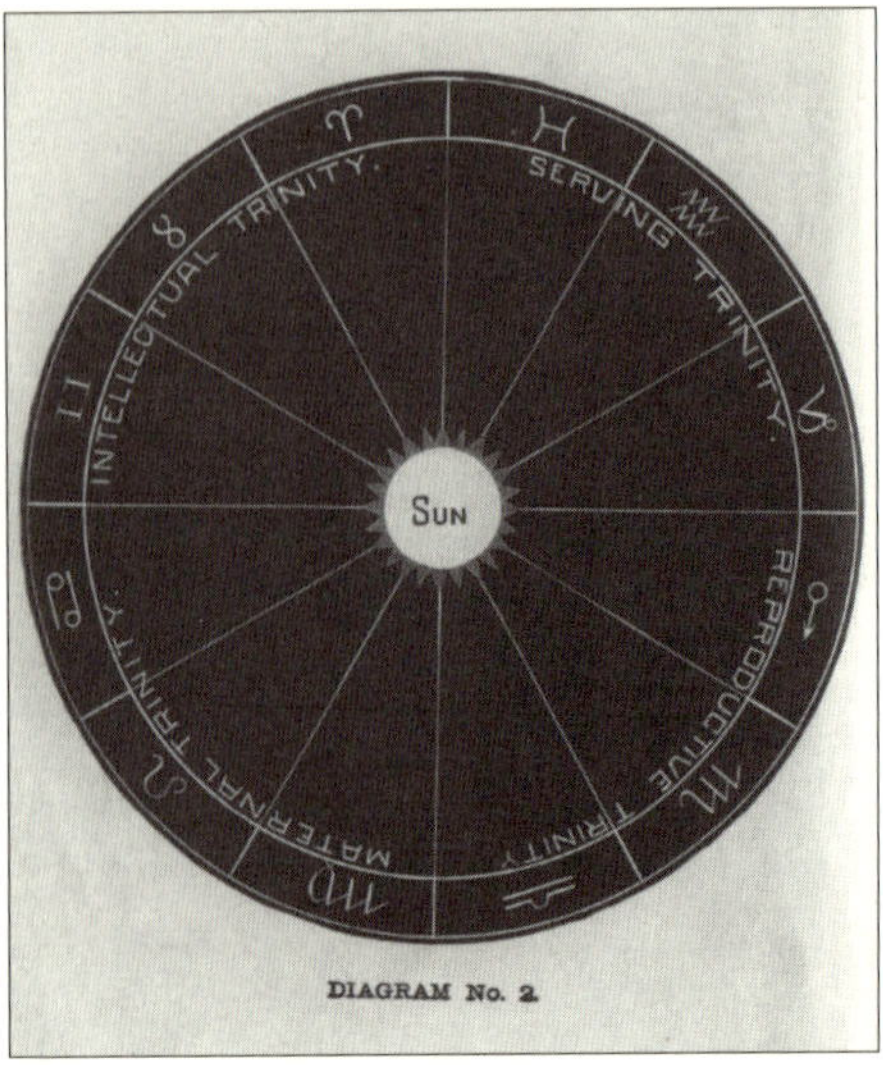

ヒラム・E・バトラーが想定した太陽中心の宇宙図 DIAGRAM No.2 （*Solar Biology,* by Hiram E. Butler,1887）

一見すると、コペルニクス以降の近代的な宇宙観――つまり太陽中心の太陽系に忠実なソーラー・バイオロジーは伝統的な占星術より「科学的」なようにも見える。ただ、残念ながらバトラーの計算は不正確で、「地球がその星座のなかにあるとき」、という記述は通常の太陽星座と同じである。つまり、地球からみた太陽の星座位置を示すものであり、太陽中心のものではない。

バトラーのソーラー・バイオロジーの「バイオロジー」（生物学）らしい点をしいてあげるとすれば、伝統的な占星術の星座と人体の対応を重視した象徴解釈をしているところであろうか。

牡羊座は頭、蟹座は肺、といったような人体と星座の対応が伝統的にあったが、バトラーはそれとキャラクターの描写を直接的に結びつけているのである。[2] またあとで見るようなそれぞれの星座のコンビネーションの描写にはかかりやすい病気がもれなくあてられている。

ソーラー・バイオロジーでは、牡羊座ではなく天秤座が最初にくる。占星術で最初の星座である牡羊座生まれの場合、地球は太陽からみて天秤座に位置することになるからであろう。天秤座の項目を見ると、このように書かれている。


天秤座のサインは、エネルギー、再生産の要素をつかさどる部位である腎臓付近に対応する。この星座は背中、背骨の下の部分、腎臓、および、知性と目を支配する。地球のこの星座の位置は秋分のころの九月二二日から一〇月二三日である。

2　ただし、このような人体部位とキャラクターの結びつきはアラン・レオにおいても見ることができる。

また、バトラーは太陽－地球の関係だけではなく、地球を中心にした月や、ほかの水星や金星との関係も解釈の要素とし、とくに太陽と月の組み合わせを「双極性」（ポラリティ）といって重視した。この月の位置は、太陽中心ではなく、地球を中心とした一二星座モデルが用いられる。

一例として太陽が魚座、月が牡羊座の（バトラーの計算によると星座がずれるかと思うが、

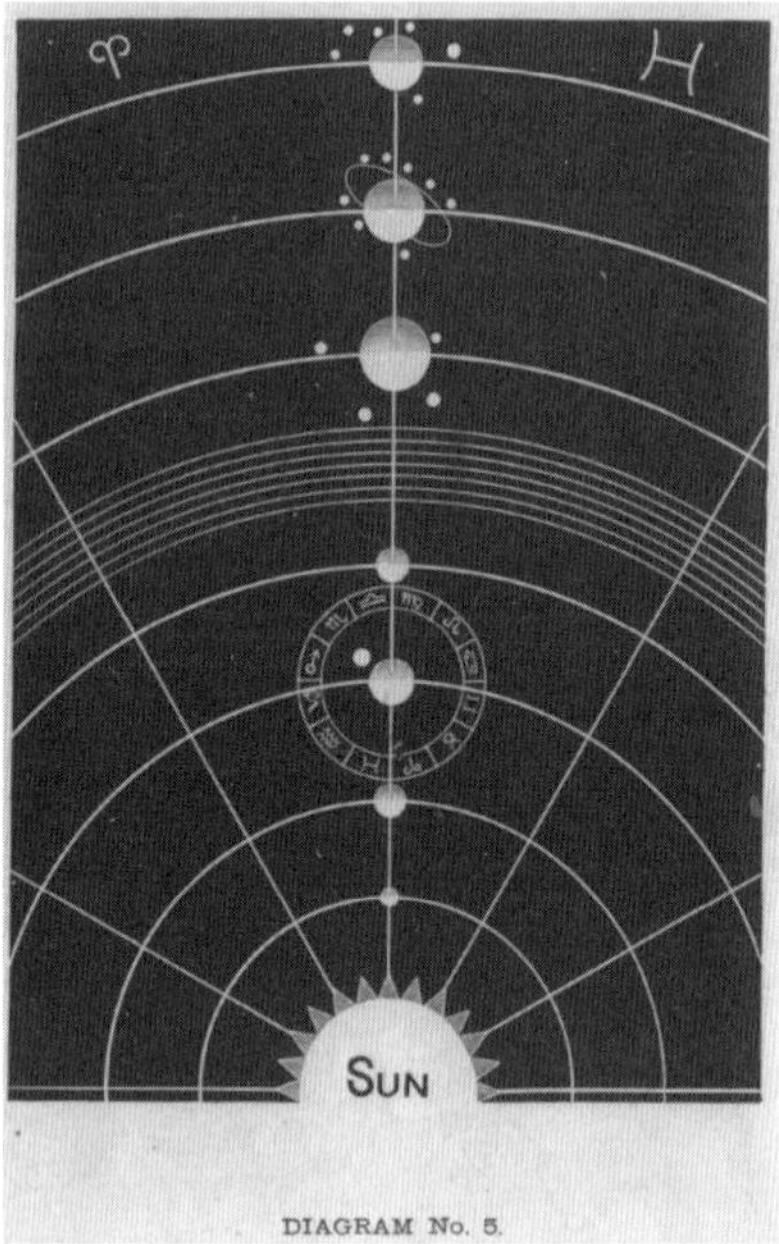

地球を中心とした一二星座モデルから見る、ヒラム・E・バトラーが重視した双極性。DIAGRAM No.5（*Solar Biology,* by Hiram E. Butler, 1887）

ここでは便宜的に通常の占星術の計算法を用いておく）解釈はこんな感じだ。

この相補性は意志の固さを表すが、同時に両親の不調和な状態も示す。かつ衝動的で落ち着きのなさを示すが、自己決定意識に満ち、頑固、積極的で他者を支配したいという気持ちを持つ、意志の強さを示す。……

この組み合わせは魚座のもつ知識への愛を加え、強さ、自己信頼、自己管理の力も与える。しかし、何事もやりすぎて神経を衰弱させる危険もある。とくにこれは女性にあてはまる。……この組み合わせは脳の問題、子宮変位の可能性を示す。

などとなっている。

ここでは医学的な予言は少しあるものの、基本的には、そのキャラクターの描写となっており、アラン・レオらほかの神智学的占星術と似通っている。

ではなぜ、のちの占星術師たちがバトラーのこのような占星術をほとんど無視したのか。その影響力が広く知られることはなかったのか。

占星術研究家キム・ファーネルによれば、おそらくそれは、バトラーが神智学協会と敵対したオカルト結社「ルクソールの兄弟団」とかかわりを持っていたからではないかという。[3]

レオも神智学者であったし、またセファリエル（57ページ参照）などもブラヴァツキーを中心としたグループにいたのだが、バトラーはライバルのオカルトグループにコミットしていたため、結果的にその影響力は低下してしまったのだ。

ルクソールの兄弟団はそれ自体ユニークな存在であり、最近でこそ研究が進んでいる。しかし、かつてはその存在がかなりスキャンダラスで、正面切って扱うのにはばかられる雰囲気もあったようなのだ。というのもこの団体は中心教義として性的な魔術を置いており、フリーセックス的な内容のパンフレットを配布した指導者ランドルフが当局からにらまれることになった。実際、短期間ではあるがランドルフは投獄されており、ついには、幼い子供を残して自殺してもいるのである。

本流の神智学としてはルクソール側にもかかわっていたバトラーを、自分たちとは無関係であるとして名前に言及することもなくなっていったのだろう。そして、アラン・レオの成功の陰で、バトラーのソーラー・バイオロジーは幻となっていった。

しかし、現在の「太陽星座占い」の隠れた水脈の一つとして、バトラーのこの奇妙な「生物学」があったことは確かなのである。

3 Kim Franell, *Flirting with the Zodiac*, The Wessex Astrologer, 2007, Chap.11.

ホロスコープのしくみ

本書は占星術のノウハウの指南書ではないので、占星術判断の基礎になるホロスコープの作成やテクニカルな占星術判断法の知識はとくに必要ない。

とはいえ、本書をよりよく楽しむ上で、基本的な占星術の知識はあるに越したことはない。

ここではごく簡単にホロスコープの仕組みを説明しておこう。

本書でいう「占星術」は、とくに断りがない限り古代バビロニアで発祥し、ギリシャ世界で原型が完成した「ホロスコープ占星術」を指す。その解釈法は時代や地域によって大きく変動してゆくが、判断の基準となる「ホロスコープ」の大枠は基本的に同じである。

占星術では、基本的に地球を中心とした宇宙を想定する。天動説と言っても良いがより正確には「地球中心説」（ジオセントリズム）に基づく宇宙観である。

地球がこの宇宙の中央にあり、その周囲をおよそ一年かかって太陽が公転する。星座がはりつく天球は無限大の大きさではなく、ある有限の大きさをもつ天球である。地球から見た太陽の通り道は「黄道」と呼ばれ、その黄道にそってよく知られた一二の星座が並ぶ。

天の赤道と黄道が交差する点の一つを「春分点」と呼び、ここを基準に黄道を中心角30度の、一二エリアに等分割する。これが占星術でいう「星座宮」（サイン）であり、黄道一二星座の名前をとって呼ぶ。

太陽、月、水星、金星、火星、木星、土星、さらに近代では天王星や海王星、冥王星なども占星術では「惑星」と呼ばれ、こうした天体は概略、黄道にそって動く。惑星たちの公転周期はさまざまで、そのときどきによって配置が刻々と変わってゆく。いわゆる「誕生星座」とはこのうちの太陽の位置だけを問題にしたものであるが、本来はすべての惑星の位置を度、分単位で算出してゆく。

さらにホロスコープを作成する基準になる地球上の場所での地平線と子午線が重要となる。ここを基準に黄道を一二に分割(分割の計算方法はさまざまである)したものをハウスと呼ぶ。

占星術では、このサイン、惑星、ハウスにそれぞれ意味があり、その相互関係によって解釈を導き出してゆくのである。

サインとハウスのイメージ

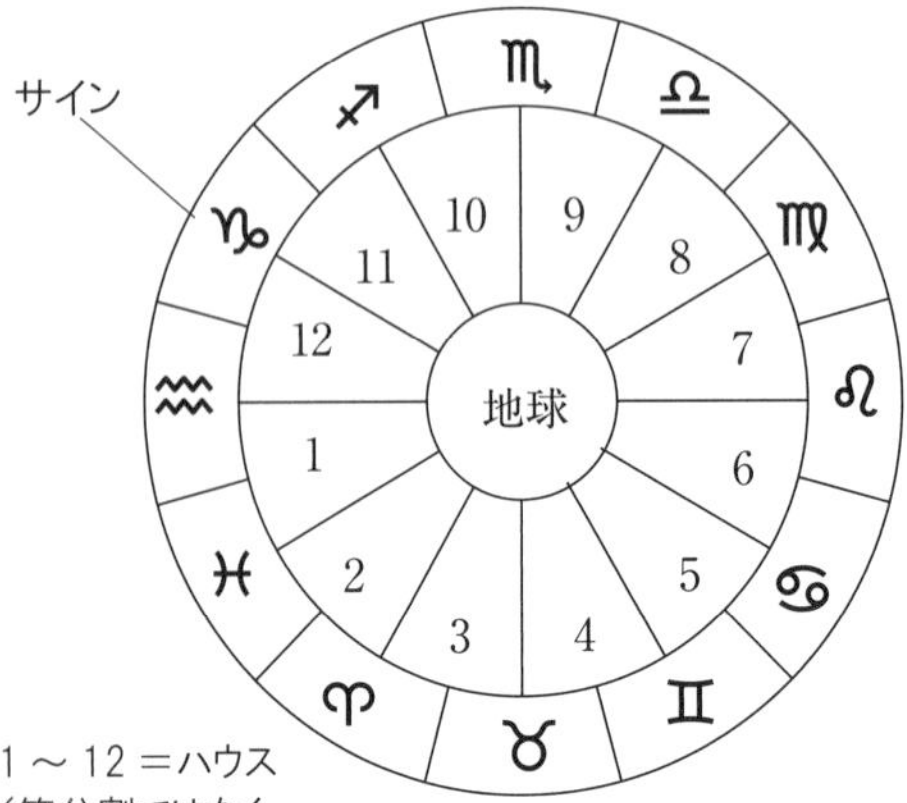

1 ～ 12 ＝ハウス
（等分割ではなく
比率は計算方法による）
星座の位置は一例

第二章 占星術と文学

シェイクスピアは星占いを信じたか

占星術は人間の運命の変転や不条理への応答として生まれてきた面をもつ。人は思うままにならない人生にたいして「なぜ」の疑問を常に抱く。そして言葉にならない不安や不満、あるいは喜びといったものをなんとか表現しようと試みる。星のイメージや星の動きは、人のこころの深い動きを映し出す鏡となったのだ。

Astrology は文字通りに訳せば「星の言葉」である。占星術家は人間のこころを映し出す星の言葉の通訳者ということになる。だとすれば人生の不条理や運命を言葉で描き出そうとする文学者たちと占星術家とは、近しい関係にあるということになろう。

実際、文学者たちは占星術に深い関心を持っていることが少なくないのである。少なくとも西洋においては、歴史的な文豪の多くが占星術の知識を持っていた。一七世紀までは西洋において、占星術は教養の大きな柱でもあったから、さまざまな文学的修辞として用いられる。西洋の文学を理解しようとすると、占星術の知識が不可欠になるのだ。たとえば、シェイクスピアなどはその典型であろう。

すぐ思いつくところでは、「人生は舞台、人はみな役者にすぎぬ」というセリフがある。戯曲『お気に召すまま』に登場する、あまりによく知られたセリフである。

辛口の登場人物ジェークイズのセリフであるが、これは人が個人の主体を生きているかのように思いながらも、社会という舞台の上、それぞれの年齢と地位に即したペルソナを共同体の相互関係の中で演じているにすぎないという無常を、そして同時に人が皆社会のなかでの有機的な相互関係の構築物であるということを見事に描き出している。

一六世紀に書かれたこのセリフは、ずっと社会が複雑になったと思える現代でも、深く胸に迫ってくる。むろん、占星術の知識はなくともこのセリフは理解できるし、心を動かされるのだが、占星術の知識があれば、その解釈と理解はぐっと変わってくる。

念のため、該当箇所をここで引用してみよう。『お気に召すまま』第二幕七場である。

この世界はすべてこれ一つの舞台、
人間は男女を問わずすべてこれ役者にすぎぬ、
それぞれ舞台に登場してはまた退場していく、
そしてその間に一人一人がさまざまな役を演じる、

年齢によって七幕に分かれているのだ。[1]

もし、あなたがここで占星術の基礎的な知識があれば、きっとピンとくるはずである。実は、ここでシェイクスピアは占星術的な世界観に基づいて、この名セリフを組み立てていることがすぐにわかるのだ。

「七」というのは、占星術ではきわめて重要な数字である。それは伝統的な七つの惑星、つまり、月、水星、金星、太陽、火星、木星、土星の七つを示す。

ここで現代の天文学では地球の「衛星」である月や、「恒星」である太陽が惑星とされているる点に疑問をもたれる向きがあるかもしれないが、伝統的な天文学や占星術においては、太陽も月も星座を背景にして動く「惑星」に分類されていたのである。

惑星は、今でも金星をヴィーナスと呼ぶように、古代から神話的なキャラクターと重ねあわされ、同一視されていた。

そして、その神々の象徴する、年齢域を示すこともあったのである。それぞれの惑星＝神々は、その神のキャラクターに即した年齢のイメージとも直結する。たとえば才気煥発な水星＝マーキュリーは少年少女の時代を意味するし、恋の神である金星＝ヴィーナスは思春期から美

1　シェイクスピア『お気に召すまま』小田島雄志訳、白水Uブックス、一九八三年

しい若者の年代を著し、一方で神々の祖父である土星＝クロノスは老人の姿で描かれる。
したがって、人生は「年齢によって七幕に分かれる」と聞くと、占星術の知識があれば、惑星の年齢域を即座に想起することになる。

続きを見てみよう。

まず第一幕は
赤ん坊、乳母に抱かれて泣いたりもどしたり。
次は泣き虫小学生、カバンぶらさげ、輝く朝日を
顔に受け、歩く姿はカタツムリ、いやいやながらの学校通い。
さてその次は恋する若者、鉄をも溶かす炉のように溜息ついて、
悲しみこめて吐き出すは恋人たちの顔立ちたたえる歌。次に演じるのは軍人、
あやしげな誓いの文句並べ立て、豹のような髭はやし、
名誉欲に目の色変え、むやみやたらに喧嘩っ早く、
大砲の筒朔向けられてもなんのその、求めるのは
あぶくのような功名のみ。それに続くは裁判官、
賄賂《わいろ》の去勢鶏《きよせいどり》つめこんで腹は見事な太鼓腹、

目はいかめしい半白眼、髭は型どおり八の字髭、
もっともらしい格言やごく月並みな判例さえ
口に出せればはたせる役。さて第六幕ともなれば、
見る影もなくやせこけて、スリッパはいた間抜けじじい、
鼻の上には鼻眼鏡、腰にはしっかり腰巾着《こしぎんちゃく》、
若いころの長靴下は、大事にとっておいたのに、
しなびた脛《すね》には大きすぎ、男らしかった大声も
甲《かん》高い子供の声に逆戻り、ピーピーヒューヒュー
鳴るばかり。いよいよ最後の大詰めは、すなわちこの
波乱に富んだ奇々怪々の一代記をしめくくる終幕は、
第二の赤ん坊、闇に閉ざされた全くの忘却、
歯もなく、目もなく、味もなく、なにもない。[2]

なんともシニカルな、人生を斜に構えてみたような描写ではある。この文人の人生の実相を見抜き描き出す筆の前には、現代人も苦笑いをするほかないだろう。若者が恋に悩み、中年期

2　シェイクスピア『お気に召すまま』小田島雄志訳、白水Uブックス、一九八三年

において権威を得た人物は、中年太りになり、御大層で月並みなご託宣を並べるというのは今も昔もまったく変わらないようだ。

さて、ここに登場する人生の「幕」を見ると、占星術における惑星の人物像と見事に合致することがわかる。第一の幕の「乳母と赤ん坊」は、月にあたる。

一七世紀の占星術家ウィリアム・リリーによる、最初の英語の占星術教科書『クリスチャン・アストロロジー』では、月は「女王やあらゆる女性」であるとともに、「産婆にして看護師」であり、乳母も当然、月が支配すると考えられる。と同時に、月は母親に面倒をみられる乳幼児を示す。

また「学校通い」は、知性を活発に発達させる水星の年齢域に相当する。水星は知性の若々しい少年神マーキュリーである。恋をする年代はもちろん愛の女神ヴィーナス、すなわち金星にあたる。功名を求めるのは、名誉を表す太陽であり、また兵士であるというのは、当然、軍神である火星マルスに対応する。裁判官は伝統的に木星ジュピターの管轄下である。先のリリーの占星術書を見ても、「判事や法律家」は、木星の支配下となっている。さらに老人は時の翁と同一視された土星サトゥルヌスの支配下にあるとされているのである。

このような記述を見たときには、当時の少し教養ある人々であれば、シェイクスピアが人の一生のなかに、惑星に象徴される宇宙の秩序を読み込んだということをすぐに見て取ったであろう。しかも、そのなかに占星術、という用語を一切使わずに、である。西洋文化のなかに占星術の象徴は当たり前の教養と言っていいほどに深く埋め込まれているのである。

シェイクスピアが当時の占星術をより具体的に利用している例としては『終わりよければすべてよし』をあげることができる。

ヘレナ　ムッシュー・ペーローレス、そのありがたいおことばから察すると、あなたは慈悲深い星のもとにお生まれになったのでしょうね。
ペーローレス　軍神マルスの星、火星のもとに、ですよ。
ヘレナ　そう思っていましたわ、軍神の星のもとにと。
ペーローレス　どうして軍神の星のもとにと？
ヘレナ　あなたはいつも戦争の足もとに身をかがめておいでですょう、軍神の星のもとにお生まれになったにちがいありませんわ。
ペーローレス　しかもあの星がもっとも光り輝いていたときにです。
ヘレナ　もっとも光を失っていたときではないかしら。
ペーローレス　どうしてです？
ヘレナ　いざ戦うとなると、あなたは後ろにさがって見えなくなりますもの。

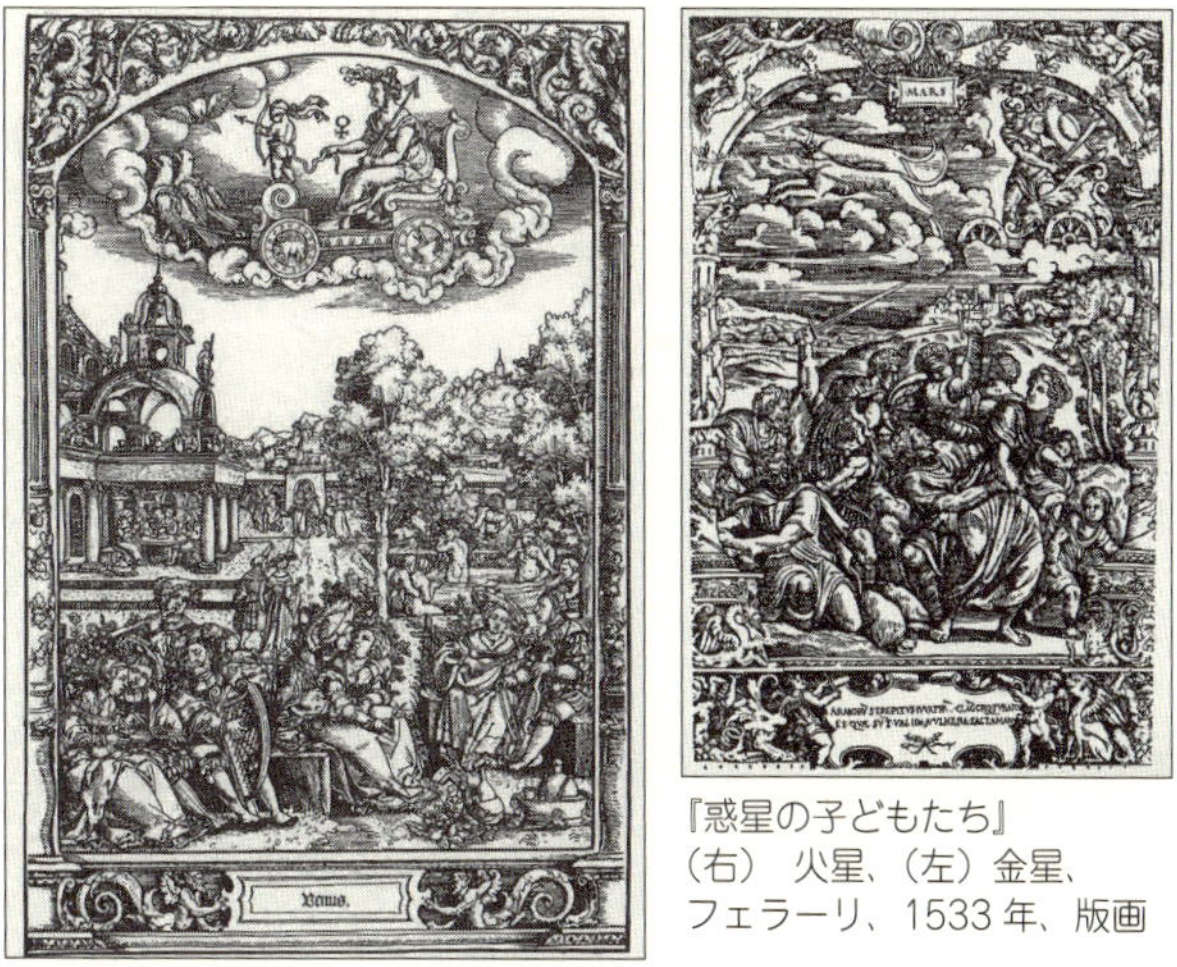

『惑星の子どもたち』
（右）火星、（左）金星、
フェラーリ、1533年、版画

ペーローレス　いったんさがるのが有利な場合には、ですよ。[3]

ヘレナがバートラムの家臣をからかうシーンであるが、ここでは占星術の知識が実に効果的に用いられていることがわかる。

ルネサンスのころにはさかんに「惑星の子どもたち」と総称される絵が描かれていた。このような絵はとくに北方で描かれ、のちにアルプスより南でも描かれるようになった。

惑星の子どもといっても、別にヴィーナスやマルスの実際の子どもということではない。惑星の神々の支配下に置かれた人々というわけで、大抵は画面上部に凱旋車に乗った惑星神が空を運行し、その下ではその天体の強い影響を

3　シェイクスピア『終わりよければすべてよし』第一幕一場、小田島雄志訳、白水Uブックス、一九八三年

受ける人々のこの地上の営みが描かれる。

つまり、この絵が示すのは、人々の職業や性質は特定の星の影響下において選択され、適性が示されるという信念なのである。

たとえば地上の水界を支配する月の下では、船乗りや漁師が生まれ、賢しい水星の下では商人が、美の星金星の下では音楽家や恋に興じる人が生まれるというわけだ。火星は当然、軍神であり、勇ましい兵士たちを生み出すことになる。

ヘレナは、ここでペーローレスを「慈悲深い星」(a charitable star) のもとに生まれたと持ち上げている。しかし、ペーローレスは自分は慈悲深い星ではなく、戦いの神のもとに生まれているという。

が、ヘレナはそうでしょうとも、とわかっていましたとばかりにいう。あなたはいつも戦争の場を好んでいるのだから、と。

気を良くしたのか、ペーローレスは「では火星が『もっとも光り輝いていたとき』にですか」と問いかける。

この言葉の英文は predominant である。占星術では、ある星がドミナント (dominant) であるというのは、たとえば出生時にその惑星が自分が支配している星座 (たとえば火星であれば、牡羊座か蠍座) にあったり、あるいは出生時に東の地平線から上ろうとしたり、天頂にあるといった状況をさす。

こうした状況では、その惑星の神の肯定的なキャラクターが強く出るので、伝統的な占星術によれば、勇敢になったり、武運に恵まれるという解釈ができるのだ。ペーローレスは星の上でヘレナが自分を誉めたのだと舞い上がったのだろう。

だが、次の一言は、気を良くしたペーローレスを一気に叩き落とす。ヘレナはいうのだ。「もっとも光を失っていたときではないかしら」

これも残念ながら日本語訳だけを見ていては、しかも占星術の知識がないと、面白さが十分には伝わらない個所だ。

英文では、ここは短く

When he (Mars) was retrograde, I think, rather.

とある。

このretrogradeというのは占星術あるいは天文学の専門用語である。日本語では「逆行」と訳されている。実際に惑星が逆の方向に動くのではないのだが、地球を宇宙の中心にあると仮定した場合（これが伝統的な天文学・占星術的宇宙観である）、惑星はときおり、通常とは違って動きを止めたり、逆向きに動くように見えることがある。

この惑星の逆行運動があるからこそ、惑星は「プラネット」つまり「さまようもの」という名前を与えられてきたわけであるが、同時に、その運動を説明しようとする多くの天文学者や占星術家たちを悩ませてきた。

そして、この惑星運動の謎が説かれるのは、実に一六世紀のケプラーを待たなければならないのである。実際には、地球のほうがある惑星を追い抜くときに、見かけ上、相手の天体がバックして見えるだけの話ではあるのだが、この複雑に見える惑星運動が占星術に神秘性を与えてきたのである。

占星術では、惑星の逆行は、その惑星の力を弱めたり、マイナス面を引き出すことになるとされていた。そこでここでは「火星の下に生まれた」という描写は一転、火星のマイナス面である粗暴さ、卑怯さといった面を意味するようになるのだ。しかも、シェイクスピアの修辞が見事なのは、この惑星の逆行運動と、いざという時に戦いの場で退却ばかりしている人物の行動を重ね合わせているところである。

これは文学的な修辞であると同時に、実際の占星術であるということになる。たとえば、あるビジネス上の進展を占ったときに相手を示す火星がホロスコープで逆行していたら、立場が弱くなって退却していると読むことは十分に可能なのだ。

興味深いのは、このような表現が用いられているということは、当時のシェイクスピアの観劇者の中には十分な占星術の素養をもって、このセリフの含意を味わい、クスクス笑う教養人が少なからずいたであろう、という点だ。

また、このセリフはどうだろう。『から騒ぎ』には、私生児ドン・ジョンがその仲間のコンラッドに慰められるシーンがある。

コンラッド　どうなさったっていうんです、閣下！　なぜそんなにひどく落ちこんでいらっしゃるんです？
ドン・ジョン　落ち込む理由《わけ》が途方もない。だから悩みは果てしない。
コンラッド　理性的に筋の通った考え方をしたらどうです。
ドン・ジョン　そうしたら、どうなる？
コンラッド　すぐに解決しなくとも、少なくとも我慢できるようになるでしょう。
ドン・ジョン　驚いたな、おまえが――お前自身が言ったように、土星の星のもとに生まれたお前が――屈辱に苦しんでいる者を説教で治そうとするのか。[4]

ここは英文では

4　シェイクスピア『新訳から騒ぎ』第一幕三場、河合祥一郎訳、角川文庫キンドル版、二〇一五年

I wonder that thou, being(as thou say'st thou art) born inder Saturn, goest about to apply a morarl medicine to mortifying mischief.

である。土星は凶星（マレフィック）の代表であり、自然界の力としては冷にして乾の性質をもち、人体においては黒胆汁（メランコリア）を増加させる。そこで土星の下に生まれた人物は憂鬱質（メランコリー）になるとされていた。

シェイクスピアは、コンラッドの生来の気質を占星術によって端的に表現していたのである。一五世紀のフィレンツェの哲学者フィチーノ以来、土星のメランコリーは哲学的で合理的な思考とも結びついたが、それはあくまでも過剰になると心身を痛めることになるとされた。そこで土星の力を緩和、中和する「薬」medicine が必要であり、それは太陽や木星の力であるとされたわけであるが、ここでは、土星のもとに生まれ、土星の力を過剰にもつ人物が憂鬱な気分を癒そうというのか、という皮肉が言い放たれているわけなのである。

もし、ここで占星術の知識がなければ、この土星という言葉は単に聞き流されてしまい、この一節にこめられた宇宙的な含意は十分に鑑賞できないに違いない。

このほかにもよく見ていくと、月の力や流星といった予兆も含めて、占星術的記述がシェイクスピアにはあふれている。とはいえ、シェイクスピアが占星術の「信者」であったかどうかということになると、意見は分かれるところであろう。

占星術に依存する人間の態度を批判するべく引用されるのもまた、シェイクスピアの戯曲からなのである。

おそらく、『ジュリアス・シーザー』第一幕のこの言葉も耳にされたことがあるだろう。

人間、時にとっては、おのが運命をも支配する。とすれば、ブルータス、罪は星にあるのではない、われわれ自身にあるのだ、人の下風に立つも立たぬもな。[5]

福田訳に解説を寄せた評論家の中村保夫氏も、このキャシアスは「星占いなど信じないルネサンス的な自然児、自由人である」と評している。

さらに、『ヘンリー四世』には、出生占星術を決定的に否定するように見えるセリフもある。

グレンダウワー　無理もあるまい、なにしろおれが生まれたとき、
大空一面を燃えあがるかがり火、炎を噴く星が
埋めつくした、のみならず、おれの産声を聞いて、
大地もその巨大な土台ごと、臆病者のように

5　シェイクスピア『ジュリアス・シーザー』福田恆存訳、新潮文庫、一九六八年

身をふるわせたのだからな。
ホットスパー　いや、そのことなら同日同時刻に起こったろう、
きみのおふくろさんの飼い猫がお産をしただけでもな。
きみが生まれようと生まれまいとかかわりのないことだ。[6]

この「おれが生まれたとき」というのは原文ではnativityであり、これも占星術の用語で出生ホロスコープを示す。

出生時の星の配置のみならず、自然の異常な現象がそのときに誕生した人物の特異な性質の予兆となっているとグレンダウワーは主張するわけであるが、しかし、ホットスパーは極めて合理的にそれに水をさす。

いやいや、同じ時刻に猫が生まれている場合だってあるだろうに、と。

これは同じホロスコープをもつ赤の他人がごまんといるではないか、という現代でもよくなされる占星術批判を先取りしている。

こうしたシェイクスピアの手厳しい占星術批判は、『リア王』にとどめをさすだろう。

エドマンドはこのようにいう。

6　シェイクスピア『ヘンリー四世　第一部』第三幕第一場、小田島雄志訳、白水Uブックス、一九八三年

人間ってやつ、ばかばかしさもこうなると天下一品だな、運が悪くなると、たいていはおのれが招いたわざわいだというのに、それを太陽や月や星のせいにしやがる。まるで悪党になるのは運命の必然、阿呆になるのは天体の強制、ごろつき、泥棒、裏切り者になるのは星座の支配、飲んだくれ、嘘つき、間男になるのは惑星の影響、って言うようなもんだ。人間の犯す悪事はすべて天の力によるってわけだ、女ったらしにはもってこいの口実だぜ、おのれの助平根性を星のせいにできるんだからな。おれのおやじがおふくろを抱いたのは龍座の尻尾の下、おれが生まれたのは大熊座の下、したがっておれは乱暴者の女たらしってことになる。チェッ、ばかな、おれはいまのままのおれだったろうぜ、たとえこの私生児ご誕生のとき天上のもっとも貞淑な星が輝いていたとしてもな。[7]

解説するまでもなく、悪運をすべて星のせいにして責任転嫁する人間の愚かしさをあげつらっている近代的な人間像がここにある。

なお、多少細かいことになるが、この小田島訳での「龍座の尻尾」というのは占星術的にはいささか不正確である。占星術の素養のない一般的な読者のために意訳されているのかもしれ

7　シェイクスピア『リア王』第一幕二場、小田島雄志訳、白水Uブックス、一九八三年

ないが、原文ではDragon's Tailであり、これは実際の天体ではなく、地球から見た太陽と月の軌道の交点の一つを指すものである。

この天の付近で新月や満月が起こると、日食や月食が起こる。そこで象徴的にこの二つの点を「龍の頭」「龍の尾」（星座としての龍座ではない）と呼び、とくに後者は占星術上でまがまがしいものとして扱われてきた。

さらに付け加えるなら、大熊座は北半球では沈むことがないので、誰しもが大熊座の下で生まれることになる。つまりはエドマンドは当たり前の人間ということになる。

シェイクスピアが現代の我々に訴えかけるのは、このような自由な意思をもつ人間像を鮮やかに描いたからかもしれない。ここには自由意志を尊ぶ「近代人」の心情がある。

しかし、当時は一六世紀である。星の強制力の度合いこそは、人によって容認される範囲は違っていたであろうし、また、神が与えた自由意思と星の強制力は複雑な神学的議論の対象となっていたが、全体として占星術そのものの有効性を否定することはなかった。

またあれほど雄弁に占星術を否定したエドマンドも自らの運命を変えることはできず、結果的に命を落とし、エドガーが新しいグロスター公となる。

その運命を予兆するかのような、日食や月食もこの作品には描かれる。

つまるところ、シェイクスピアにとって、占星術の象徴は人間の性質を的確に描写するためのきわめて便利で強力な修辞であり、また、人間社会の悲劇を通して描かれる宇宙＝社会の秩序の異変と、その回復の根源的な枠組みを示すものであった。単に信じる、信じないといった種類のものではなかったのである。
占星術家にして歴史家のニコラス・キャンピオンは、シェイクスピアの占星術に対する態度をこのように要約している。

シェイクスピアは、人間の存在が地上界と同様に天界の一部であるとする当時の宇宙論に従った。『リア王』、『マクベス』そして『ハムレット』といった政治的悲劇においては特に、主人公が秩序と無秩序が入り乱れる宇宙《コスモス》に取り込まれるという、よく似たテーマが取り扱われた。……問題はシェイクスピアが占星術を信じていたかではなく、避けることができない王の興亡、人間の営み、社会・政治情勢の盛衰に対する効果的隠喩として占星術をとらえていたかどうかということになるが、シェイクスピアは明らかにそう考えていたのだ。[8]

そして、シェイクスピアの抱いた美しいコスモス——いかにも新プラトン主義的、占星術的な世界像——は、『トロイラスとクレシダ』にこれ以上ないほど美しく表現されている。

8　ニコラス・キャンピオン『世界史と西洋占星術』鏡リュウジ監訳、柏書房、二〇一二年

天の星々も、惑星も、宇宙の中心であるこの地球も、
序列、階級、地位、規則、進路、
均衡、季節、形式、職務、慣習を
正しい秩序のもとに一糸乱れずまもっております。
だからこそ天空高く輝く荘厳な太陽は、
他の星の中にあって天の玉座につき、
その万物を癒す恵みの光をもって
よこしまな惑星の影響をただし、
さながら国王の発する命令のようにたちまち
善意の方向を定めるのです。[9]

シェイクスピアは、近代の自由意思を先取りしつつも、このような美しい秩序ある天球のなかに生きていたのだ。

9　シェイクスピア『トロイラスとクレシダ』小田島雄志訳、白水Uブックス、一九八三年

『カンタベリー物語』の星たち

シェイクスピアの占星術の一端を見てきたので、さらに時代をさかのぼり、ジェフリー・チョーサーの作品にみられる占星術を紹介してみよう。

チョーサーといえば、シェイクスピアと並び称される英文学の巨匠であり、英語そのものに大きな影響を与えた人物として知られる。一三四三年に生まれ一四〇〇年に没し、一四世紀のロンドンで活躍した。おそらく、裕福なワイン商の子供として生まれ、ワイン産地であるフランスとの交流もあってフランス語も幼いころから良くし、また、ラテン語の手ほどきも受けたようだ。

商家の息子として育ったが、長じて宮廷に出入りするようになり、ついにはエドワード王三世につかえるまでになる。これは大変な出世であり、婚姻を通じて王家とも深い繋がりを得ることにもなった。

チョーサーの教養は実に深く広いものであった。「チョーサーの教養は法律のことに限らず、フランス語、ラテン語、イタリア語の語学の知識から、歴史、神学、医学、錬金術の専門語、天文学、占星術、文芸修辞学など、いたらざるなし」であり、今では認められていないそうだが、あまりの学識の高さのゆえに、チョーサーは英国の最高学府であるオックスフォード、ケンブリッジの両大学で学んだのではないかという説さえ、一六世紀には出たこともあるということだ。[1]

我々にとって興味深いのは、チョーサーのいわゆる教養のなかに「天文学、占星術」が含まれていることだ。チョーサー晩年の最高傑作である『カンタベリー物語』には各所に占星術の専門的な知識がちりばめられている。シェイクスピアと同じように、いや、シェイクスピア以上に占星術／天文学の知識がなければ、読んでいて意味が通らない、あるいは理解できないことが多々あるのである。

『カンタベリー物語』は、英国最大の教会のあるカンタベリーに巡礼するさまざまな人々、そう、実にさまざまな社会階層の人々の語る話を生き生きと、そして面白おかしくまとめるという体裁の作品で、そのなかには当時の人々の考え方や暮らしぶりが鮮やかに描きこまれている。言わずと知れた英文学の巨塔であり古典ではあるが、決して堅苦しいものではなく、現代にも十分通じる皮肉や笑いが詰め込まれていて、読んでいてにやにや笑いを抑えることができないような内容なのだ。そのなかには、もちろん、チョーサーの多岐にわたる学識、教養を見て

1　『完訳カンタベリー物語　上中下』桝井迪夫訳、岩波文庫、一九九五年、訳者による解説

取ることもできるのだが、読者であったろう宮廷人にも、当然その隠喩や暗示は理解できたはずで、これは当時の読者の知識内容を伺うための、重要な資料としても読むことができよう。

むろん、その中には一四世紀末当時の占星術への態度の一部を示す箇所もある（以下、引用は桝井迪夫氏による訳を使わせていただきたい）。

「弁護士の物語」のこの一節はどうだろう。これは法律家が語る、あるイスラム教のサルタンがキリスト教徒の娘に恋し求婚するところから起こる悲劇なのだが、物語が動き出す前にこのようにサルタンの運命が予告されている。

たまたま、世の人が天と呼ぶ、かの大いなる書物の中には、大公が生れた時、彼は愛のため悲しくも死すべきことが星をもって書かれておりました。なぜならば、星のなかには、鏡よりもなお明らかに、その本を読むことのできる人なら誰でもわかるように、ああ神のみぞ知る、あらゆる人の死が書かれているからなのです。

このサルタンは、キリスト教徒の娘への恋のために、大公の母によってほかにキリスト教に改宗した家臣もろともに虐殺されてしまうことになる。

このような人の死が「人が天と呼ぶ、大いなる書物」のなかに星をもってあらかじめ書きこまれているとチョーサーは話者に語らせている。

しかも、これは歴史上、このサルタンが初めてというわけではない。

星の中には、ヘクターやアキレスの死や、ポンペイやジュリアスの死が彼らの生れる何年も前に書かれておりました。テーベの争いや、ヘラクレス、サムソン、トゥルヌス、ソクラテスの死も書かれておりました。

というのだ。だが、重要なのは、次の一文だ。

だがしかし、人間の知恵ははなはだ鈍いものですので、誰もそれを完全に読むことができないのです。

占星術の伝統においては、科学革命以前に占星術そのものの前提、つまり惑星の運行と地上の出来事の照応についての疑義が生まれたことはほとんどないし、また、キリスト教においても、自然の枠組みのなかにおいて占星術が否定されたことはなかった。しかし、個別的、具体的な出来事の正確な予言となれば話は別であり、これは悪魔的な魔術とみなされた。個人の死の正確な予言という具体的な予告は神の領域であり、それは人知を超えていることをチョーサーは明らかにしているのだと思われる。

さらに、チョーサーは、ここで「選定占星術」（イレクショナル占星術）という占星術の技法についての知識を披露する。占星術では、ただひたすら星の力の前にひれ伏し運命を受容するばかりではなく、積極的に星の力を利用しようとする技法も存在する。誕生をはじめ、何かのスタートの時期の星の配置がその事象の先行きを予告するというのなら、それを逆手にとってよい星の配置のときを選んで物事をスタートさせれば、よい結果を得ることができるという考えである。

実際、このような時期選定は公的にも行われており、バクダッドの建設の日取りや、英国のエリザベス一世の戴冠式の時刻などは注意深く占星術によって選定されているのだ。しかし、この物語では、キリスト教の娘コンスタンの、シリアへの嫁入りの時期に星の祝福は受けられていなかったようである。話者はこのように嘆く。

ああ！　思慮を失ったローマの皇帝よ、汝の町に一人の占星学者もいなかったのか。このような場合に、ほかにもっとよい時はなかったのか。航海にもっとよい時の選択はなかったのか。ことにかくも地位高き人に対しては。その人の生れた時刻が知られている時でさえ、手だてはないというのか。ああ、われらはなんと無学であることか、なんと愚かであることか！

ここでも、僕たちは当時の占星術の基本的な知識の一端を垣間見ることができる。娘の旅立ちのときをきちんと占星術で選定しなかったというだけではない。このような高い身分の娘の場合には、出生時刻まで記録が残っているではないか、というのである。ちなみに、ここでいう出生の時刻の星回りは原文では a roote of burthe つまり root of birth である。占星術の専門用語で基準となる星図のことを radix とも呼ぶが、この radix という単語には「根」という意味もある。

選定占星術では、もちろん、幸先のよい星回りを選ぶのだが、そのときには、ただ、その時の星回りがよいというだけではなく、できうれば、本人の出生ホロスコープから見ても悪い時期ではないということが望ましい。

本人の星回りと、イベントのスタートの時期の星回りの双方がよければ、これはもう最高であろう。話者は、せっかくこの娘の出生時刻までもわかっているのに、何の占星術的手だても講じなかったのか、とその地の人々の無策ぶりを嘆いているわけである。そして、その娘の出発のタイミングは、単に占星術的に選定されていないだけではなく、占星術的には最悪のものであったと話者は告げる。

おお、始動の力なる第九天よ！　残酷なる天空よ。……その汝の圧力が、この仮借なき航海の初めに、天をして恐ろしきマルスがこの結婚を破滅させるがごとき配置をとらせたのだ。

第九天というのは、伝統的な宇宙観において、地球からもっとも離れた天球である。地球が宇宙の真ん中にあり、地球を取り囲むように惑星を運ぶ透明な天球が、ちょうど玉ねぎのような同心球的に重なり合うというのが、伝統的な宇宙観であった。月、水星、金星、太陽、火星、木星、土星という七つの惑星が、月から順にそれぞれの天球に載って回転する。これが第一天から第七天である。そして八番目の天には、黄道一二星座が配置され、さらにその外側の第九天は「原動天」（プライム・モーバイル）とも呼ばれ、自らは動くことなくほかの天球を動かす原動力となるとされた。キリスト教の世界観においては、この天球は神と同一視されるようにもなる。このような宇宙観についてはダンテを扱う次の節でより細かくご紹介することにしよう。

チョーサーは、その天文学的、占星術的知識をもって、原動天という始原の力の配剤によって、この娘の航海は凶星であるマルス、すなわち火星によって最初から呪われていたというわけである。チョーサーはさらに詳細に、このときのホロスコープがいかに不吉であったかを語る。

> 斜めに昇る、不運を招く星よ。その主《あるじ》マルスは無力にも、ああ、彼の白羊宮より、もっとも暗き天蝎宮《てんかつきゅう》に落ちたのだ。おお、マルスよ、おお、悪しき力よ。おお、かよわき月よ。不運なり汝の歩みは。汝は汝の迎えられざる場所において他の星と結び合う。汝幸せなり

し場所より今や追放されしなり。

この箇所にはチョーサーの占星術の専門的な知識がいかんなく発揮されている。ただ、手元にあるペンギン版ジル・マン編の原文と参照すると、白羊宮（牡羊座）だとか天蝎宮（蠍座）という言葉は出てこないので、おそらく岩波文庫版とは底本が異なるのだろう。

一方、ペンギン版ではこのようになっている。

Infortunat ascendent tortuous,
Of which the Lord is helpless falle, allas,
Out of his angle into the derkest hours!

つまり、そのときのアセンダント（東の地平線上から上る星座）の支配星（ロード）は、その強力な位置であるアングル（天頂や地平線）にはなく、それが弱まる位置に入ってしまったということだろう。そして、出生の時（atazirとある）のように火星はよくない位置に置かれた。

さらに、これに続くのは、月が火星と合となり（how knittest thee）、しかも、よくない星の力を受ける（レシーブする）という表現である。

選定占星術では動きの速い月がよい天体と接近してゆく（合《ごう》となる）か、あるいは、よい角度関係を形成していくというのが幸先のよい条件となる。この場合には逆に、火星という凶星に、女性を表す月が合となってゆくという、典型的な凶兆を示す星の配置となっているのである。もし十分な占星術の知識があれば、法律家の語るこの星の配置だけで、その後のこの女性の運命を先取りすることができるであろう。

また、伝統的占星術の知識が生かされている箇所をもう一つご紹介しよう。

『カンタベリー物語』でも、とりわけユーモアと皮肉に満ちていることでよく知られた「バースの女房」の章からである。

このバースの女房は、五回の結婚を繰り返した手練手管にたけた女性であり、それでもまた、男性に尽くして貞節を守ろうとする気はなく、自由な気性をもつ人物である。彼女の言葉は、いわゆるミソジニー（女性嫌悪）を見事に批判しており、これは現代でも十分通じるものでもありそうだ。もしあなたがジェンダーにかんしてリベラルな考え方をもっておられるなら、抱腹絶倒間違いなしなので、ぜひお読みいただきたいのだが、その章の中でも占星術の知識が披露されている。

自由で強い気性のバースの女房は、自分の出生ホロスコープを紹介しながら自分の天性を語る。

だって確かに、わたしは感情はヴィーナスの申し子でしたし、心臓はマルスの申し子でしたもの。ヴィーナスはわたしに元気溌剌さやセックスへの欲望を与えてくれましたし、マルスはわたしに攻撃的な大胆さを与えてくれました。わたしの昇る運勢は牡牛座で、マルスがその中におりました。ああ！　ああ！　いったい恋が罪だなんてことは悲しいことですわ！　わたしはいつも運勢の力によって、自然の気質に従ってたわけでしたもの。

「昇る運勢」とあるのは、原文ではアセンダントであり、東の地平線から昇る星座である。占星術では、この星座こそが本人にとってもっとも重要な星であり、ここに火星という性欲を象徴する天体があるので、自分には強い性欲があるとこの女性は言っているのである。しかし、火星は牡牛座では、その品位は低くあまり良い結果を導くことはないとされている。「運勢の力によって」とあるのは原文ではコンステレーション、つまり星座である。この女性は、星から与えられた性質をそのまま受容し、それを乗り越えることをしないという態度をここで表明しているわけだ。一種の開き直りといってもいいが、正直な生き方だともいえるだろう。

また、学問の世界における女性蔑視も含めて、このようなことをバースの女房は述べている。

マーキュリーとヴィーナスの影響のもとに生まれた子どもたちは生活の仕方がすっかり逆

になっています。マーキュリーは知恵や知識を愛するが、ヴィーナスは浮かれ騒ぎや浪費がとても好きです。お互いが逆の性質のために、他方が最大の力をふるっているときには、一方は最も弱いというわけです。こうして本当にマーキュリーは、ヴィーナスが力をもっている双魚宮では力がないのです。そこでマーキュリーが上がるとヴィーナスは下がる。というわけで、どんな女性もどんな学者からほめられることはないのです。

マーキュリーは水星、ヴィーナスは金星である。ここで解説されているのは、占星術における「ディグニティ」(品位)という概念である。ある星座のなかで惑星はよい面が出たり、悪い面が出たりする。

知性の星である水星は、自分が支配する乙女座において「高揚」(エキザルテーション)する。一方、金星は、魚座においてエキザルテーションする。乙女座と魚座はホロスコープ上では正反対で向かいあう位置にある。

そこで水星(マーキュリー)が上がると、金星(ヴィーナス)が下がる、ということになり、またその逆もいえるというわけなのだ。ここでは、知性や学識と愛欲が相反するとされていることが、占星術の専門知識を利用して巧みに表現されている。ここからもチョーサーの占星術の知識は、高い水準であったと考えられる。

実は、チョーサーは、天文学用具であるアストロラーベのマニュアルを初めて英語で書いた

惑星の「品位」を擬人化し表現した図像。１４世紀。
水星（メルクリウス）は双子座、乙女座では威厳を持つが
射手座、魚座では転落する。
また金星は天秤座、牡牛座、魚座では力をもつが
牡羊座や蠍座、乙女座では失墜することを示している。

人物そのひとでもあるのだ。

チョーサーは一三九二年に、アラブの天文学者、占星術のマシャーラーのテキストをもとに、当時一〇歳であったルイスにささげている。この論文も未完ではあるのだが、このような高度な内容のものは天文学の相当の知識がないと書けるものではない。

その内容はほとんどが今でいう天文学的なものであるが、中には占星術で用いるハウス（黄道を地平線、子午線を基準に一二分割するもの。一つ一つのハウスが、金運、結婚運などをつかさどるとされた）を算出する方法や、選定占星術や魔術に用いる惑星時間（曜日と日の出、日の入りをもとに象徴的にどの惑星が支配するかを示す）の算定法も記述されている。

これは当時の天文学と占星術が不可分であったことをよく表している。僕たちは、チョーサーの作品のなかに、当時の人々がいかに星の象意を当然と考え、その意味を駆使した表現を楽しんでいたかということをうかがい知ることができるのである。

『神曲』の中の宇宙

占星術というのは、実に欲深い営みである。それはこの世界で起こっていることすべてを星の動きのモデルという小さな縮図のなかに漏らすことなく反映させようという営みであるから。つまり、占星術は、この世界（宇宙）を惑星の軌道圏という階層構造にマッピングし、それぞれの惑星が「支配」する事象の複雑な組み合わせとして、この世の森羅万象すべてを説明し尽くそうとする試みであると言えるだろう。

思うに、人間はこの世界の複雑さや多様性にはなかなか耐えることができない。そこで、本能的にこの世界をすべてマッピングし、秩序あるものとして描き出そうとする。西洋の文学においては、その衝動は一四世紀のダンテの中で最高潮に達し、あの『神曲』という偉大な古典を生み出したのである。

よく知られているように『神曲』は、主人公ダンテが、ローマの詩人ヴェルギリウスと、霊的な美しい女性ベアトリーチェに導かれ、地獄、煉獄、そして天国の三つの世界を旅し、この宇宙の真実を目の当たりにするという構成をとっている。

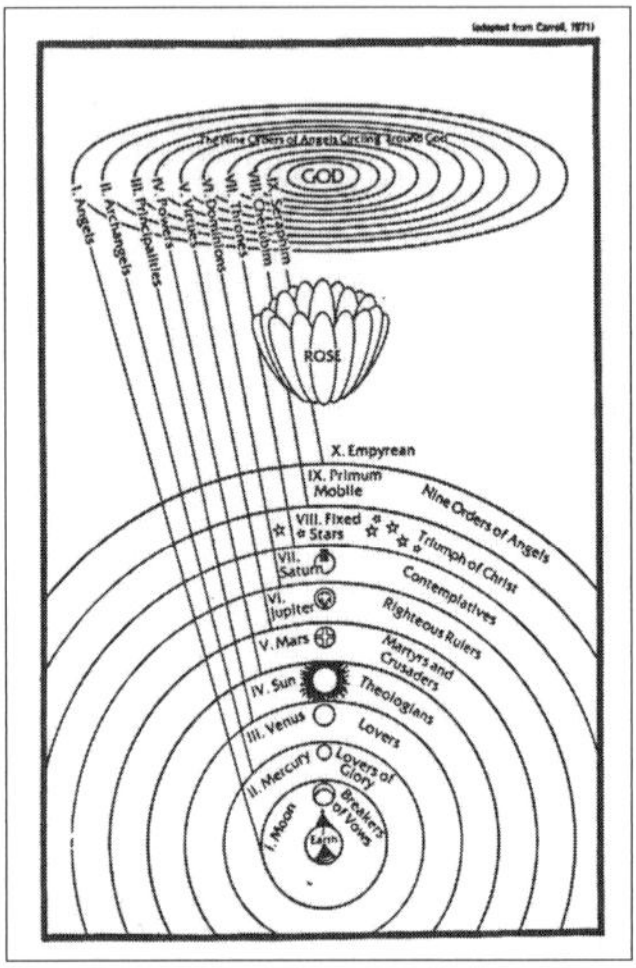

『神曲』の階層宇宙の模式図。Datne, *The Divine Comedy*, Trans by Mark Musa, Penguin, 1964, 1984.

この階層宇宙を下から上に旅するあいだにダンテは、それぞれの魂の状態に応じてふさわしい次元にいる人々――神話、古典時代、そしてダンテ同時代の――と邂逅を果たし、宇宙を巡らせる神の真の愛に目覚めてゆく。

研究者が描くダンテの宇宙の模式図を見てすぐわかるように、『神曲』は一種の霊的地理学であるとも言えるし、キリスト教を軸として古典時代からの哲学やコンテンポラリーな政治思想すべてをマッピングしようとした思想分析の成果であるともいえるだろう。

「天国」が占星術で用いる惑星圏であることからも、『神曲』にはずっと興味はもっていたのではあるが、実はなかなか手が出せなかったというのが正直なところである。これまでの日本語訳は硬直で僕のような素人には読みにくいと感じられるものだったからだ。

かといって原文を読むような語学力はないし、英訳を読んでも詩というのはなかなか読み下すのが難しい。

しかしながら、大変ありがたいことに最近（二〇一四年）、信頼できる底本をもとに、丁寧な校註をつけた最新の翻訳が出たのである。それが原基晶訳、講談社学術文庫版による『神曲』全三巻である。以下、『神曲』からの引用はこちらを利用させていただくことにする。

さて、この『神曲』の膨大な世界観をときほぐすことなど、僕の能力をはるかに超えるのだが、興味があるのは、この中で占星術はどのように扱われているかということである。

それは中世からルネサンスへの過渡期において、占星術がダンテの神学的宇宙のなかでどのような位置づけにあったかということを示していると考えられるからだ。

ダンテの世界観は、当然、確固たるキリスト教の世界観のもとにある。

ということは、僕たちには理解しがたいことではあるが、キリスト教以前の人々はいかに偉大で善良であったとしても地獄の入口であるリンボにとどまらざるを得ない、そんな世界観なのである。ホメロスやホラティウス、ローマのカエサルなども、この地獄の第一圏にいる。

　彼らは罪を犯した訳ではない。だが、人として尊敬に値したとしても、
　十分ではないのだ。なぜなら洗礼を受けなかったからだ。

（地獄編　第四歌　三四－三五）

イエスがこの世に受肉される以前の人々なのだから、キリスト教の洗礼を受けることなどできるはずがない人々は、罪がなくとも地獄圏に落とされている。地獄の下層にいる人々と比べ

ればずっと優遇されているとはいえ、地獄は地獄であり、天国とは程遠い。ダンテの時代を考えれば当然のことではあろうが、これほどまでに強いキリスト教的世界観のなかでは、異教的な占星術は当然、「有罪」とされているように見える。

地獄の第四層にはさまざまな占い師や予言者たちが落とされている。

彼らは

驚くべきことに全員が顎と胴のはじまりとの間で
捩曲げられた姿で現れた、

というのも顔が背の側に回されていたためで
その者どもは後ろ向きに歩かなければならなかった。
なぜなら彼らは前を見ることが禁じられていたからだ。

（地獄篇　第二十歌　十一－十五）

地獄において予言者や占い師たちは、みな、首を捻られて前後の向きが反転させられている。彼らは常に後方に歩くことしかできなくなっているのだ。

なぜか。このようにある。

背を胸としている驚異を見るがよい。
あの者は度を越して前を見ようとしたため、
今は後ろを見つつ後ろ向きに道を進む。

（地獄篇　第二十歌　三七－三九）

つまり、生前に予言者たちは先のことばかりを告げようとしていたために、地獄においては顔の向きを逆転させられて、後ろ、つまり過去のことばかりを見るようにさせられている、というのである。

この地獄に落とされた予言者の中には、あのエディプス神話に登場する盲目のテイレシアスのほか、中世の大占星術師であるマイケル・スコットやグイド・ボナッティもいる。

とりわけボナッティは、占星術の歴史の中では圧倒的な存在感を放っている人物である。英国を代表する占星術研究者であるニコラス・キャンピオンの言葉によれば、一三世紀当時「もっとも有名な、いや、ヨーロッパの歴史を通してもっとも有名な占星術師」なのだ。

ボナッティはスコットと同じく、フリードリヒ二世に仕えた占星術師であり、ボローニャ大学で教鞭をとったりもしていたが、彼の研究は神学や哲学を表看板にせず、まさに占星術そのものを全面的に打ち出して名を成しているのが特徴的だ。おそらく、専門職としての占星術師としては初めての例であろう。また、ボナッティはアラビアの占星術書に精通しており、いわゆる「暗黒の中世」において西ヨーロッパでは下火になっていた占星術を再度、ラテン語圏に伝えた。ただし、当時は天文学と占星術の区別は現在のようにははっきりしていない。

ボナッティの主著は「天文の書」（英語ではBook of Astronomyと訳される）であるが、一〇章からなるこの巨大な本はまごうことなき占星術に関するものである。

「天文の書」は、幸いにして最近、アメリカの若手占星術家ベンジャミン・ダイクによって英訳されたので、その全貌を知ることができるのだが、実に英語版にして上下巻合わせて一五〇〇ページ近い大部のものである。

その章の内容は

一：序論
二：占星術の基礎
三：惑星の性質
四：合について
五：一四六の命題
六：質問による占星術
七：選定占星術
八：世界の運命（春分図）と会合
九：出生図
一〇：嵐と天候の変化

となっていて、占星術の全体像を示したものとなっている。

著名な科学史家のソーンダイクによれば、ボナッティは随分大胆な人物だったようで、「神学者が神について知っている程度よりも、占星術師が星について知っている方が大きい」という、なんとも挑発的な言葉を残している。

神学者たちはボナッティを敵視していたであろうけれど、実際のところはボナッティのクライアントには聖職者たちも含まれていたという。また、ボナッティは軍事的なアドバイスを与えて成功している。フィレンツェとルッカで紛争が起きた時に、わざと街を抜け殻にして敵を侵入させ、油断したところを急襲するという戦略をたてて見事成功したというのである。そのタイミングはもちろん占星術によって選定されていたはずだ。

このようにして歴史に名を残した占星術師ボナッティであるが、ダンテによって地獄に落とされている。

神学的な見地からダンテは占星術に反対していたのであろうか。

いや、ことはそう簡単ではないのだ。そもそも、ダンテの宇宙的地理学は、ギリシャやローマに由来する魂による天界の旅のモチーフを踏襲したものである。

さらに、ダンテは自身の才能は双子座の星から来ているといい、全編を通して『神曲』には星の寓意が散見される。

では、ダンテにとっての占星術とは、あるいは星とはいったいなんだったのだろうか。

ダンテを導く星たち

ダンテの『神曲』は、中世末期からルネサンスへの時代の大転換点に書かれた壮大なコスモロジーであり、西洋文学の金字塔である。

地獄篇、煉獄篇、天国篇の三巻からなるこの文学は、地下世界である地獄、地獄から天上にそびえる山である煉獄、そして惑星圏から神の世界へとひろがる天上の三世界を、ダンテ自身がヴェルギリウスとベアトリーチェの導きで巡るという物語だ。その構造自体が、当時のキリスト教とキリスト教以前の古典思想、神話を総合する大統一理論をなしていると言っていいだろう。

以前、中沢新一先生と対談講座をさせていただいたおり、ダンテの『神曲』は今で言う相対性理論のようなもので、この世界を統一的に説明しようとする画期的なものだったはずだと聞いて、なるほど、と感じ入った。この宇宙のすべてとその中にいる人間の位置を語り尽くそうとする野心を、現代の人間はもつことができるだろうか。

前回述べたように、中世を代表する占星術師のボナッティやスコットは、『神曲』では地獄に落とされている。キリスト教の中では、神の摂理に挑戦しようとする占星術家は天国に居場所がない。

しかし、占星術そのものをダンテが否定しているかといえば、そうではないのである。

そもそも、『神曲』のスピリチュアルな枠組みの基礎をなしているのが宇宙論であるが、当時の宇宙論は当然、占星術と不可分であったのだ。その上で、とりわけ天国篇の構造は占星術の惑星圏の構造をもとにしている。

二世紀のプトレマイオス以来、コペルニクスまでは天球の中心には地球が置かれていた。かつての世界観では、この地上界と天上はまったく異なる原理で動いていると考えられており、地上は火地風水の四大元素でできているのにたいし、天上は第五元素からなりたつ永遠不変の世界であるとされていた。

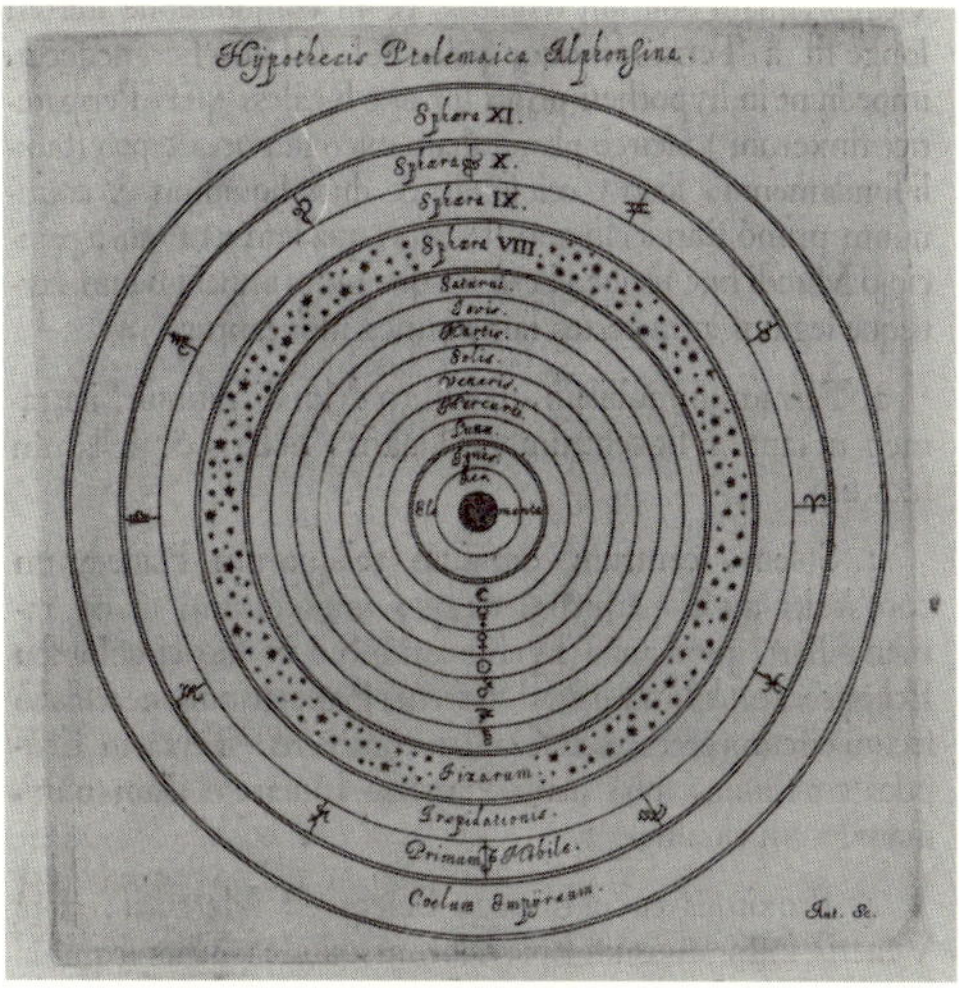

プトレマイオスの宇宙観。ヨハネス・ヘヴェリウス『月面学 *Selenographia*』より。

そして、地球の周囲を月、水星、金星、太陽、火星、木星、土星の七つの惑星がそれぞれの天球に乗って公転し、さらにその外側には星座をなす恒星天、そしてついには神とも同一視される、自分は動くことなく対象を動かす原動天があるとされてきた。

占星術の基本的な考え方は、それぞれの惑星はそれぞれの性質をもち、その運動が地上界に何らかのかたちで影響を及ぼすか、あるいは照応しているというものだ。

惑星は、熱冷湿乾の性質をもち（惑星によってそのバランスが違う）、さらに、バビロニア、ギリシャ、ローマから続く神格をもっているので、さまざまな事象と対応するとされたのである。

『神曲』天国篇は、この惑星圏を順次、上昇していくというプロットをもっている。ベアトリーチェに導かれたダンテは、そこで天国の惑星圏に住まう魂たちと邂逅を果たす。この住人たちの性質が、占星術の惑星のイメージと符合しているのである。

以下、順に見ていこう。

惑星圏の魂たち

月は移ろいやすく、気まぐれなことで知られている。暴力によって自分の請願を果たすことができなかった魂たちがここに住まう。

また、ここではプラトンの『ティマイオス』に描かれる、人の魂は星からきて星に帰還するという教義がキリスト教的に再解釈されて述べられている。

彼［プラトン］は、魂は自分の星に戻っていくと言います、
なぜなら、自然が形相として魂を与える時に
それは星から地上に降りてくるからだと。

おそらく彼の学説は、その声が聞かせるところとは
異なっており、嘲笑されるべきではない
真意を解釈することが可能です。

もしも彼の意図が、星の影響の毀誉褒貶《きよほうへん》を
これらの天輪に帰することならば、おそらく彼の弓は
幾分かの真理を射抜いているのです。

（天国篇　第四歌　五二―六〇）

この文章をみれば、人間の形相（質料とは原理的に異なる永遠の型）としての魂は星から来

るというプラトンの教説をダンテは認めていることがわかる。そして、「星の影響の毀誉褒貶」があるということは、一抹の真理を得ているということになる。

しかし、そのいっぽうで、そうした星たちをローマ神話のような神々の名前をつけて崇めるという異教的な態度は容認することができなかったのである。

実際、ダンテは天国篇第二二歌（一一二－一一四）の中でこのように歌う。

おお、栄光に満ちた星々よ、大いなる力をはらんだ
光よ、我が才能は、それがどれほどのものであれ、
すべてその力に由来することを私は認める。

これに先立つのは「牡牛座に続く星座を見るやその中にいた」という文である。そのことから、牡牛座に続く星座、つまり双子座こそがここでいう「栄光に満ちた星」であるとわかる。ダンテは自分の詩才が、双子座の星からきていることを自認していたというのだ。双子座の守護星は水星であり、水星は知性と文才の星でもある。もちろん、これはれっきとした占星術である。

さらに、天国篇に描かれている水星天から木星天までを見てゆくことにしよう。水星天には、カエサルをはじめ生前に栄光をもとめ、成功した善なる魂の持ち主たちが住まう。また、この

箇所では原罪と、歴史の構図が描かれるが、これは人間の知性を象徴する水星にふさわしい。

次の金星天は、愛に生きた人々の世界である。金星は愛の星であるから当然だろう。いっぽうで情欲としての愛の金星は地獄の対応する箇所に置かれている。

太陽天ではトマス・アクィナスをはじめとする偉大な神学者たちと出会うことになるが、ここでは太陽が大いなる神の寓意とされているからであろう。伝統的な占星術では、太陽はホロスコープ上の第九ハウスで「歓喜《ジョイ》」するとされているが、この第九ハウスとは「宗教と神」のハウスなのである。

さらに火星天では殉教者や十字軍の騎士たちとダンテは出会う。火星は戦いの星なので、これまたふさわしいものであろう。

ダンテは騎士であったという先祖カッチャクイーダと出会う。カッチャクイーダは自分が生まれた年を「この火星は、この星と親和する獅子座に五百五十と三十回めぐりきて、その足下で再び燃え上がった」というもったいぶった言い方で表現している。火星は六百八十七日が公転周期とされていたので、カッチャクイーダは一〇九一年生まれという計算になる。このような表現はまさにダンテが天文学、あるいは占星術に通じていたことの証左だ。

カッチャクイーダは騎士であった。火星は火の星であり、獅子座もまた火の星座であることから、親和性は高い。騎士として戦いの星が誇り高い獅子座にあるのは、たしかにふさわしい配置であろう。

次の木星天は正義の支配者たちが住まう世界であり、土星天は観想者の世界である。木星は神々の王ユピテルに象徴される正しき王者と皇帝権の象徴であり、土星は沈思黙考の星で地球からもっとも高い位置にあるがゆえに神の世界に近い天体である。

先に引用した、ダンテが双子座の生まれであるという描写はここに出てくるのだが、この詩人は宇宙の中の双子座の場所に立って全宇宙を俯瞰するという壮大な神秘体験をする。いわく、「我ら人類を野獣のように争わせる小さな麦打ち場［回転する小さな地球のこと］は、／私が永遠の双子座とともに回転している間に、／その山々の頂から河口や海峡に至るまでの全容を私に露にした」のだ（天国篇　第二二歌　一五一－一五三）。

そして太陽系そのものを見たダンテは「つまり七星すべてがどれほどの大きさで、／どれほどの速さを持ち、／それぞれの家がどれほど離れているのかを私に示したのである」（同　第二二歌　一四八－一五〇）。

さらにダンテは恒星天を抜け、至高の世界を垣間見ることになる。

このように、ダンテは、作品の構成そのものを当時の天文学／占星術のコスモグラフィを利用して構築している。

この天国篇の占星術的象徴を詳細に分析しようとした研究書に、リチャード・ケイ『ダンテのキリスト教占星術』[1]がある。この研究によれば、ダンテはおそらく、以下の九人の占星術師の著作を参照していたのだという。

それはプトレマイオス、アルブマサール、アルカビティウス、ヘイリー・アベンネゲル、エルヴィアのジョン、イブン・エズラ、Liber novem indicum の匿名の著者、マイケル・スコット、グイド・ボナッティである。

そして、この神曲に登場するモチーフや登場人物のキャラクター、アトリビュートが、上記の占星術師たちが惑星に照応させた事象や性質と合致していることを、事細かに証明しようとしている。たとえば、太陽天においては心臓や顔のモチーフが強調されるが、これは伝統的占星術における太陽の事物であるというのである。

ただ、こうした性質の形容や寓意は極めてありふれたものであろうから、上記のものが占星術象徴と合致するのはとくに珍しいことではなく、ダンテがいちいち意図的に上記の占星術著者たちのテキストを正確に引用しようとしていたかどうかとなると、判断に困るところではある。

しかし、このケイの指摘に一つ興味深い点がある。月から始まって惑星の高くなっていくにつれて、占星術的なアトリビュートの数が増えていくという指摘である。この指摘がもし正し

1 Richard Kay, *Dante's Christian Astrology*, University of Pennsylvania Press, 1994.

ければ、神の世界に近い大きな軌道をもつ惑星においてこそ、より占星術的照応が意味を成すということになるわけであり、ダンテは上位の惑星の占星術表象を特に重視していたことになる。

さらにここからもう一つ、『神曲』と占星術を扱った論文を参照しながら、ダンテの占星術を検討してみることにしたい。学術誌「文化と宇宙」*Culture and Cosmos* に掲載されたリチャード・ポスの論文である。[2] ポスは、『神曲』における「星」が重要な機能をこの短い論文で端的に示している。

ポスはまず、「星」が『神曲』では、ダンテの地獄、煉獄、天国の巡礼における霊的な真実のメタファーとして用いられることを例示する。

たとえば、「地獄」においては星を見ることはできない。「この門をくぐるもの、すべての希望を捨てよ」、という地獄の中においては、「そこには、嘆きが、泣き叫ぶ声が、高い悲鳴が／星のない大気の中に響きわたって」いたのである（地獄篇　第三歌　二二－二三）。

先に見たように、地獄のなかでダンテはさまざまな人々と出会うわけであり、中には占星術

2　Richard Poss, *Stars and Spirituality in the Cosmology of Dante's Commedia*, Culture and Cosmos Vol5. No.1, 2001.

師もいたのであるが、これはさまざまな罪を犯したり、キリスト教の救いにあずかれなかった人々の魂であった。彼らは、みな、「星のない大気」の中で嘆き悲しんでいるのである。

ダンテは地獄めぐりの末に、ヴェルギリウスに導かれ、上昇して煉獄へ、そしてついには天国へと向かうわけだが、その途上で星が登場する。やっと地獄圏を抜けるときに、「そしてついに、私達はそこから出ると、再び見たのだ、星々を」（地獄篇　三四歌　一三九）。

ダンテは地獄を抜け出し、煉獄へと向かう。地獄においては希望が皆無、絶望の世界であるが、煉獄は天国そのものではないものの、天国へと救済への可能性が開かれた世界である。だからこそ、そこには星が見える。

ダンテは煉獄への上昇をこのように歌う。

東洋の青玉の清々《すがすが》しい色が、
水平線まで透き通る大気の
静謐《せいひつ》な表情の中に広がり、
私の目に再び喜びを与え始めた。
それは目と胸に苦しみを塞いでいた死の空気から

私が外へ抜け出してすぐのことだった。
愛することへと誘《いざな》うあの美しい星が、
つき従う魚座を隠して、
東の空をすみずみまで微笑ませていた。

（煉獄篇　第一歌　一三―二一）

死の空気に満ちた地獄の世界から煉獄へと抜け出したとたん、空気は澄み、水平線まで美しいブルーがひろがる。そしてそこに星が輝きだす。「愛することへと誘うあの美しい星」とは、愛の惑星である金星（ヴィーナス）であることは間違いない。そして、この金星は魚座に入っていたと歌われている。

ダンテの旅は、太陽が第一番目の星座である牡羊座にあるときに始まったと考えられていた。魚座は牡羊座に先行する星座であるので、夜空にはまず魚座の金星が輝き、ついで太陽が昇ってきて朝が来る。明けの明星は太陽の光にかき消されていくが、神的な光の寓意である太陽の先駆けともなるのである。

金星が牡羊座に先立つ魚座にある、というのはこれが夜明けであることを示す指標であり、ここでは星の配置が具体的な時間を示す役割を果たしている。ポスはここで指摘してはいないけれども、占星術家としては魚座の金星は重要な役割をもっていると考えざるを得ない。

伝統的な占星術の考え方に惑星の品位（ディグニティ）というものがある。これは惑星と星座の親和性ともいうべきもので、ある惑星は在泊する星座によってその威力が強くなったり、弱体化するというのである。現代の占星術で用いられることは少なくなっているが、伝統的な占星術では決定的に重要なものであった。

現代占星術に残っているのは、いわゆる「支配星」（守護星）という考え方である。たとえば牡羊座の支配星は火星、牡牛座の支配星は金星であり、火星は牡羊座、金星は牡牛座に入ると居心地がよく、強いコンディションでいられるという。

この「支配星」（ルーラー）のほかにも惑星の品位はいくつもあって、自分が支配する星座にあるよりも、ある意味好ましく、惑星のもつよい性質を発揮するというのが「高揚」（エキザルテーション）である。そして、愛の惑星である金星は魚座においてエギザルト（高揚）するのである。

魚座の金星がわざわざ地獄を抜けたシーンで描かれているということは、占星術の視点からすると、明らかにこれから愛が高揚していくことを予兆しているものだと読めるのである。

さらに、ここで四つの星が浮かび上がる。

南の天極に目を向けると、原初の人々［堕落以前のアダムとイブ］の他にはこれまでに目にされたことのなかった四つ星を見た。

（煉獄篇　第一歌　二三－二四）

ここでいう四つ星とは、キリスト教以前の宗教の人々とも共有できる賢明、力、節制、正義の四つの枢要徳である。この四つの徳はキリスト教以前のローマにおいても大切なものだとされてきた。

そしてさらにダンテが進んでゆくと、「星々の動きがもっとも遅いあたりへと」この四つの星が沈み、三つの「松明」のような星が昇るのを見る。

この三つの星とは、信仰、希望、愛という三つの対神徳の寓意であり、ここにおいてダンテは新しい救済の世界へと足を踏み入れたことが暗示されているのである。

この四つの星と三つの星は、煉獄篇終盤においては、ニンフとして現れる。

私達はここではニンフ、そして空では星なのです。
ベアトリーチェが地上世界に降臨される前から、
私達はあの方の侍女となるよう定められていました。

あの方の瞳の前まであなたを連れていきましょう。けれども瞳が宿す

歓喜の光の中で、あなたの視力を鋭くするのは
向こうにいる三人。彼女達はもっと深く見通せるのです。

（煉獄篇　第三一歌　一〇六－一一一）

異教とも共通する徳からキリスト教の徳へと導かれたダンテは煉獄において浄化され、ついには煉獄を抜けて天国へと向かう。

そう、ダンテは「無垢になり、昇る備えができたのだ、星々を目指して」（煉獄篇　第三三歌　最終行）。

天国は、まさに惑星圏であり、それを突き抜けた神の世界への上昇が描かれる。その惑星の天球についてはすでに述べたが、ダンテは、ここで全宇宙を視野に収め、

私はこの目でそれまでの七つの天球を皆
再訪した。そして見えた、この地球が、
あのようになって。その卑小な姿に私は笑みを浮かべてしまった。

だから私は地球が劣っていると見なす

あの意見を最上と認める。よって地球以外に思いを馳せる人は
真に有徳と呼ぶことができる。

（天国篇　第二二歌　一三三－一三八）

ダンテはこの世界の実相を看破したと感じたのであろう。そして天国篇では「空の星のように真理が見えた」とするのである（第二十八歌　八七）。だが、このような天に住む天使たちも真の神的な性質をもつのではなく、あくまでも至高の神の光の寓意にすぎない。ダンテは人間としての認知能力の果て、その行先にある不可知の神性ぎりぎりにまで接近するのであるが、ここでもまた、宇宙の星がその象徴として登場する。
そして、この壮大な詩は、このように閉じられるのだ。

ついに高く飛翔した我が表象力はここに尽きた。
しかし、すでに中心から当距離で回る輪のように
我が望みと我が意志を回していた、
太陽と星々を巡らす愛が。

（天国篇　第三三歌　一四二－一四五）

このように星はダンテにおいてはさまざまな機能をもつシンボルとして用いられる。ポスの言葉を借りれば、それは「詩的象徴、霊的指標、またプトレマイオスのコスモロジーの文字通りの描写」として、少なくとも三重の役割を果たしているのである。

ダンテにとっての星々は、この大部の作品を貫いて一つに綴じ合わせる光の糸でもあった。『神曲』において、星の光は単なる世俗の占星術の星ではなく、地上的な光から霊的光明へと連なって魂を導く道標そのものであったのだ。

『神曲』ドレ、版画

第二章

占星術と美術

星の神々のグレートジャーニー

「イコノロジー」（図像学）の誕生と占星術

「今日われわれがイコノロジーと呼んでいる美術史の新しい方法論は、おそらくこれは美術史だけではなくて、言語によらず、イメージによる精神表現の解読についての重要な学問であると私は思うのです」[1]と美術史家の若桑みどりはいう。「ルネサンス美術にみる神秘主義」という講演での言葉である。

ミケランジェロやデューラーの作品を、ルネサンスに復興してきた「神秘主義」、すなわち新プラトン主義やヘルメス主義的な魔術や占星術によって読み解いてゆくこの講演録に、学生だった僕の心は躍った。ルネサンスのマエストロに、この時代の「神秘主義」（今では秘教、エソテリシズムと呼ばれる）が直接的に大きなインパクトを与えていたというのである。

若桑は続ける。「イコノロジーは美術史だけに有効なのではなくて、例えば神秘主義のような、あるいは都市論のような、すべて形態によって精神を表現してきたもの、つまり象徴すべてを

1　若桑みどり「ルネサンス美術にみる神秘主義」、川端香男里編『神秘主義　ヨーロッパ精神の底流』せりか書房、一九八八年所収

解読する際の素晴しい方法論です。これをつくりあげたのが、二十世紀初頭のアビ・ワールブルク〔ヴァールブルク〕、およびワールブルク研究所です」

イコノロジーとはすなわち図像学。美術を審美的価値や構図を含めた表層的な分析に留まらず、あたかもテキストを解読するがごとく、その象徴的意味の糸をたどり探求してゆくという方法論である。そして「イコノロジー」というスリリングな学問を打ち立てるときにヴァールブルクが最初に参照したのが実は占星術図像だったことを知って、僕はさらに驚愕したのだ。なぜ日本の占星術家たちはそのことを一言も教えてくれなかったのかとため息もついた。

現在ロンドン大学に帰属するヴァールブルク（ウォーバーグ）研究所の創設者がアビ・ヴァールブルクである。ヴァールブルクという名前に耳馴染みのない方でも、英語読みでウォーバーグ銀行とかウォーバーグ証券といえばきいたことがあるはずだ。この巨大金融業を営むユダヤ系財閥がヴァールブルク家である。

アビはヴァールブルク家の長子であった。本来、家督を継ぐべき立場だったわけだが、根っから商売に関心が薄かった彼はこれを拒否、その代わり家から多額の資金援助を受けて貴重な文献を収集し学問に邁進する。アビが収集した文献はとりわけ貴重な図像を含むものが多かった。このアーカイヴが現在のウォーバーグ研究所の基礎となる。そしてここから新しい美術研究の方法が立ち上がってくるのである。それが「イコノロジー」（図像学）だ。

方法論としてのイコノロジーという言葉がはっきりと明示的に提示された記念碑的講演は一九一二年ローマの美術学会でなされた。そのタイトル――それは「フェッラーラのスキファノイア宮におけるイタリア美術と国際的占星術」である。

この論文は伊藤博明、加藤哲弘によってすでに邦訳[2]され、また伊藤博明による詳細な解題も付されている。ここでは主にその仕事をお借りして概要をご紹介することにしよう。

ヴァールブルクが「イコノロジー」という方法論を立ち上げるきっかけになったのは、イタリアはフェッラーラにある、スキファノイア宮における「月暦の間」と呼ばれる広間にあるフラスコ画をめぐる壮大な謎解きであった。

ルネサンス時代、フェッラーラはエステ家によって支配されていた。エステ家の邸宅としてスキファノイア宮は一三八五年に建造され、ボルソ・デステ（一四一三－一四七一年。エステ家の当主。フェッラーラ公）の時代に大規模な改築、増築がなされる。このときに「月暦の間」が作られ、壁面に装飾がなされたのである（一四六九年－七〇年）。

「月暦の間」はその名の通り、壁面が一二ヶ月を示すフレスコ画で飾られた広間である。日本でも襖絵に季節を表す花鳥風月が描かれることが多かったが、同じようなものであろうか。残念ながら、近代に入ってからこの部屋は工場として使用された上、絵は漆喰で塗りつぶされた

2　アビ・ヴァールブルク『デューラーの古代性とスキファノイア宮の国際的占星術』伊藤博明／加藤哲弘監訳、ありな書房二〇〇三年

フランチェスコ・デル・コッサ『三月』、スキファノイア宮、
月暦の間の壁画、1469-70 年

こともあり損傷が多く、修復された今もすべてを見ることはできないという。とはいえヴァールブルクが詳細に分析した「三月」の絵は美しい画像を見ることができるので、まずはそれを参照してみたい。この絵は横三メートル、縦四・五メートルほどの大きな画額のなかに複雑な要素が詰め込まれている。「月暦の間」の絵画であるということと、これが占星術と関係があるということを知っている僕たちは、この中に即座に占星術的モチーフを見出すことができるはずだ。

暦絵であるためその季節を示す黄道上の星座、そしてその星座の支配星が凱旋車に乗って空を行き、かつ、その下にはその月に行われる地上の人々の営みが描きこまれるのである。これは星が司る時間の中での人々の生活という、コスモロジカルな人間生活の美しい表現でもある。

こうした占星術的暦絵の美しい画像としては、『ベリー公のいとも美しい時禱書』の細密画が有名だ。

ベリー公の依頼によって一五世紀初頭にランブール兄弟によって描かれた作品で、その美しさから占星術の入門書にはしばしば引用される。人体が小さな宇宙であることを示すその扉絵は、おそらくもっとも美しい占星術図像の一つであろう。それに続くそれぞれの月の絵には、星座と天空を進む惑星神と、その神に支配されるそのときどきの人間生活が描かれている。

スキファノイア宮の月暦の間のフラスコ画も一見すると、この様式にのっとっているように

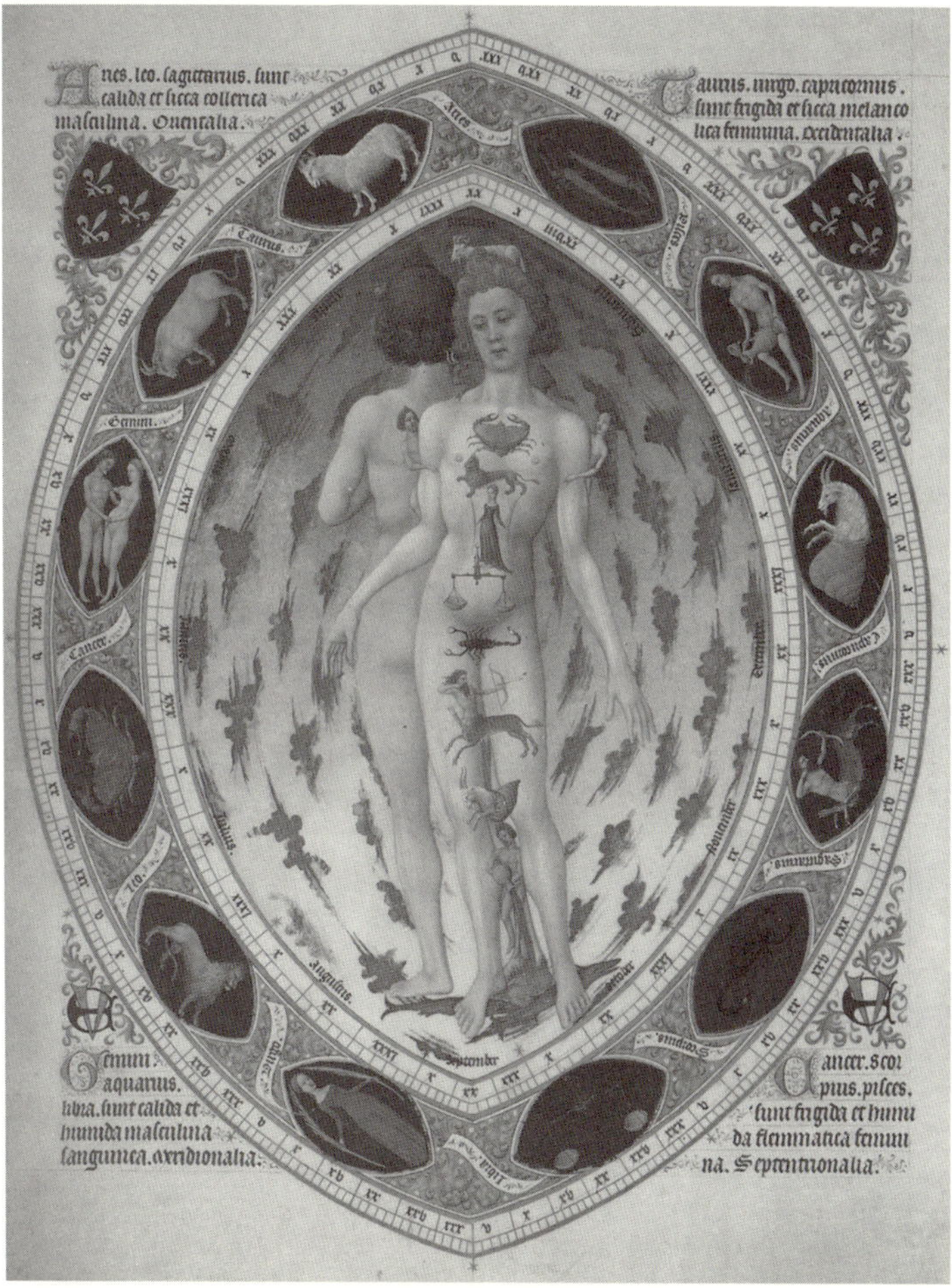

『ベリー公のいとも美しき時祷書』扉絵。獣帯と人体の照応を表す。

見える。画面は三段に分かれており、最上段には凱旋車にのった星神が運行している。中段には星座の絵（ここでは牡羊）、さらにその下段にはその月の人間の営みが描かれている。

ぱっと見ただけでは、「ああ、ここにも占星術的に調律された生活が描かれている。貴族の生活のなかで占星術が大きな意味をもっていたんだなあ」というふうに感激して終わり、ということになるかもしれない。しかし、少し細かく見ていくと、この絵は占星術的にも謎に満ちているのである。

たとえば画面最上段で山車あるいは凱旋車に乗せられて行進していく人物。通常であれば、この人物は牡羊座の支配惑星である火星を擬人化したものでなければならない。火星すなわちマルスは、もちろん、猛々しい軍神である。

典型的なルネサンス期における『惑星の子どもたち』のマルスは下の図のようなものである。

いかにも勇ましく、筋骨隆々とした軍人として表象される戦争神であり、その「子どもたち」は地上において合戦を繰り広げている。

『惑星の子供たち』のマルス

しかしスキファノイア宮における、この「三月の間」の凱旋車の上の人物はこのマルス像とは雰囲気が大きく違う。たしかに上半身は鎧を身につけているようにも見え、右手には槍のようなものをもっていて武人としての様相はないとはいえないものの、下半身を覆うのは白いスカートのような衣装である。なによりもそのボディラインは優美で女性的な曲線を描いているし、山車を引いているのはとても軍馬には見えない。山車の脇にいる人々の生活も右手では裁縫に勤しむ女性たち、左手には何やら書類を読み上げる男性たちで、火星が司る戦いの場面とは程遠いのである。

中段はさらに謎めいている。三月の星座である牡羊座が中央にあるのはよしとしよう。だが牡羊の上部にいる女性は誰なのか。この人物は明らかに女性で牡羊座の支配星である火星神ではない。さらに左手の色黒の男性は？　右の妙な輪っかをもった若者は何者なのか。通常の占星術の知識だけではこの絵を読み解くことは困難である。実際、この絵を「解読」することは長年できなかったという。

しかし、アビ・ヴァールブルクは、自ら収集したさまざまな図像的資料と、二〇世紀初頭に再紹介されてきた古典古代から中世、ルネサンスの占星術史料によってこの謎――ダ・ヴィンチ・コードにならってスキファノイア・コードとでも呼ぼうか――を解くことに成功するのである。

まずこの中で、謎を解きやすいのは画面上段に位置する凱旋車上の女性である。通常、三月の支配星座である牡羊座の守護星は火星であり、猛々しい軍神が描かれるべきであるが、ここでは凛々しくはあるが優美な女性が描かれている。この女性像は、占星術の歴史を少し知っていればローマの武装した女神パラス（ギリシャ神話ではアテナ）だとわかる。

典拠は一世紀ローマのマルクス・マニリウス。『アストロノミカ *Astronomica*』という占星術をテーマにした著作をマニリウスは残している。五巻からなるこの本は詩のかたちで宇宙の構造から占星術的な解釈を歌い上げたもので、歴史上、もっとも初期のまとまったかたちでの占星術書の一つである。時代的には有名なプトレマイオスの占星術書『テトラビブロス *Tetrabiblos*』に一〇〇年以上先立つものだ。この本は、ラテン語と英語の対訳本のほかに、日本語でも『占星術または天の聖なる学』[3]として翻訳され知られている（ただしこちらはフランス語からの重訳ではある）。

同書第二巻を開くと、このような記述をみつけることができる。

パラスは白羊宮（牡羊座）を守護し、キュテーラ島の女神（ウェヌス）は金牛宮（牡牛座）を、アポローンは愛すべき双子宮（双子座）を護る。メルクリウスは巨蟹宮（蟹座）を、ユーピテルは神々の母（ユーノー）と力を合わせて獅子宮（獅子座）を宰領する。処

3　マニリウス『占星術または天の聖なる学』有田忠郎訳、白水社、新装版一九九三年

女宮（乙女座）は、手にした麦穂によってケレースの管轄に属し、天秤宮（天秤座）はそれを鍛えたウルカーヌスのものである。喧嘩好きの天蠍宮（蠍座）はマルスに属する。ディアーナは半人半馬の人馬宮（射手座）を守護し、縮こまった磨羯宮（山羊座）はウェスタのもの。ユーノーの星宝瓶宮（水瓶座）はユーピテルの星（獅子宮）の対極にある。ネプトゥーヌスは、空に棲む双魚宮（魚座）を、昔の海の住人としてわが管轄下に呼び寄せる。こうした基本原則を弁《わきま》えれば、読者が未来を予知する学に足踏み入れる大きな助けになるだろう。

つまり、一二星座の一つ一つにオリンポスの一二神が配当させられているのである。

実はこの配当は占星術文献の中でもかなり特異なもので、歴史的な典拠としてはマニリウスのこの箇所以外にはみられない。実践上でも具体的にどのようにこれらの星座の守護神を用いるのか、定かではない。ただ初期の占星術がいかに神話的なイマジネーションに彩られていたかが伝わってくるのみである。

マニリウスの『アストロノミカ』は中世においては忘れられていたようだが、ヴァールブルク前掲書の伊藤博明の解題によると、サンガッロ修道院に眠っていた写本の、さらにより完全な写本がモンテ・カッシーノ修道院で一四一七年に発見され、ルネサンス人たちに知られるようになったという。メディチ家の庇護のもとでプラトンやヘルメス文書を翻訳しルネサンスに再生させた医師にして占星術家マルシリオ・フィチーノも、プラトンの『饗宴』に関する注解においてマニリウスのこの一二星座と一二神の対応を紹介している。だとすればこの三月の暦絵に登場する女性は、マニリウスが白羊宮すなわち牡羊座の守護神として配当した、パラスであることはほぼ間違いないだろう。

パラスはギリシャ神話においてはアテナであり、母なくして誕生する、ゼウスの額をかち割って全身甲冑で覆われた姿で飛び出してきた英知と戦の女神だ。ペルセウスがその視線で見るものをすべて石に変える恐ろしい蛇女ゴルゴンを退治することを手助けしたことでも知られている。この女性は手に槍をもち、よく見ると胸にこのゴルゴンの首が描かれているのが見える。

ここまでくると、凱旋車の左右にいる人々の謎を解くのも簡単だ。女神の左には医師や法律家など、知性を武器に仕事をする人々が描かれる。彼らは知恵の女神であるパラスに守護されている。また右側の女性たちは機を織ったり刺繍をしたりしているが、マニリウスによれば「牡羊座」は、こうした職業の人々を生み出すのである。なぜなら、羊毛や糸は「羊」から刈り取られた毛から作られるからだ。

ヴァールブルクはさらに大きな謎である画面中段にある謎の人物たちにも推理の目を向ける。彼らは一体何なのか。ヴァールブルクは中世アラビアの大占星術家であるアブー・マアシャルの占星術書『大序説』の中に、この謎を解く鍵を発見した。それは「デカンの神」である。古代エジプトにおいて天球上の太陽の通り道を三六のブロックに分割する方法が着想され、へレニズム期にはそれぞれの星座宮を前半、中半、後半に三分割し、これがデカンないしファキエス（フェイス、顔）と名付けられた。そして、各デカンには、そのデカンが上昇するとき、同時に地平線に昇るほかの星座（パランという）をイメージの源泉とした、独自の神霊の姿を当てはめたのだ。

こうした天球の神霊像は、紀元後数世紀において『異邦の天球』という書にまとめられたという。ヴァールブルクによれば小アジアに発したこの書は、エジプトを通じてインドに達し、おそらくはペルシアを通って、アブー・マアシャルの『大序説』に取り込まれ、これがさらにはスペインでヘブライ語に、ついでフランス語に訳され、ついにはラテン語に訳されてルネサンスイタリアへと導入されたというのである。『大序説』ラテン語版の初版は一四八五年ヴェネツィアのエルハルト・ラートドルトによって刊行されたのを皮切りに、その後も何度か出たという。

これらデカンの神々はインドの有名な占星術書『ブリハト・ジャータカ』にも見ることができ、それを引用してアブー・マアシャルはこう述べているという。

インド人が言うところによれば、このデカンでは、赤い眼を持ち、背が高く、勇敢さに秀で、感情を顕にした、黒い男が立っている。彼はゆったりとした白い服を着ており、その中に一本の紐が巻き付いている。彼は怒り、まっすぐに立ち、監視し、凝視している。

（ヴァールブルク、前掲論文に引用されたボルの『天球』より）

　このデカンの神の描写と、スキファノイア宮の中段左の人物像を比べてみると、とても偶然とは思えないほどの正確な一致をみせているではないか。

　ただ、のちの考証によれば、ルネサンスにはアブー・マアシャルの『大序説』ばかりではなく、デカンの神々についてはほかのソースも知られていたことがわかってきたので、アブー・マアシャルにヴァールブルクが与えた特権的な位置は弱められることになったということであるが（伊藤博明の解題による）それでもなお、ヴァールブルクがこのスキファノイア宮の人物像から透視した神々のグレートジャーニーは、実に画期的な発見だったのだ。

　ところでこのデカンの神々は、占星術のみならず、中世からルネサンスには魔術に利用されていた。

ヨハン・エンゲル『平面天球図』。ヨハン・エンゲルによる占星術書（15 世紀後半）にもスキファノイア宮の暦の間と類似するデカンの神々を見ることができる。この時代にはデカンの神々が広がっていたことを示す。

フィチーノも参照したアラビア起源の魔術書である『ピカトリクス』などにもそのデカンの神々の像は掲載されており、望む星の力を引き寄せるための護符として利用されるようになる。『ピカトリクス』をみると、牡羊座第二デカンの神像は「赤いロープをもつ片足の女性」であり、第三デカンの神像は「赤い髪をした、怒れる赤い男であり、手には剣と木製のブレスレットを持つ」などとあるのがわかる。[4]

スキファノイア宮の三月の暦の中段のほかの人物像にもこれらはかなり近い。牡羊の上に座す女性はゆったりとしたスカートをはいており、片足である姿を隠しているようだ。右の人物像がもつ謎めいた輪も、「木のブレスレット」というピカトリクスの描写をみれば、読み解くことができよう。

「イコノロジー」という画期的な美術史の方法は、このようなヴァールブルクによる占星術の神々のグレートジャーニーの追跡によって生まれてきた。

星の神々の存在は、二〇世紀の知の伝統にも大きな刻印を残すことになったのである。

4　Austin Coppock, *36 Faces the History, Astrology, Magic of Decans*, Three Hands Press, 2014.

ボッティチェリ『春（ラ・プリマヴェーラ）』の春と愛の魔法

前節でお話ししたように、二〇世紀において占星術研究に対して意外な方向から光が当てられたのは、科学史でも宗教史でもなく、美術史という畑からであった。アビ・ヴァールブルクが提唱した「イコノロジー」という方法論は、占星術図像の謎解きから立ち上がってきたのである。

このヴァールブルクの精神を、彼が収集した膨大な資料とともに継承してゆく研究者たちが「ヴァールブルク学派」と呼ばれる人々であり、いまはロンドン大学に付属している研究所を拠点として活躍している。

美術史のみならず、思想史の研究においてヴァールブルク学派は大きな成果を残すことになる。とくに占星術の世界にいるものにとっては、アカデミシャンならぬ実践家としても、ヴァールブルク学派の業績はとてつもなく大きい。現在では単に占星術を「研究対象」とする人々だけではなく、わずかではあるが占星術の実践家までもヴァールブルク研究所で学んでいる。

二〇世紀において、ヴァールブルク学派の名前を一躍有名にしたのは、なんといってもフランセス・イエイツではないだろうか。

イエイツは、明るい理性の時代であるとされ「近代」の勃興期であるはずの「ルネサンス」において、「オカルト」と今では目されることの多いヘルメス的伝統――占星術、魔術、カバラー――が大いに興隆し、これが近代的精神の源泉ともなったとさえ主張する。

イエイツ・ドクトリンとも呼ばれるこの主張は大きな話題となり、日本でも一九七〇年代後半から、山口昌男らを筆頭にさまざまな研究者によって大きく紹介されてきた。ルネサンスに復興した「新プラトン主義」や「ヘルメス思想」がコペルニクスの太陽中心説の着想に大きな影響を与えたのではないかという説が、占星術や魔術に惹かれる僕をいかに興奮させたかはいうまでもない。

イエイツの「ヘルメス主義」復興をあまりに強調する姿勢が、早くから批判されていたのは確かである。しかし、それでもイエイツの仕事が迷信的、オカルト的な中世から明るい理性の近代へ、という単純でリニアな進歩史観に大きな風穴を開け、視野を大きく広げたことは間違いがない。

現在では、秘教研究をリードするヴォーター・ハネグラアフによって、イエイツのいう「ヘルメス主義」(ヘルメス教)は実際的にはより広義に「プラトン的オリエンタリズム」というべきであろうという指摘がされているのを含め、イエイツの仕事は批判的に継承されている。[1]

このイエイツの主著が『ジョルダーノ・ブルーノとヘルメス教の伝統』である。近代的知性の先駆者の一人であると目されていたブルーノこそ、実は古代的ヘルメス思想の強い影響下にあったと例証するこの大著は、各方面に大きなインパクトを与えた。

この本の中に、僕たち占星術家の目を釘付けにするこのような記述があるのだ。

> ルネサンス期において実力ある〈魔術師《マグス》〉とはつまり芸術家たちのことであった。そしてドナテッロないしミケランジェロのような人々こそ、神的な生命を彼らの芸術の力によってその彫像の中へと導き入れることができたのである。[2]

ドナテッロやミケランジェロが「魔術師」だというのか？

彼らの芸術的作品は一種の魔術的効果を狙ったものであったということなのだろうか。

イエイツは、ルネサンスの偉大な作品の一つについては、この大胆な仮説に対して、「イエス」と首を縦に振る。イエイツは、あのサンドロ・ボッティチェリの名画『春（ラ・プリマヴェー

1　プラトン的オリエンタリズムについては Wouter Hanegraaff, *Esotericism and the Academy*, Cambridge University Press, 2012 参照のこと。

2　フランセス・イエイツ『ジョルダーノ・ブルーノとヘルメス教の伝統』前野佳彦訳、工作舎、二〇一〇年

ラ)』について、このようにいうのである。「魔術理論を研究テーマとする本書の観点からすれば、この絵は彼の魔術の実用的応用例として、複雑な一つの護符として見え始めてくる」[3]

そう、イエイツによれば華の咲き乱れる春(プリマヴェーラ)の園を描く、教科書でも見たことのあるあの名画が「魔術の実用的応用例」であり「ひとつの護符」だというのだ。

イエイツのこの仮説の前提となるのは、ルネサンスに「復興」したのは、たしかに理性であったが、その理性の中に古代からの魔術思想が大きな柱になっていたということである。そして、その立役者のひとりがルネサンスの思想家、マルシリオ・フィチーノ(一四三三―一四九九年)であった。

マルシリオ・フィチーノ

フィチーノは、コジモ・デ・メディチをパトロンとする医師にして哲学者であり、占星術師であり、さらに音楽家にして魔術師、キリスト教の司祭でもあったという、実にルネサンス的なマルチな知性であった。メディチ家のパトロネージュのもと、フィチーノはプラトンを翻訳し、ラテン世界に紹介、それまでのアリストテ

3 イエイツ前掲書

レス中心であった世界観に大きな衝撃を与える。また、占星術や魔術的な内容をふくむ、ヘレニズム期の「ヘルメス文書」を翻訳し、以降の思想的潮流に「秘教的」要素を導入した。ヘルメス文書は、実際にはキリスト紀元以降に書かれた一群の文書なのであるが、フィチーノの時代にはこれらはモーセと同じか、あるいはそれ以前に遡るものだと誤解されて認識され、それゆえに大きな権威をもつものであると考えられていた。当時は古い文書ほど権威があると考えられた。

司祭でもあったフィチーノにとってこうした「秘教的」な教義は決してキリスト教に反するものではなかった。むしろ、このような古代的哲学や思想、実践はキリスト教を先取りし、またキリスト教と調和的に融合できるはずのものであった。

フィチーノは、プラトンのようなキリスト以前の人物が説いた、キリスト教と調和的な教えを「古代神学」などと呼ぶのである。ここに、占星術や魔術といった異教的な世界がキリスト教世界のなかで再び表舞台に出現する理論的枠組みが提供されたのであった。

医師でもあったフィチーノは、『三重の生について　*De triplici vita*』という著書で、いかにして長寿を保つかについて論じている。この本は三巻からなるがその最終巻は「天界に導かれるべき生について」というものであり、なんとこの中には数々の占星術的魔術の利用が推奨されているのである。

フィチーノによれば、この宇宙は「世界霊魂」（アニマ・ムンデイ）によって満たされている。

そして世界霊魂や精気は個々人の魂とも浸透し合っており、惑星の動きによって調律されているのである。

フィチーノの理論の中心には「精気」（スピリット）があった。プラトンにおける「魂をもつ宇宙」という観念を前提に、惑星はそれぞれ、独自のスピリットを放っており、これが人間のスピリットと共鳴しあうとする。惑星の神像は、それぞれのスピリットの性質を象徴するものである。このような惑星のスピリットはそれに照応する図像によって引き寄せることができ、それらを適切に用い、観想することで、心身の健康を得ることができる、というのである。

こうした「魔術」は、古代、中世から続く魔術にそのソースをもっている。中世アラビアで書かれたとされる魔術書『ピカトリクス *Picatrix*』には、惑星の神霊を操る魔術的図像が大量に記されており、前節で見た「デカンの神々」も含まれている。

フィチーノは『ピカトリクス』などの魔術図像をよく知っていた。そしてその効力を疑わなかったようだ。ただしフィチーノはあくまでもキリスト教が許す範囲で——すなわち、こうした星の神霊（ダイモーン、デーモン）たちを使役するのではなく、自然のスピリットの操作によって——天界の諸力と調和を図ろうとしたのだ。

フィチーノ自身、あまり健康には恵まれなかったらしい。後から見れば、結果的にはサヴォナローラによるメディチ家に対する苛烈な批判と激動の時代も生き延び、長寿を全うすることになるのだが、彼は自らを黒胆汁質過多の「メランコリア」体質であると自認していた。

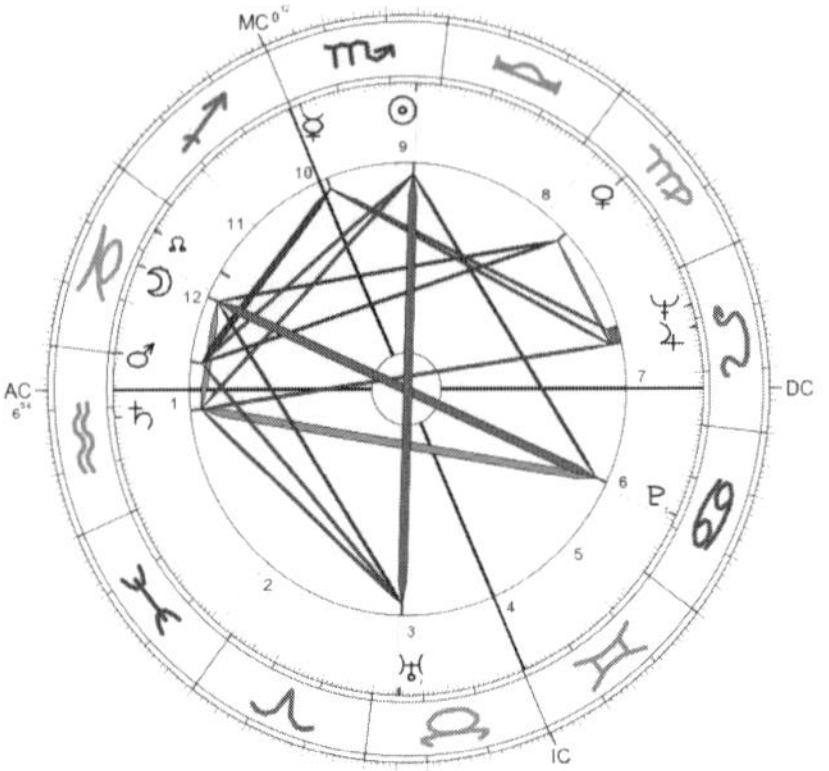

フィチーノのホロスコープ。現代のコンピュータ計算による。Astrodatabankより。

伝統的な西洋の人体観においては、人間の気質は四つの体液——血液、胆汁、粘液、黒胆汁——のバランスによって大きく左右されると考えられていた。そしてこの四つの体液は、天界の運行によって強い影響を受けていると理解されていた。黒胆汁（メランコリア）は、占星術では地球からもっとも遠い惑星であり、占星術においては「冷にして乾」である天体である土星によって増加する。黒胆汁が過多になれば、その名前の通りその人物は「憂鬱質」になり、吝嗇でふさぎ込み、また不健康になってしまうのである。

土星は伝統的な占星術では「大凶星」とされていることを占星術ファンであればきっとご存じであろう。フィチーノの出生ホロスコープでは、土星が支配する水瓶座が上昇しており、また土星がそばにある。フィチーノは「土星の子供」であり、メランコリアの生まれであったのだ。

フィチーノは自分自身のためも含め、この凶悪な土星の影響力の緩和方法を考えた。冷たく乾燥した「凶星」土星の影響を緩和するためには、これに対抗する温暖で潤った惑星のスピリットを引き寄せれば良い。そのためには「大吉星」である木星や金星、太陽といった惑星のスピリットと親和的なものをそばに置くことが効果的、ということになる。そこでは音楽や宝石、ハーブや香りなどが用いられるが、魔術的図像、すなわち「護符」(タリスマン)はその中でも重視されるものであった。

イエイツの要約によれば「魔術とは流出する霊気［スピリット］を物質の中へと導きまた制御することであって、そのための最重要の方法の一つが護符の使用である」。あるいは「護符とはある星の霊気が導き降ろされる物質的目標点であって、その中に到達した星の霊気は貯蔵されることになる」のである。

フィチーノは、おそらく魔術書『ピカトリクス』などから参照したであろう、魔術的護符をいくつも紹介、推奨している。たとえば「長寿を得るためにはサファイアの上に土星の図像を刻むとよい。その図像は以下の姿に決められている。『一人の老人が背の高い玉座または一頭の竜の上に座り、頭には暗い色の亜麻製の頭巾を被り、頭上高く挙げた手には鎌ないし魚を一匹持ち、裾長の暗い色の衣服を纏っている』」。あるいは「肉体的な幸福と強さが欲しいなら、フィチーノはリンゴと花束を手に持ち、白と黄色の衣装を身に纏った、うら若いウェヌス(金星）の図像を勧める」[4]

イエイツの『プリマヴェーラ』が「護符」ではないかという仮説は、フィチーノのこの惑星護符、占星魔術の理論を敷衍したものである。

ただ、フィチーノ自身は、『ピカトリクス』のように現世的欲望ばかりのために魔術を（なにしろ、中世の魔術は愛欲を叶えたり、埋蔵されている宝を探し出すといったもので満ち満ちている）用いるのではなかった。あくまでもこのコスモスのなかで平穏に、瞑想的な生活を送り、神の世界に近づくということを理想としていたに違いない。つまり、フィチーノは古代、中世的な魔術を自身のキリスト教的世界観と融合させ、護符を容認し、美しい形に変容させようとしたのである。

たとえば、フィチーノの推奨した特徴的な護符の一つ、「世界の模型」を見てみよう。イエイツが引用するフィチーノの言葉には次のようなものがある。

では一体どうしてひとつの宇宙的な影像を、宇宙そのものの似姿であるような図像を用いてはならないのだろうか。それによって宇宙からの多くの恩恵が得られる望みがあるかもしれないのに。[5]

4　イエイツ前掲書
5　前掲書

この宇宙の図形は、太陽が一二星座の最初である牡羊座に入る春分の日に作成しなければならない。それは幸運の星である木星の金属・真鍮、太陽の金属・黄金、金星ないし月の金属である合金によって制作される。仕事の完成は、美を絶対的なものとするために金星の力が高まっている時になされるべきである。

そして、『プリマヴェーラ』の謎解きにも鍵となる、次のような但し書きをしているのである。

三つの普遍的かつ個別の世界の色彩というものが存在する。それらは緑、金色、そして青であり、この三色は天界の〈三美神〉のために、つまり、金星、太陽、そして木星のために聖別されている。

だから彼らは、天上的優美の恩恵を獲得するにはこれらの三色を頻繁に用いねばならない、と判断した。制作中の図像は世界の定式を表現するものであるから、その世界の天球の色彩である青を活用しなければならない。彼らは天界そのものにも、また星々を描く背景にも金色を付け加えなければならないと考えた。またウェスタないしケレス、つまり大地のことだが、これは緑で描かれねばならない。[6]

フィチーノは、単に個別の惑星のスピリットを引き寄せるのではなく、宇宙全体の美しい調和を表現し、観想させる「護符」を想定していたということになる。それはコスモスのなかにおける自身の位置を再認識させる、大きな心理的効果を発揮したことであろう。

二〇世紀に入り、心理学者のユングは人間の心のバランスが崩れ、それが再構築、再統合されるときに、無意識は自然と、全体性あるいは十全なコスモスのシンボルである「マンダラ」を生み出すことが多いと観察したが、フィチーノの護符とは、ユング流にいえばまさに宇宙の模型という一種のマンダラ図であるということができるのではないだろうか。

フィチーノの「世界の模型」の具体的な表象は残念ながら残されていない。しかし、イエイツはこうしたフィチーノの護符理論の「応用例」としてボッティチェリの『プリマヴェーラ』を取り上げるのだ。

6　前掲書

『プリマヴェーラ』の魔術

ボッティチェリはフィチーノのサロンに出入りしており、その作品の中にはフィチーノの思想が反映されているという。

フィチーノは敬虔なキリスト教徒である一方、古代のヘルメス思想——当然それは魔術や占星術を含む——を復興させるのに大きな役割を果たした。魔術や占星術といった「オカルト」は、現代的な視点からみればエスタブリッシュメントであるキリスト教、あるいは近代的な意味では科学にたいしてのカウンターと考えやすいが、フィチーノにとっては決してそうではなかった。フィチーノにとってはギリシャの神秘思想はキリスト教に先立つものであり、かつ、それは一神教の真理と矛盾せず、それを先取りするようなものであったのだ。

むろん、当時「魔術」を論じるとなれば、フィチーノは異端であると攻撃される可能性の危険水位ギリギリにまで達しようとしていたので、その著書や書簡のなかで繰り返しそれが異端的なものではないと弁明しなければならなかったのは確かだとしても、である。

フィチーノは惑星の精気（スピリット）を招きおろし、その善き効果に与ろうとする「魔術」をその著書『天界によって導かれる生について　*Le De vita coelitus comparanda*』で推奨する。惑星の精気を引き寄せる媒介になるのは、音楽や香気、宝石、そして護符であった。またフィチーノが「宇宙の模型」の制作を推奨するのは、紹介した通りである。

その宇宙の模型をただ作り置けば良いというのではない。イエイツも引用するように、フィチーノはこのように言っている。

住居の最も奥まったところにある、そこでいつも生活し就寝もする寝室を兼ねた小部屋に丸天井を設ける。その丸天井の内側にそうした宇宙模型図を彩色して描く。そうすれば家を出る際にも、個々の事物の外観にはあまり注意を払うことはせずに、すでに心の裡にある宇宙の模造とその色彩を注視し続けることになるだろう。[7]

この宇宙の模型の護符が「住居の最も奥まったところ」、「寝室」に安置されるには理由がある。それは「こうした模造が鑑賞されるためだけのものではなく、心の裡で省察され、ないし記憶されるためのものだった」からである。

「寝室の天井に描かれた宇宙の模造を凝視し、この図柄を惑星の色彩とともに記憶に刻み付ける。そうすれば家を出て個々の事物を見る時、これらをすでに自分の記憶の裡に保持しているより次元の高い現実を反照する影像たちの力で、一つに結合することができる」のである。

それは観想のための一種の本尊であり、心の中の空間に記憶によって写し取られた、聖なる

7　イエイツ前掲書

枠組みである。この枠組みを心に保つことで、カオスに満ちた日常世界においてさまざまな体験を統合し、秩序（コスモス）を保つことができる、と考えたのであろう。

さて、このような宇宙の模型図像としてすぐ思い出されるのは、フィレンツェにあるサン・ロレンツォ聖堂の旧聖具室にある丸天井である。

サンンロレンツォ聖堂の天井

ここにはまるでプラネタリウムのように星空が再現されている。占星術で用いる黄道星座の他にも、その周辺の星座も描かれ、惑星も描かれているのであろう、「現在の研究では、一四二二年七月四日のフィレンツェの天空を示したものであることがわかっている」のだという。[8]

フィチーノが熱心かつ慎重に護符魔術を説いた『生命論 *De Triplici*

8 伊藤博明『神々の再生』東京書籍、一九九六年

Vita』の初版は一四八九年であるから、ロレンツォ聖堂の建立は何十年も先立つものである。それゆえフィチーノの護符魔術を体現したものであるとは考えられないが、想像をたくましくするならば、このような宇宙の図像を目にしていたフィチーノが宇宙を観想することの効果を、聖堂に入った時の個人的体験から着想したということもあるのではないか。

ともあれ、フィチーノ流の「宇宙の模型」をイエイツはこのように分析する。それは「芸術的なオブジェ」であるとともに「護符的な効力も有するがゆえに魔術的に用いることも可能」であり、「有利な感応霊力のみを招き降ろし、不利なものは除外し、そのことで地上の〈世界〉に影響を及ぼそうと試みるのである」[9]

すでに述べたように、イエイツは『プリマヴェーラ』をこのような「宇宙模型」護符の一種として取り扱うことができるのではないかと推測する。『プリマヴェーラ』は、ロレンツォ豪華王がボッティチェリに発注し、いとこであったピエロフランチェスコ・デ・メディチに贈ったものであると考えられている。フィチーノは、若きこの貴族に「素晴らしい贈り物」として「天界自体を贈り物として与えるとするならば」、そして「天界の宮の徴と貴殿自身の才能を用いるならば、運命の脅威から逃れ得る」ことになるだろうというのである。

9　イエイツ前掲書

この『プリマヴェーラ』が描かれたのはやはりフィチーノの『生命論』出版以前のことであるので、フィチーノの意図を直接的に受けてこの絵が護符として贈られたということはなさそうなのだが、イエイツはそれでもこの絵は「明らかにこうした目的のためにデザインされた作品」であり「視覚的な形態をとったフィチーノの自然魔術である」と断言するのである。

ただし「木々や花々を配し、惑星的な図像のみを、しかも『世界』に連関したもののみを用いて、神霊たちは招き寄せないよう」に留意することで、これがデーモニックな魔術に堕落せず、「自然魔術」の枠内に収まるようにしている。一方でそこに描かれた人物たちの間を吹き抜けるのは「世界の霊気（スピリット）」であり、「それは大気の精霊（画面右上の風神）の膨らんだ頬から発して、走り去る乙女の風にはためく衣紋によって視覚化され」「星々の影響を媒介する霊気が魔術的護符の裡に補足され貯蔵されている」というのである。[10]

だが、どうだろうか。ボッテチェリの『プリマヴェーラ』は「宇宙の模型」と言えるだろうか。この説を最初見たとき、僕はどうも納得できなかった。誰もが知るこの名画を魔術的護符とする解釈を、これまたイエイツのような碩学がしているというのは、魔術や占星術を看板にあげる僕にとって、この上なく胸をときめかせるものである。しかし、この絵はなんといっても「春の園」であり、いかにも地上的である。天界のようなイメージはなく、また、神話的であると

10　イエイツ前掲書

はいえ、とりたてて占星術的でもホロスコープ的であるとも思えない。

白状するなら、僕のような芸術的感性に乏しい人間には、この絵の構図的美しさを感じとれなかったのである。

『プリマヴェーラ』は「春」であるから、ここが春の園であることはわかる。しかし、ここに描かれている人物たちは何をしているのだろうか。

シンメトリックな構図をとっているわけでもなく、またそれぞれの人物（神々？）がまとまって何かに興じているというわけでもない。『プリマヴェーラ』と対をなして扱われる『ヴィーナスの誕生』は、神話におけるヴィーナスの誕生を美しく描き出しているのでわかりやすく、ヴィーナス＝金星の神像、魔術的ご本尊とみなすことは難しくないが、この『プリマヴェーラ』はそう簡単にはいかない。

あらためて考えてみれば『プリマヴェーラ』とはなんなのか。そもそもこの絵は単純な風景画でも神話画でも歴史画でも肖像画でもない。

このあとすぐに見るように、『プリマヴェーラ』には神話的素材が多分に用いられてはいるが、一枚の構図の中に神話の物語を描くことは意図されていないのである。神話的、文学的素材を組み合わせ、記号的、象徴的に一種の宇宙観や哲学的観念を示しているというのが、「図像学」的な立場の解釈であろう。だからこそ、これを「読み解く」こともできるのである。

これが「宇宙の模型」であるという説の先駆として、イエイツは同じくヴァールブルク学派ボッティチェリ『春（ラ・プリマヴェーラ）』
1482頃

のE・H・ゴンブリッヒを引用する。ゴンブリッヒによれば絵の左端に描かれるメルクリウスが惑星的図像であることを示し、ここに描かれている、手を取り合ってダンスをする三美神を太陽、木星、金星である可能性を提示するという。太陽、木星、金星をフィチーノ自身は三美神（Grace）と呼んでいる。

ただしこの解釈は最終的にはゴンブリッヒも自身で否定しているのだが、それでもなお、画面中央の女性がヴィーナス＝金星であることをイエイツは強調している。

残念ながらイエイツはこれ以上

にこの絵に配された人物群にたいして詳細な分析ないし解読は行っていない。では不自然ともいえるかたちで配された人物たちを宇宙的マンダラとして解釈することは可能なのだろうか。『プリマヴェーラ』が「護符」であるとは断言していないものの、この絵の人物像や構図を分析し、宇宙図であると解釈を展開しているのは、やはりヴァールブルク学派に属するエドガー・ウィント[11]である。

次に、ウィントの解釈を見ていくことにしよう。

宇宙のスピリットを描くマンダラとしての『プリマヴェーラ』

『プリマヴェーラ』の画面右上には、春風の神ゼフュロスが描かれている。ゼフュロスは頬をふくらませ、湿り気をたっぷり含んだ地中海の海風を大地に吹きかけている。

このとき、僕たちが思い出さなければならないのは、「息」がラテン語でスピリットという言葉であるという基本的事実である。このスピリットは文字通り風であるとともに、息であり、宇宙を満たす生命力であり霊気なのである。ウィントらの研究者が指摘する通り、画面右で展開されているのは、ローマの詩人オウィディウスの『祭暦』五月からのシーンだ。

11　ウィントによる『プリマヴェーラ』の解釈は、エドガー・ウィント『ルネサンスの異教秘儀』田中英道他訳、晶文社、一九八六年に拠った。

ゼフュロスは、無垢なるニンフ、クローリスを追いかける。風は木々をはためかせ、その風は乙女に吹きかけられる。そしてクローリスは西風によって花のニンフ、フローラへと変身させられるのだ。

「かつてクローリスだった私が今ではフローラと呼ばれる」と、オウィディウスはこのニンフに語らせている。

『プリマヴェーラ』では、西風（スピリット）を吹きかけられたクローリスは逃げようとしており、そのすぐ左隣には、春の花の女神になったフローラが描かれている。画面上二人として描かれているこの二人の女性は実は同一人物である。アニメーションの表現方法がなかった当

ゼフュロスとクローリス
（ボッティチェリ『春（ラ·プリマヴェーラ）』部分）

時、変身という時間的変化を示すには、同一画面上に異なる時間の場面を同時に示すほかなかったわけである。同じような表現方法は、日本の絵巻物にもみられる。

神話的な典拠を知っている人であれば、この図像を見ただけですぐにどの場面を描いているかわかったはずなのである。あるいは、当時の教養ある貴族であれば、ローマのこの古典をそばで朗読していたかもしれない。

クローリスとフローラは、こうした背景を知らずに見ると、構図の上であまりに接近していて、全体の調和を崩しているようにもみられかねないが、「内気な乙女であった」クローリスが、豊穣な花を口からもこぼすほどになるフローラへと変身するシーンであることを前提とす

クローリスからフローラへの変身
（ボッティチェリ
『春（ラ・プリマヴェーラ）』部分）

れば、この二人の構図上での近さはむしろ、見事な演出であるということになる。

ウィントのいうように、ここには「冷たい大地がゼフュロスの一吹きで姿を変え、花々が一斉に咲き乱れる春」へと変身する瞬間がダイナミックに描かれているのである。

だが、それは単に季節の変化という自然的な地上での出来事を暗喩的に示しているだけのものではないのだ。なんといっても、ここに描かれているのは「スピリット」なのであるから。そして、ボッティチェリのメンターであるフィチーノが筋金入りのプラトン主義者であったことを思い出さねばならない。とすれば、クローリスを追いかける情熱的な愛は、プラトンのいう天上のイデア世界と地上の感覚世界を結ぶものと解釈しなければならない。

一般的にプラトン的愛といえば、感覚世界を離れ、天上の「イデア」への憧れを指すと考えられている。しかし、プラトン的な愛とは、そのような一方通行の、クリーンなものではないのである。

フィチーノは「愛の人が彼岸の世界を凝視した後この世に戻り、浄化された情念の力でこの世を動かすと考えられる点に深い理解を示していた」のであり、ボッティチェリはその線にそってこの神話的エピソードを再解釈していたとウィントは考える。

つまりは、言葉本来の意味での「スピリチュアル」な愛が、情熱となってこの世界に吹きかかり、その力がこの世界に美しい「春」をもたらすことになる。

ここには天上界の愛が流出してくる様子が描かれているといってよいのである。

そのスピリットは、春の園の女主人であるヴィーナスの前を通り過ぎ、今度は、手に手を取り合って踊る三人の乙女へと吹き掛かることだろう。この三人の乙女たちは、ローマから定式化されたモチーフである「三美神」である。一見したところ、この三人の女性は同じ姿をしているように見えるが、じっくり観察すると髪型や装飾によって各々の性質が巧みに描き分けられていることがわかる。

画面左の乙女は赤い髪を風になびかせ、胸には大きなペンダントをつけている。一方、中央の乙女は宝飾はつけず、髪をしっかりと縛っている。そして右の女性はほどほどの大きさの宝飾を受け、細い鎖で髪を編んでいる。これらの乙女たちはそれぞれ、「快楽」「貞節」「美」の擬人化であるとされ、「ライティティア・ウベリマ」(豊かなる喜び)、「スプレンドル」(光輝)「ウィリディタース」(青春)とラテン名で呼ばれてもいる。

三美神についてはセネカやホラティウスといったローマの名だたる詩人たちも歌っており、彼らの作品では三美神は緩やかな透き通った衣装をまとっているとされている。これがボッテチェリの描く三美神の典拠となっていることは間違いない。

ここでは貞節と快楽という対照的な二つの人生の楽しみ(すなわち金星、ヴィーナスの恵み)にたいしての二つの態度が調和し、リズムをとってダンスをすることになる。

だが、季節は「春」である。かつての純潔の乙女クローリスが花咲く女性、フローラへと変身するように、ここでも無垢な大地が「春」に目覚めるというテーマが繰り返されるのである。

画面上を見ていただきたい。そこにはクピドがいる。

クピドは、ヴィーナスの息子であり、そのギリシャ名は、まさに「エロース」、愛である。画面では愛の神クピドがまさに愛の矢を射んとするところであることがわかる。その矢は何処に向かっているか。矢の向かう方向を指でたどるとよい。まさにそれは三美神の中央、貞節の乙女を貫こうとしているのである。そして、貞節の女神の視線は画面左、美青年に注がれている。

この青年はメルクリウス（水星）である。メルクリウスはギリシャ神話ではヘルメスであり、「魂の導き手」（サイコポンプ）である。彼のもつ魔法の杖は、天上へ向けられている。

三美神
（ボッティチェリ『春（ラ・プリマヴェーラ）』部分）

右上にクピド、中央に三美神、左にメルクリウス
（ボッティチェリ『春（ラ・プリマヴェーラ）』部分）

それは雲を突き抜け天上界へと伸びている。雲は地上界と天上界の境界であると同時に、感覚によって鈍らされる霊的認識にとっての障害物であるとも解釈できる。この魔法の杖は地上の感覚的な世界から離れ、イデアの世界へと向かう純粋な憧憬を象徴していると考えてよいだろう。

つまり、画面右のゼフィルスのスピリットは、地上へと「降下」し、受肉するが、その後、天上界へと循環、回帰してゆくというわけである。

ウィントはこのように要約する。

「すなわちメルクリウスのように超然とこの世に背を向けること、ゼフュロスのように激烈にこの世に回帰すること――これらは相補的な二つの愛の力であり、ヴィーナスはその番人、クピドはその使者、まさしく〈理性は切り札、情熱は疾風〉ということである」[12]。スピリットを媒介としてイデアは物質となり、物質はイデアへ導かれる。ここで天上と地上の往復、交感が起こるのである。

もし、このような解釈が正しいのであれば、この『プリマヴェーラ』は宇宙的なスピリットがこの世界と天上界を結び、循環し、生命を与え、そしてまたこの感覚を超えた世界へと誘う高次の占星術的な宇宙モデルを示していることになる。

そのような解釈をしたときに、これをイエイツのいうような、一種の「宇宙の模型」とみなすことも可能であろう。そしてこの絵を観想することによって、自ら宇宙のスピリットを受け、感覚的でありながら霊的でもある、霊肉の二元論が弁証法的に解消される喜びに満ちた「春」を味わうことも可能になるのかもしれない。

『プリマヴェーラ』は、天界と地上界の絆を取り結ぶ愛の魔法を描き出す護符かもしれないのだ。

12 ウィント前掲書

デューラー『メランコリアⅠ』に封じられた占星魔術

ルネサンス絵画に仕込まれた「護符」は、『春（ラ・プリマヴェーラ）』ばかりではない。『プリマヴェーラ』が「宇宙の模型」としての巨大な護符であるというのは、フランセス・イエイツの仮説であるわけだが、ルネサンスのころに新生した魔術による護符が、まごうことなくはっきりと刻み込まれた名画も存在する。

ただし、舞台は地中海の暖かな春風の吹くフィレンツェではなく、アルプスを越えた北方、ドイツである。時期も数十年、『プリマヴェーラ』よりも後になる。

それは北方ルネサンスを代表する画家アルブレヒト・デューラーの『メランコリアⅠ』だ。一五一四年ごろの作品であるこの銅版画はその精緻さとともに、謎めいたオブジェや構図のために見るものを引きつけてやまない。

まずは絵を見てみよう。主人公は厳しい表情をその浅黒い顔に浮かべ、頬杖をついて座る天使である。そのタイトル――「憂鬱」（メランコリア）そのままに、メランコリックな気分を全身からこの天使は発散している。

デューラー『メランコリア　I』1514 年

不可解な多面体。眠る痩せた犬。はしご。床に散らばる工具に、砂時計、財布、窓から見える彗星と虹。一体これらは何を表しているのだろうか。

この謎に対して、文学、美術、占星術などあらゆる人文学の知識を駆使して挑戦したのはクリバンスキー、パノフスキー、そしてザクスルというこれまたやはりヴァールブルク学派の碩学たちであった。

三名の共著である記念碑的大著『土星とメランコリー』[1]は、幸いにして優れた邦訳でも読むことができる。

これは本当にすごい著作なのだが、僕はこの本にたいしてちょっとした思い出がある。大学生だった僕がはじめてロンドンの「心理占星術センター」での授業を聴講したときのことである。講義のテーマは、占星術では大吉星とされる木星だったのだが、その木星の意味をより明瞭にするために、好対照として「大凶星」土星の象徴的意味も少しばかり取り上げられたのであった。

先生は、生徒たちに向かって「このなかでパノフスキーらの『土星とメランコリー』という本を知っている人はいますか？　読んでいますか？」と聞かれた。

当然、多くの人が手を挙げるだろうと思って、僕は知ったかぶりをして手を挙げてしまった

1　レイモンド・クリバンスキー、アーウィン・パノフスキー、フリッツ・ザクスル『土星とメランコリー』田中英道監訳、晶文社、一九九一年

のだが、予想に反して手を挙げたのは数十人の生徒の中で僕一人だったのだ。確かに僕はこの本を知っていて図書館で見てはいたが、当然、熟読などしているはずもない。内容をパラパラ見て、入門書でちらっと概略を知っていただけである。

しまった、と思ったがもう遅い。「どんな本ですか」と聞かれ、「デューラーの『メランコリアI』を占星術を使って解読しようとしたものです」と答えた。

ついでに入門書で、メランコリアIは、Iといっているが$\mathrm{I\!I}$も$\mathrm{I\!I\!I}$もない、ということを知っていたので、それもおぼつかない英語でいったところ、遠い異国から来た唯一の日本人の若造へのお世辞もあったのであろう、「彼は若いのによく知っている、みなさんも見習うように」といっていただいてしまったのだ。二〇歳頃だった僕はすっかり舞い上がってしまい、知ったかぶりをした自分を恥じて、邦訳が出たときには慌ててお小遣いをはたいてそれを購入したのだった。気恥ずかしいけれども今となってはよい思い出でもある。

さて、この章では答えから言おう。この作品には数々の「解読」すべきアイテムが描き込まれているが、その中で明白に「護符」があるのである。

それは画面右上、ベルの下に描かれている奇妙な方形の枠である。

じっくり見ると、その中にはアラビア数字が描きこまれているのがわかるだろう。何かの暗号だろうか。実に謎めいているように見えるが、魔術の伝統に馴染んでいるものからすると、その意味はすぐにピンとくる。

これは数学的パズルの「魔方陣」（マジックスクエア）として知られているものである。縦、横、斜めのいずれを足しても同じ数値が得られるように工夫されており、四マス×四マスからなるこの方陣は、どの列の和も三四となる。

オカルトの伝統においてこうした魔方陣は、単なる数学パズルではない。文字通り、これは「魔力を有した方陣」なのである。伝統的には、三マス×三マスにはじまって九マス×九マスにいたるまで七種類の魔方陣が古くから知られていた。そして、この七種類の魔方陣は、伝統的な七つの惑星の力を呼び起こすための護符として利用されてきたのである。

この伝統は一九世紀末ロンドンで結成された魔術結社「黄金の夜明け団」などを経由して、現代にまで伝えられている。ここでは参考図版として、一八〇一年に出版された魔術師フランシス・バレットの『メイガスあるいは天の知霊　*The Magus, Or Celestial Intelligencer*』に掲載された図版を参照しておこう。数値の配置は異なってはいるものの、『メランコリアI』の魔方陣と同じく各列の和の数値は三四となっている。

なお、『メランコリアI』において、魔方陣の最下段の中央は、15、14であり、これはデューラーがこの精緻な作品を完成させた一五一四年を意味するものになっていることにも付言しておかね

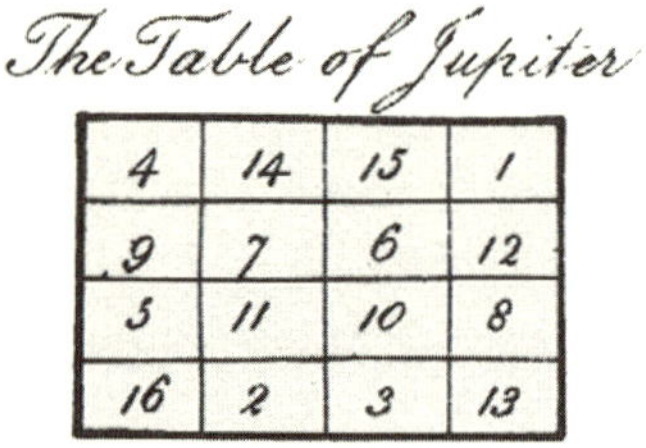

魔術師フランシス・バレットの『メイガスあるいは天の知霊』の魔方陣

ばなるまい。

さて、このバレットの図を見てもわかるように、この魔方陣には木星（ジュピター）が配当されている。木星は先にも述べたように大吉星であり、バレットによれば、この護符を「天において木星が強い時に銀の板に刻めば、富と好意、愛と平和をもたらす」ことになり、サンゴに刻めば「呪いを解く」ことになるという。

デューラー『メランコリア　Ⅰ』（部分）の魔方陣。

デューラーはこの名画の中に、伝統的な魔術の惑星護符を堂々と置いているのである。それはなんのために？　そして、その魔術の知の伝統はどのようにしてもたらされたのであろうか。

惑星のもつスピリットを喚起し、望むべき益をもたらそうとする占星魔術を復興させたのは、一五世紀フィレンツェのマルシリオ・フィチーノであった。

その著書『生命の書　*Libri de Vita*』では、とくに悪しき天体の力を無害化し、太陽や金星、そして木星といった善い天体のスピリットを呼び寄せるための、さまざまな「自然魔術」が推奨されているのであった。ドイツのデューラーのこの作品には、はるかアルプスの南のイタリアでフィチーノによって再生した魔術思想が流れ込んでいるのである。

この作品の名前が「メランコリア」であるというのが、極めて重要である。メランコリアは、通常は「憂鬱質」と訳される。ただしそれを逐語的に訳すと「メラ」（黒）コリア（胆汁）、すなわち「黒胆汁」となることに注意しよう。メランコリアは、憂鬱質と訳されることも、黒胆汁質と訳されることもあるのである。この概念は古代ギリシャのガレノスからアリストテレスを経由し、ルネサンスまでの人体観を支配してきた。いや、単に人体観だけではない。それは宇宙観にまで接続される壮大なものだったのである。

「黒胆汁」とは、西洋の人体観の基礎を成す「四体液説」から出ている言葉である。ギリシャ以来、人体には血液、胆汁、粘液、黒胆汁の四つが存在し、そのバランスによって体調が決定されると考えられていた。単に健康状態だけではない。体液はその人物の「気質」temperament を作り出し、容貌から行動パターン、気分、ひいては夜に見る夢のようなものまでも決定づけると考えられたのである。

西洋は心身二元論に支配され、東洋においては心身不二とされる、などといったナイーブな議論を聞くことがあるが、実際には西洋でも心と身体の緊密な結びつきは想定されてきたのである。プラトン以来、確かに「形而上」的なものと物質的なものは峻別されてきたわけであるが、しかし、だからこそ、そうした本質的に異質なもののアマルガムである生命の存在や魂をどのように腑分けして考えようかという議論が、精緻に展開されてきたともいえるだろう。

肉体である体液は、その力の範囲において、その人物の衝動や気分を決定する。四つの体液は、火地風水の四つのエレメントに対応し、そのエレメントはそれぞれ、熱・冷・湿・乾の四つの属性によって組成されている。これらの四つの組成が変化すれば、エレメントも変動し、また、体液のバランスも変わるとされたのである。

伝統的にもっとも好ましいとされたのは血液であった。血液質といえば、日本語における「血の気が多い」という言葉を連想して怒りっぽい癇癪持ちを思い浮かべやすいが、西洋の体液論ではこれは「黄胆汁質」に相当する。体液論では湿にして熱の性質をもつ風に対応する血液をたくさんもつ人は陽気で楽しいエピキュリアンであるとされる。年代では子供の頃に対応する。黄胆汁は熱にして乾の火のエレメントに対応し、癇癪持ちで怒りっぽい。

湿にして冷である水のエレメントに対応する体液は粘液。この体液が優勢になると人は気だるく、おっとりとした動きをするようになる。当然、体はむくんでいるように見える。

そして、問題の黒胆汁は乾燥していて冷たい地のエレメントに対応する。黒胆汁が優勢になると文字通り、この人物は塞ぎがちで憂鬱な気分になるというのである。

これらの四つの体液は、誰の中にも存在しているが、人によってそのバランスが変わる。また季節や年代によっても変動するが、さらには、天体の動きにも密接に関係しており、それぞれの体液を優勢にする惑星が考えられていたのである。

火のエレメントに対応する黄胆汁を優勢にするのは、むろん、太陽や火星である。一方、水のエレメントに対応する粘液に対応するのは、月であった。

現代人には月は水のない、まったくの砂漠の天体というイメージが強いが、かつてはそうではなかった。月は「もっとも湿った」天体だったのだ。それは、月が船乗りや漁師にとっていかに重要であるかを考えればすぐにわかろう。ニュートンが引力の法則を発見するはるか前から、人々は大海原の潮汐に影響するのが月であることを経験的に知っていた。前近代人にとって、地上の水界を支配するのは月だったのである。

風のエレメントに対応する血液には木星が、そして、地のエレメントに対応する黒胆汁質には土星が配当されていた。これらの関係は、現代の英国の占星術家にしてハーバリスト、グレアム・トービンの著書『占星医術とハーブ学の世界』（鏡リュウジ監訳、原書房、二〇一四年）のチャートで見事に表示されているのでそちらをごらんいただきたい。

ところで、ここで重要になるのはメランコリアと土星の関係である。土星は、伝統的に「大凶星」とされてきた。『土星とメランコリー』にも、さまざまな占星術文献や文学的伝統から土星の象意が引用されているが、たとえば、ここでは第二章でもその占星術論を検討した、ジェフリー・チョーサーの『カンタベリー物語』から引いてみよう。

土星（サターン）は、このように語る。[2]

> 「かくも広い軌道を廻る［土星は伝統的な宇宙観では七つの惑星の中でもっとも長大な軌道を描いていた］わしの行路は、どんな人間が理解す

2　ジェフリー・チョーサー『カンタベリー物語　上』桝井迪夫訳、岩波文庫、一九九五年

るよりももっと大きな力をもっているのだ。真っ青な海の中に溺れさせることはわしの力によるのだ。暗い土の中の牢獄もわしの力だ。喉を絞めて殺し、吊るすこともわしの力だ。ざわめき、下衆《げす》の暴動、不満のうめきごえ、秘密裡の毒殺、すべてわしの力によるのだ。わしは、この獅子座の中にいる間は、復讐と徹底した刑罰を行うぞ。……わが力は冷たい病《やまい》ともなろう、さらに暗黒の謀反《むほん》とも、昔の秘密の謀《はかりごと》ともなろう。わしの星の相は疫病の因《もと》だ」

チョーサーの記述は当時の人々の一般的な理解によるものであろうから、土星は中世英国においても、ほとんどありとあらゆる災厄の元凶とみなされていたことがわかる。

また、同書の中に引用されている、ジョン・ガウワーの『恋する男の告白』を見てみよう。ここには端的に土星とメランコリーの嬉しくない結びつきが歌われている。

土星《サトウルヌス》と人々の呼ぶ惑星が
最も高い天球に、
どの星よりも上にある。
その体液は冷たく、

この体質が土星の影響下に生まれる人間の
悪意と冷酷さをもたらす。
土星の所業はすべての人間の幸福に敵対し、
それを妨げぬものはない、
その介入がいかほどであろうと。[3]

もっとも大きな軌道を描く土星は、冷たく人の体液を冷やし、乾かす。黒い胆汁は増加し、その人間は「悪意と冷酷さ」をもたらすのである。しかも、その幸福に敵対する力は、ほかのどんなものでも対抗するのが困難なほどである、というわけである。

もしあなたが土星の下に生まれた「黒胆汁質」であるとされたらどうだろう。なんとか、その星の影響を中和したいと考えないだろうか。むろん、中世人も星の力を盲目的に受け入れていたわけではない。大神学者トマス・アクィナスは、星の影響力は「誘うが強制しない」という一種の妥協的な解決を図っていた。

しかし、このルネサンス以降、人間の「尊厳」は飛躍的に増大し、自由への希求がさらに膨らんでいったのだと歴史家たちはいう。『土星とメランコリー』においては、占星術は「神意

3 クリバンスキー他前掲書

にたいしてさえ自律性を主張する人間意志への挑戦としてとらえはじめ」ることになり、その結果、占星術にたいしてまったく否定的な人々が出てくる一方、「道徳的な真空への恐怖」から「星辰にたいしてほとんどイスラム的な宿命論的信仰を招いたり、複雑きわまる占星魔術を行った人々がいた」。

そして「実際には実現の難しかった自由への確信と、理論上は否定されていたとはいえ、完全には消え去っていたわけではない星への恐れの中間に」[4]人々を置くようになったのだ。一五世紀のことである。先ごろから何度も名前が出てきた聖職者にして占星術者、医師であるマルシリオ・フィチーノという複雑な人物が生み出された時代精神とは、まさにこのような緊張状態であったのである。

そして、この緊張は、土星の解釈においてもっとも濃厚に見られることとなる。一五世紀において、土星の象徴は大きな転回を見せることになった。先にも述べたはずだが、フィチーノ自身、土星の下に生まれたメランコリアの生まれであると自認していた。

一四七〇年から八〇年の間に親友にあてて書いた書簡において、フィチーノはおのおのに嘆いている。

4　クリバンスキー他前掲書

最近私は、いわば、自分の望みが何なのかわからない。……双魚宮（魚座）に静止している君の木星［双魚宮すなわち魚座は木星の支配星であるので、吉星の木星の象意は強まる］の善意が君に保証している安定を、獅子宮を逆行している私の土星の悪意が私に拒んでいるのだ。[5]

その返事はフィチーノを厳しく叱責するものであった。そのようなキリスト教徒にしてプラトニストであるお前が、天体の悪影響を恐れてどうする、と。そしてそれはあの神の如きプラトンが生まれた時の星の配置と同じものではなかったか。さらには、時間と空間を正確にとらえる記憶力、古代の叡智を渉猟する知的能力を与えたのは土星のはずである、と。

フィチーノはこの返信に奮起し、「メランコリアはほかに類のない神的な賜物である、といったアリストテレスに賛同することにしよう」と返信する。そして土星の影響を緩和する占星魔術に満ちた『三重の生について』を著すのは、そのわずか数年後のことだ。

つまりこのフィチーノの友人、ジョヴァンニ・カヴァルカンティこそ、フィチーノの魔術論を生み出す影の立役者であったといってもいいのかもしれない。

さて、では、この葛藤のなかにおいて土星と緊密に結びついたメランコリアはどのように変質したのであろうか。中世においては、「黒い胆汁の性質は今でも陰鬱なもので、人を奇形、

5　伊藤博明『神々の再生　ルネサンスの神秘思想』東京書籍、一九九六年

ひどく陰気で口数少なくする」。たしかに人を研究熱心にし、夜通し書物と向き合うことがあったとしても「嫉妬深くて陰気、好色で、強欲な右手を持ち、ときおり他人を騙し、臆病で、顔は黄色」[6]というのが、メランコリーのよく知られた性質であった。四体液質についての著述は、学問的なものから庶民的な暦における描写まで夥しいものがあるが、このような調子である。熱心な学習意欲はあるとされるにしても、メランコリアの性質の描写は圧倒的に否定的なトーンで埋め尽くされていたのである。なんといっても、メランコリアの星である土星は、「大凶星」なのであるから。

しかし、その性質はフィチーノにおいて大転換を遂げる。フィチーノは、このメランコリアの喚起する学習意欲に大きな力点を置いた。黒胆汁質のもつほとんど唯一の肯定的性質――熱心な知的勤勉さを、より高次のものへと拡張、昇華した。それはただ、通常の学習能力や勉強熱心さを超えた、神的世界を観照する、プラトン的な意味での哲学者の資質であると解釈したのである。

『土星とメランコリー』の著者たちのいうように、「『アリストテレス』が知的に傑出した人間に与えたメランコリアを、プラトンの『神的狂気』と同一視した最初の著作家が、フィチーノであった」のだ。

6　「サレルノの諸則」、クリバンスキー他前掲書所収プラトンは『パイドロス』において、人が通常の意識状態を超えて超越的世界と接触するときの状態を狂気とみなしているが、このような、現代的には「変性意識」においてこそ、哲学者は感覚世界を超えた形而上学的な世界を垣間見ることができるとされたのであろう。

土星は地の星座の支配星でもある。となれば土星が生み出すメランコリアは「思考を、その対象の中心にまでに貫入し、探求するように仕向けるのである。なぜなら、黒胆汁そのものが大地に似た性格をもっているのだから」

その一方で、土星は当時知られていた宇宙のなかではもっとも大きな軌道をもち、もっとも地球から遠く、もっとも「高い」位置を運行する。したがって、土星的メランコリアは「思考を高揚させて、もっとも高い事柄を理解させる。なぜなら、それは最高位にある惑星に対応しているのだから」とフィチーノはいう。

しかしながら、土星の影響下にあるフィチーノが、土星をこのような肯定的性質だけに反転させて満足できたはずはない。

フィチーノは、「すべては人の思いの反映だから、よい思いをすればすべて好転する」とみなすような、ニューエイジ思想の信者ではない。土星は土星、それは厳しくも人を陰鬱な想像にかきたてるものでもあったのだ。だからこそフィチーノは、土星の力に対抗するように、太陽や木星、金星といった明るい星の力を同時に必要とし、緩和剤として用いることを『三重の生について』において繰り返し推奨するのである。

もっとも、このような、土星的な力を用いるときには同時に吉星の影響力を用いるべきであるというのは、中世の魔術書『ピカトリクス』にも指南されている（第三の書七章など）。フィチーノの思想のソースのひとつは『ピカトリクス』であったことは間違いがないのだから、そのルーツは中世の魔術書にあったといっていいかもしれない。

デューラー『メランコリア　I』（部分）。天使の頭に置かれた植物の冠。

ここまでくれば、みなさんももうおわかりであろう。デューラーの『メランコリアI』にそっと置かれた、四マス×四マスの魔方陣は、土星の過剰な力を緩和するための木星の護符なのである。さらに、よく見ると、土星の力を緩和する魔術的工夫がこの絵の中にはあると『土星とメランコリー』では指摘されている。それは天使の頭に置かれた植物の冠である。

一見、詩的栄光を示す月桂冠にも見えるが、この研究者たちによると、これは二種類の植物の葉から作られた冠であるという。ひとつは水パセリ、もう一つはオランダガラシの葉である。これら二つの植物は、水分をたっぷりと含む湿性をもつがゆえに、土星のもつ「乾き」を癒すことができるというのである。

ところで時代も地域もフィチーノと隔たったデューラーが、このような魔術を知ることができた経路はどのようなものであったのだろう。

ドイツには、あのネッテスハイムのコーネリウス・アグリッパがいた。『オカルト哲学 *Occult Philosophia*』全三巻の著者であり、魔術理論をまとめたことで知られている人物である。アグリッパは「フィレンツェの学院の教義をそっくりそのまま翻案し、人文主義者の友人たちに広めた最初の思想家」であり、その『オカルト哲学』初版のなかには「黒胆汁の熱狂」が二章あり、そこには「他のどの文章よりもデューラーの銅版画に表現されているのとよく似た人生観が述べられている」[7]のである。つまり、アグリッパこそ、「フィチーノとデューラーをつなぐ仲介者として運命づけられていた」という。『土星とメランコリー』においては、さらにこのアグリッパの三巻に相当する三種類の魂の働きとそれに相当する霊的能力、予言の範囲と、デューラーの銅版画を対照させる仮説が展開されている。これらの碩学にたいして、後にフランセス・イエイツが異論を唱えたりもするのだが、ここでは、デューラーの『メランコリアI』には、フィチーノによって再解釈された土星的メランコリーと、それを緩和すべき木星の魔術が込められていると確認することで十分であろう。

また、このような頬杖をつくメランコリックな思索者としてのポーズが、ロダンの「考える

7　クリバンスキー他前掲書

人」にまで連なっていくことを思うとき、そしてヴァルター・ベンヤミンの頬杖をついた写真に対し批評家スーザン・ゾンタクが、ベンヤミンが「土星の徴のもとに生まれた」人だと評するのを見るとき、僕たちは占星術的世界観の系譜がいかに西洋の文化の中に広く深く根を張っているのかと驚かされるのである。

第四章

占星術と音楽

天球の音楽を聴く

『組曲　惑星』

音楽と占星術には深い関係がある。音楽と占星術、そして数学は兄弟のような関係にあるのだ。そのことはこれからじっくりお話ししていくが、まずここで取り上げたいのはグスタフ・ホルストの『組曲　惑星』である。

この組曲は有名なのできっとみなさんもお聴きになったことがあるはずだ。オーケストラでは聴いたことがないという方も、平原綾香さんの「ジュピター」の原曲だといえば、ピンとくるはずである。

ホルストの代表作である『惑星』が作曲されたのは一九一四年から一六年、初演は二〇年。まさに第一次世界大戦のさなかであり、時代背景を考えれば、曲の重みもまた変わってくるだろう。

この組曲は占星術をもとに作曲されている。それぞれの曲のタイトルをみれば、占星術の色合いがはっきりと表れている。

一．火星、戦争をもたらす者
二．金星、平和をもたらす者
三．水星、翼のある使者
四．木星、快楽をもたらす者
五．土星、老いをもたらす者
六．天王星、魔術師
七．海王星、神秘主義者

つまり、惑星の占星術的意味がそのまま曲のモチーフになっているのだ。

でも、もしかするとこんな意見をもたれるかもしれない。

いやいや、英語での惑星の名前はローマ神話の神格なんだろう、とくに占星術の実践と関係なくても、神話的なイメージだとすれば、これはもう、ヨーロッパの人なら当然の教養だから、とくにオカルト的な占星術とは関係ないんじゃないか、と。

もっともである。ホルスト自身、自分の曲が占星術をインスピレーションの元にしているということをほとんど明言していない。しかし、たとえば海王星が「神秘主義者」(the Mystic)、天王星が「魔術師」(the Magician) というタイトルになっていることに占星術家なら注目せざるを得ない。海王星の英語名ネプチューンはローマ神話の海の神であって、「神秘家」という側面はない。天王星はウラノス、原初の天空神であり、「魔術師」などではない。神話のキャラクターで魔術師を想起させる存在というと、ウラノスではなくヘルメスである水星をとりあげるべきだろう。ヘルメスは知識の神であり、知は魔術と結びついていた。実際、ヘレニズム時代の「ヘルメス文書」には占星術や魔術の要素が多分に含まれているのである。

ネプチューンを「神秘家」だとして違和感なく納得するには、占星術における海王星のイメージに馴染んでいる必要があるのだ。

海王星を「神秘家」として擬人化できるのは、二〇世紀初頭以降の占星術の概念なのである。ホルストはいったい、どこからこの海王星のイメージを吸収したのであろうか。

多くの音楽史研究者たちも、ホルストの惑星のイメージが占星術から来ていることには気がついていた。だが、ホルストの占星術の知識のソースについては、ながらく明らかにされてこなかった。そもそも音楽史の研究者たちは占星術そのものには深い関心を示さないだろうし、また、占星術家たちもホルストの生涯について深く調べていく時間がなかなかない。

さらにいえば、ホルスト自身が占星術へのコミットをオープンにしたがらなかったということも大きい。世界的な名声を得た身で「占星術趣味」を明らかにして評判を落としたくはなかっただろう。時期的には近代占星術の父と呼ばれたアラン・レオが「運勢判断をしたかど」で有罪判決をうけることになったころである。実はこの時代のイギリスでは、いわゆる「魔女法」が生きていて、予言ができると詐称することは処罰の対象となった。レオの占星術も運勢を判断し、未来を予言すると詐称したというかどで、当局に目をつけられたのである。そんな時代、ホルストが占星術を信奉しているということをわざわざおおっぴらにして危険を冒す理由など何もなかった。

ホルストと占星術の関係の詳細について語られたのは、『テンプマガジン　*Temp Magazine*』で発表されたレイモンド・ヘッドの「ホルストの惑星とモダニズム」という記事がはじめてのことであった。実に一九九三年のことである。

スウェーデン系の移民であったホルストはイギリスでは孤独な生活を送っており、また作曲家としてもなかなか成功に恵まれず、一九一二年前後に占星術にアドバイスを求めたことがあったのである。

当時、占星術は今のような「ブーム」ではなかった。占星術やホロスコープについての知識を持つ人間の絶対数は、今よりもずっと少なかったであろう。しかし、ホルストは占星術に深い関心を持つ人たちとの出会いには事欠かなかったのである。

たとえばホルストの義理の母にあたる人物は神智学に傾倒していた。すでに書いたように、近代の占星術は神智学を経由して復興したのであり、神智学者たちは占星術に通じていた。

神智学はよく知られているように東洋の宗教に傾倒し、そこにインドの思想と新プラトン主義を中心とする西洋の秘教を折衷した独自の世界観を形成していった。また西洋のキリスト教以外のスピリチュアルな伝統ならなんでも取り込む幅広さ（言い方を変えれば節操のなさ）があり、占星術はそのパーツの一つでもあったのだ。こうして西洋の主流な霊的伝統にあきたりない前衛的な人々、あるいは既存の社会の枠組みに収まりきらない人々の気持ちを掴んでいったのである。その中にはカンディンスキーら芸術家たちも含まれていた。

どうやら、ホルストもこの神智学経由で占星術に接したようである。インドの宗教に深い英知を求めた神智学からの影響は、『惑星』以外にも、「シータ」や「サヴィトリ」などインドをテーマにした曲に見ることができる。

ホルストは神智学の教祖ブラヴァツキーの側近であったジョージ・R・S・ミードとも交友があったし、さらに、神智学者でアマチュアの占星術家でもあったクリフォード・バックス（作曲家のアーノルド・バックスの兄弟）とも親しい友人であった。

この環境でホルストは占星術の書物を研究し始める。有名なラファエルの占星術教科書、そして、何よりも神智学者であり現代占星術の父と呼ばれるアラン・レオの書に親しんだのだった。

とくにレオの『統合の技法　*The Art of Synthesis*』[1]という占星術マニュアルは重要である。この本では惑星にそれぞれ、象徴的な人格化がなされており、これがホルストの曲のタイトルの直接的なソースになったのは間違いないだろう。レオのこの本から、惑星の解説の見出しを

1　Alan Leo, *The Art of Synthesis*, Fowler 1912.

見ていこう。

太陽……生命を与えるもの　The Sun Life-Giver

月……母　The Moon Mothter

水星……思考するもの（神の翼あるメッセンジャー）　Mercury the Thinker (the winged messener of the Gods)

金星……結びつけるもの（完全な均衡をもつ調和で優雅、美しいものはすべて金星の領域に属す）　Venus the Unifier (Everything that is complete symmetrical,harmonious,graceful and beautiful belongs to the domain of Venus)

火星……活力を与えるもの　Mars the Energiser

木星……高揚させるもの（祝福、幸福、喜びを与える）　Jupiter the Uplifter（giving bliss,hapiness, pleasure）

土星……抑圧するもの　Saturn the Subduer

天王星……覚醒させるもの　Uranus the Awaker

海王星……神秘家　Neptune the Mystic

（ここには冥王星が登場しない。この書の刊行時にはまだ発見されていなかったためである。

またホルストの作品に冥王星がないのも同じ理由である。その発見は一九三〇年まで待たねばならない)。

レオの惑星を擬人化した形容を見ると、ホルストの曲名と重なるということがあきらかになるだろう。海王星はそのものズバリである。すでに述べたように神話の上でのネプチューンに「神秘家」というイメージを結びつけることは難しい。これは海王星に対する占星術的解釈を通してはじめて出てくるものなのである。ホルストが水星に与えた「翼ある使者」という言葉は、レオのこの本の水星の解説のセクションの冒頭に出てくるものでもあり、ホルストがレオの占星術書を直接参照していたことは間違いないだろう。

ホルストの占星術へのコミットはその後も続いたようで、自身でもホロスコープを作成しており、ホルストが所有する有名な占星術家ヴィヴィアン・ロブソンの著書には、ホルストへの献辞があるという。このことからも彼が当時の占星術家たちのサークルと交流があったことがわかる。二〇世紀を代表するクラシックの名曲には、現代の占星術が存在していたのである。

ところで、占星術や天文学に関心をもつ人なら、ホルストのこの組曲が火星から始められているのを奇異に思われるかもしれない。火星、金星、水星、木星、土星、天王星、海王星という順は、強いて言うなら太陽(この組曲には含まれていない)から近い順序だが、それならまずは水星を第一に持ってこなければならないはずだ。

ただ、この曲が作曲され始めたのが第一次世界大戦の開戦の一九一四年であることを考えれば（最終的に完成したのが一九一七年）、ホルストが「戦争のもたらし手」である火星のイメージから大きなインスピレーションを受けたのは想像に難くない。戦争を引き起こした当時の時代精神に敏感に反応したホルストが、火星の元型的イメージを曲に落とし込もうとしたのではないだろうか。

『統合の技法』で、アラン・レオは火星についてこのようにいう。「人間における純粋な獣的な性質は火星の支配下にある」。レオの神智学的、オカルト的な解釈では、火星は人間の魂を地獄ないし煉獄に拘束し、アストラル世界に短期間（それは魂の進化の度合いによる）縛り付ける。火星の力は人間のエネルギーと生命力を肉体の筋肉を通して働かせるようにするが、霊的に進化した人間はその力を肉体を離れた次元でも行使できるようになる。盲目的な火星の暴力性は、やがてはより方向づけられた、建設的なエネルギーに進化してゆくのである。

ホルストの「火星」で執拗に繰り返される五拍子のリズムでは、ティンパニに加えて弦楽器のコル・レーニョ奏法が駆使されているという。コル・レーニョ（col legno）とは、弓の毛ではなく棒の部分で弦を打つ（弾く）特殊な奏法のことだが、これで生み出される音が兵士の行進や武器のぶつかり合いの音などを連想させている。

五拍子のリズムが繰り返されている理由は、占星術と結びついたカバラの世界観で説明できるかもしれない。カバラでは宇宙を「生命の樹」という一種の神秘図形によって表している。これは神の構造でもある。「生命の樹」は一〇個の光の球体（セフィラ）とそれを結ぶ二二本の径（パス）からなるが、その五番目の天球ゲブラー（峻厳）は火星に対応させられているのである。この時代の英国のオカルト主義者たちはこの照応関係に親しんでいたはずだ。ただしホルスト自身が参照した資料となると、はっきりしないのが残念であるが。

組曲の第二曲として「金星」が当てられているのも、ホルストが熟読していたであろうアラン・レオの占星術教科書を参照しながら読むと興味深い。アラン・レオは火星の項目において、常に金星と火星を対比しつつ描写しているからである。レオによれば、金星、「the Unifier」は火星とペアになる惑星であり、両方ともが同様に必要なのだという。もし金星しかこの世界になく、火星の力が不在であれば、この世界に投企する勇気や物質世界と取り組む力を人類は失ってしまうことになるだろう、というのである。

一方で、荒々しい火星の力はいずれは高次元の金星のバイブレーションへと変換されていくべきだという。火星が「動物的魂」を表すのに対して、金星は「人間的魂」である、火星の真紅な情欲は物質世界にみなぎっているが、金星はその上の次元に属し、淡いローズピンク色で霊的性質の高次の感情を彩っている。

組曲でのダイナミックでパワフルな、荒々しい「火星」から「金星」への曲の転換は実に印象的だ。これは呼びかけるようなホルンの音で始まり、それに木管楽器が答えるかのように響き返す。「火星」と対照的に穏やかで心を安らげるような旋律と和音が響いていくのである。

「金星」に続くのは、「水星」である。この水星がここに続くのも、レオのテキストを見るとわかる気もする。実際には、『惑星』全曲のなかで最後に完成したのが「水星」なのであるが、レオのテキストを参照すると、この水星が火星、金星のあとに続くのは理にかなっているように見えるのである。レオによれば、火星が「動物的魂」を、金星が「人間的魂」を司るのにたいして、「神々の翼あるメッセンジャー」たる水星は、その両者の間を飛び回る「記憶」であり、「霊的な人間の知性」(Spiritual human soul) なのである。

「火星」で荒々しくダイナミックな人間性を体験した我々は、「金星」で平和的な安らぎを聴くことになった。そしてその次には素早く、くるくる飛び回るような知性の働きを想起させるリズミカルな音の世界へと、ホルストは聴く者を導いてゆく。それは弦楽器と木管楽器の絶妙なアルペジオの組み合わせによって表現されている。

さらに音楽評論家のダニエル・ヤッフェは、次のようなレオの水星に対しての描写が、「水星」の中で効果的に用いられる第一バイオリンのオスティナート（同一モチーフを繰り返してゆくこと）と合致していると指摘する。

レオは水星について、このように言っている。

水星は「記憶の銀糸を表している。この糸の上には地上に生きる人格たちであるビーズが並べられ、数珠のごとくにつながれているのである」

「水星」は、いつもせわしなく動きまわり、インスピレーションに導かれる人間の思考そのものの動きを音で表現しているようでもあり、次々に生まれ、繋がってゆくアイデアと記憶の連鎖を象徴しているのである。

この水星に続くのが、有名な「木星」である。

木星は『惑星』の中でももっとも荘厳な曲であり、スケールの大きさを感じさせる。ホルンの数も増強されるなど、祝祭的なムードが高まっている。

アラン・レオによれば、木星は「磁力的なオーラ」と深く関係している。そしてあらゆる拡大や上昇、成長や発達といったものは木星とかかわる、「完璧なリズムの神的な法則を成就させる恒常的な干満の運動、幸運の与え手」なのである。「木星」においては少なくとも三つの異なる曲調が現れるが、いずれもが荘厳な割に親しみやすく、これが吉星であり「極端になりすぎない」とレオがいう木星のイメージと合致するのである。

続くのは、木星にたいしてペアとなる土星である。

「老いをもたらす者」という副題のついている「土星」であるが、レオは土星を「抑圧を与える者」だという。そして、土星サターンは、ギリシャ神話においてはクロノスであり、時間の神であった。レオを引用すると「時間としての土星は、境界線を記し、有限性を示して形相のうちに捉えられた意識を象徴する」のである。そして「現時点の魂の進化においてはホロスコープでもっとも重要なのがこの土星である」

全七曲の中でもっとも複雑で精妙な作り方の旋律と和協を誇るこの「土星」はまさしく、占星術上の土星というにふさわしい。コントラバスの重々しい響きから始まるこの曲は、時間の

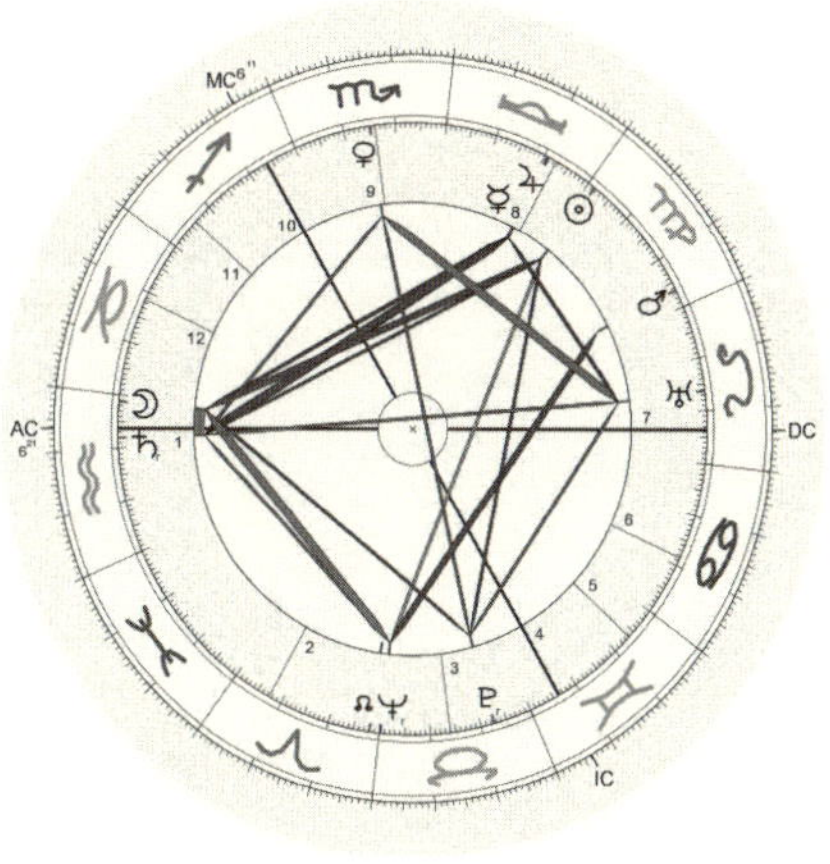

ホルストのホロスコープ
Astrodatabank

厳粛さを表しているようだ。

続く天王星は、近代になってから発見された惑星であり、アラン・レオは「気づきをもたらすもの」としている。ホルスト研究家のレイモンド・ヘッドは、フォルテッシモのこの曲の冒頭部分が音楽符合でいうと、ちょうどGuStAvH(G-Eflat-A-B)とも読めることから、ホルスト自身を象徴している面が大きいのではないかといっているという。

占星術家としてはホルストのホロスコープが気になるところだが、彼のチャートでは天頂にある金星（芸術の星）が天王星と強く交差しており、もしかしたら自分の芸術性の象徴としてホルストが天王星を意識していたのではないか、という夢想をしてしまうのである。

一方で、フランスの作曲家ポール＝デュカスの交響詩『魔法使いの弟子』の要素を取り入れているという見方もある。

先にも述べたように、神話的なイメージではウラノス（天王星）に魔術師の名前をつけるのは苦しいものがあるのだが、レオの占星術ではそれも納得できるものとなる。レオによれば、天王星は「水星の一オクターブ高い波動」をもつ天体ということになる。水星はヘルメスであり、伝統的には魔術的な知識の神でもある。それよりもさらに「一オクターブ高い」天体である天王星は、より高次の魔術を意味するものと解釈することもできよう。

最後の曲は「海王星」である。海王星はホルストにおいても「神秘家」とされていて、まさにレオの描写とも合致する。

現実世界と夢の世界の境界を消失させるかのように、この曲はEマイナーとGシャープマイナーのキーを交差させてゆく。曲のイメージをより効果的に演奏するために、ホルストはこのような添え書きを楽譜につけたという。

各楽器は終始ピアニッシモで演奏して、残響音を極力なくすこと。
女声合唱団を聴衆から見えない別室に置き、部屋の扉は開けたままにしておくこと。
そして曲が終わりに近づくにつれ、静かに扉を閉じていくこと。

海王星はまさに当時知られていたもっとも遠い宇宙の惑星であり、無限の世界を静かに開く扉というにふさわしいものだったのだ。

参考文献

N.Spencer, *True as the Stars above*",Victor Gollancz, 2000.

R.Greene, *Holst the planets*, Cambridge Univ Press, 1995.

D. Jaffe, *a Journey through the Planets*, in BBC Music Magazine, June 2012.

ピュタゴラスからケプラーへ――星の音楽を写し取る

これまで述べてきたように、ホルストの『惑星』は、占星術的な惑星のイメージをもとに作曲された作品である。占星術における惑星の意味解釈は長い伝統をもつが、ホルストの場合には近代占星術の父と呼ばれるアラン・レオの占星術書をベースに作曲をしたのである。つまりホルストの『惑星』は、テキスト化された占星術の象徴を、ホルストの才能によって耳に聞こえる音楽として展開したもの、ということができるだろう。

これはシェイクスピアの『テンペスト』や『夏の夜の夢』をもとに妖精を描いた画家たちと同じような作業だといえる。妖精たちをこの目で観察することはできない。そもそも妖精が現実に存在するかどうかもわからない。けれど、詩人のイマジネーションを通して文学作品として文字にされた妖精たちなら感知することができる。すぐれた画家たちはそのテキストをもとに、「きっとこんな姿であろう」とイマジネーションを働かせて妖精画をそれぞれの形で描く。しかし、あくまでもそれは「イメージ」なのである。画家が一〇人いれば、同じテキストをもとにしてもそれぞれ異なった妖精のイメージを描くことになるだろう。そして、この独自性にこそ、それぞれの画家の才能の個性を見ることができる。

ホルストと同じように、現代の占星術書からインスピレーションを受けて別の音楽家が曲を作れば、ホルストの『惑星』とはまた別の解釈による旋律なりリズムなりが生まれることになるだろう。つまり、こうした星の音楽は作曲家による「創作」であり、「主観的」な解釈に基づく作品である。そもそも現代の天文学によれば、真空の宇宙には音などあるわけもないのだから、星の音はイメージでしかないのは当然だ。

しかし、歴史をたどってみると、西洋の伝統においては、「天球の音楽」というのは、れっきとした、実際に宇宙に鳴り響いているもので、主観的なイメージなどではなかったのだ。ただ、それは肉体の聴覚器官によっては把握できないほど霊妙なものだが、ひとつの現実であり、創作などではなく、五感以上の人間の魂の力を使って聞き取ることができるはずだった。そしてその天球の音楽を聴き、記述することができれば、宇宙の真実を知ることができるとさえ考えられていたのである。

西洋の霊的な音楽論では、伝統的に音楽を三種類に分類して考えていた。これは古代の思考を整理して六世紀初頭にボエティウスがまとめたものである。音楽には「宇宙の音楽」（ムジカ・ムンダーナ＝Mundane Music）、「人体の音楽」（ムジカ・フマーナ＝Human Music）、「道具の音楽」（ムジカ・インストゥルメンタリス＝Instrumental Music）の三種類があるというのである。

このうち、僕たちが音楽として普通知っているのは、最後の「道具としての音楽」だけである。

楽器を通して、あるいは人間の声帯をはじめ、肉体という物質を通して耳にできる音楽が奏でられる。しかし、これは三種類の音楽の中では最も低次のものにすぎない。古代の世界観では感覚で把握できる世界はイデアの世界からすると不完全なものなのである。これは肉体が属する地上の音楽ということでもある。

一方「宇宙の（世界の）音楽」は、天体が鳴り響かせている宇宙の音楽のこと。天体は、古代の世界観では地上世界とはまったく異なる原理から成り立つ、永遠不滅の、そして完全な存在であるとされていた。そして感覚的な「道具としての音楽」（肉体的な音楽）と「宇宙の音楽」（霊的な音楽）を結びつけるのが、「人間の音楽」である。これは人間の肉体とかたちのない理性を結びつける神秘的な調和関係を指している。

地上の美しい音楽は天上界の霊的な音楽のうつし絵であり、人間の魂という音楽は、人間と宇宙とを結びつけているものであるという発想がそこにあるのである。そして、このような宇宙の音楽を感知することは、とりもなおさず秘儀参入としての意味を持ち、宇宙の真理に参入するための道でもあると考えられてきた。

ハネグラアフ編による該博な『グノーシスと西洋の秘教辞典』を引用すると、中世においては、「音楽はコスモスの神的な秩序を強力に反映するものであった。音楽の原理を学ぶことによって、人間は創造の意味そのものに接近することができる。しかもこの見解は音楽理論に関する中世の論文や音楽に触れる哲学的文献のみならず、キリスト教の典礼に関する論考や創造の奇蹟そのものを賛美する詩や散文にいたるまで、そこここに見ることができるのである」[1]

このように、宇宙が数学的に美しい比例構造をもっており、そしてそれが宇宙の秩序（＝コスモス）であり、地上界における音楽的和音をもたらす比例関係にあるという考えは、古代の伝説的哲人ピュタゴラスに発するとされるのが常である。中学校あたりで習った「ピュタゴラスの定理」のあのピュタゴラスのことだ。

しかし、このピュタゴラスを現代的なイメージの数学者としてとらえるのは無理がある。紀元前六世紀、イオニアのサモスで生まれたこの謎めいた人物は、輪廻を信じるばかりか過去世を記憶し、エジプトに渡り天文学から秘儀に通じてさまざまな奇蹟を起こして、六〇〇人もの弟子と二〇〇〇人もの信奉者からなる教団を率いていたというのだから。そして、その教団では特殊な食事制限があり、ソラマメを食べることは禁じられていた、などという奇妙な伝承まであるのだ。

だが、このような話をどこまで信じて良いか、まったくわからない。ピュタゴラスの書いたものは実際、何も残っていない。なにしろピュタゴラスの教団は一種の秘密結社であり、その教えを公開することは許されていなかったのだ。結局、のちの人々の口承による記述に頼るしかない。結果、ピュタゴラスの神格化は進む一方であった。その実像ははっきりしないものの、

1　W.J.Hanegraaff, *Dictionary of Gnosis and Western Esotericism*, P.810, Brill, 2005.

いや、実像がはっきりしないがゆえにさまざまな解釈を幅広く許すことになり、「ピュタゴラス的」な教義は西洋の神秘思想に大きな影響を及ぼしてゆくことになる。

二〇〇〇年にわたるピュタゴラスにまつわる伝承やその影響を、大部の読み物にまとめ上げたキティ・ファーガソンは、ピュタゴラスについて「実際に確からしいこと」は、わずか一パラグラフあれば事足りるといっている。

一パラグラフといってもちょっと長いが解説をはさみながら引用してみよう。[2]

紀元前五三〇年、サモス島のピュタゴラスはエーゲ海に浮かぶ故郷を離れ、イタリア南岸にあるギリシャの植民都市クロトンに移り住んだ。生年月日は不詳だが、その頃には歳はおそらく四十前後で、豊富な経験を持ったカリスマ的な人物だった。クロトンでは、学問の師と宗教指導者として多大な影響を与えた。彼は生まれ変わりの学説を教え、政治の面でも重要人物となり、危険な敵を作り、紀元前五〇〇年頃にはついに別の海岸都市メタポンティオンに逃れる羽目になり、そこで亡くなった。クロトンでの三〇年間に、彼の足下に集まった人々の一部が彼とともに天地についてじっくりと思いを巡らせ、万物を吟味した。

2　キティ・ファーガソン『ピュタゴラスの音楽』柴田裕之訳、白水社、二〇一一年ここまではピュタゴラスの伝記的な概略である。天球の音楽に興味を持つ僕たちにとって重要なのはここからだ。

竪琴《リラ》をかき鳴らし、なぜ美しい音を立てる弦の組み合わせもあれば、そうでない組み合わせもあるのか考えるうちに、ピュタゴラス（あるいは彼に励まされ、触発された人々）は気づいた。リラの弦の長さと音の聞こえ方の関係は、けっしてでたらめなものでも偶然の産物でもないのだ。音のハーモニーの根底をなす比は、じつに単純な規則に基づいている。

そう、人間の耳に美しく（魂によって）聞こえる音程は、数学的な規則、つまり比例関係に基盤を持つ。ここで比例を今でも英語で ratio というのを思い出そう。これは理性的 rational であることとの同義でもある。

そして

驚くべき閃きの瞬間が訪れ、ピュタゴラス派の人々は、一見すると多様で混沌とした自然がその裏にパターンと秩序を秘めていること、そして数を通してそれを理解しうることを知った。言い伝えによれば、宇宙が理に適っていることを発見したとき、彼らは文字どおり、そしてまた比喩的な意味でも、思わずひざまずいた。なぜならピュタゴラス派はこの発見を心から信奉したからだ。

竪琴の音階と和音をなすメカニズムを数に求めたピュタゴラスは、その真理を宇宙全体に拡張し、西洋の秘教の伝統の中心軸のひとつともいえる「天球の音楽」という概念の最初の一歩を、こうして踏み出したのである。

話が複雑になる前に、この概念を示す美しい図があるのでまずそちらを見ておこう。百聞は一見にしかず。この一枚の図を頭の隅においておけばこれからの話の理解がぐっと早くなるはずである。

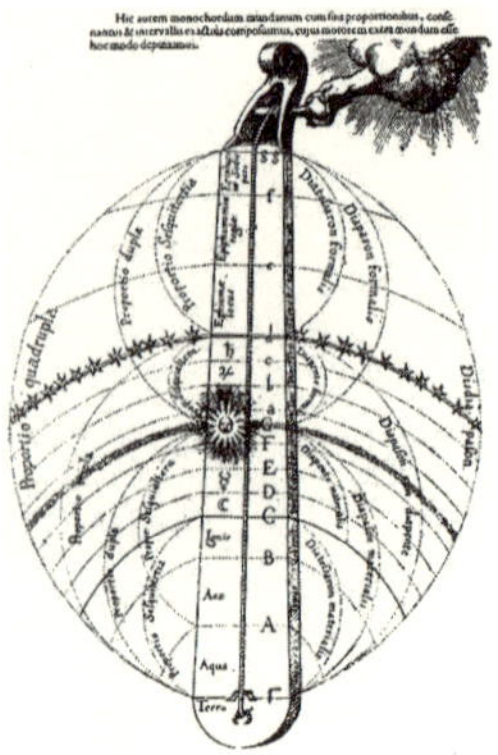

この図は、一六世紀のロバート・フラッドが残したものだ。天球の霊的な音楽という理念がもたらした偉大な最後の輝きといってもいいかもしれない。

まず図の上部には雲から手が出ている。その手、すなわち神の手である。この手が巨大な一弦琴を調律していることがわかるだろう。

そして、その琴の弦をみるとギターのフレットのように、区切りがつけられている。その区切りは、数学的比例に基づいていることが円の重なりで示され、それぞれに惑星の記号が当て込まれているのである。つまり、宇宙の惑星たちの配置が数学的に美しい比例関係をもっており、それがちょうど美しい音階を奏でる弦のように、見事で調和のとれた軌道で相互に位置し、宇宙の音楽を奏でていることを示しているのである。

イアンブリコスが著したピュタゴラスの伝記によると、ピュタゴラスは地上の音楽（中世以降には、道具の音楽と呼ばれる）によって、弟子たちの心（人間の音楽とされるかもしれない）を導いたという。[3]

ピュタゴラスは「人間にとっては感覚を通じてもたらされる指導が——人が美しい姿と形を見、美しいリズムとメロディーを聴くならば——最初の導きになる、と彼は信じたので、特定のメロディーとリズムを用いた音楽による教育を第一段階の教育と彼（ピュタゴラス）は定めた。これら［適切なメロディとリズム］によって、人々の気分の変調と激情が治まり、魂に元来備わっていた諸能力の調和均衡が回復して、肉体と魂の病気が阻止され、癒されるように、彼は工夫したのである」

だが、真に霊的に発達したピュタゴラスの場合には、その音楽への感性は地上の道具の音楽

3　イアンブリコス『ピタゴラス的生き方』水地宗明訳、第一五章、京都大学学術出版会、二〇一一年

のみならず、世界の、宇宙の音楽へと開かれていたとイアンブリコスはいうのである。

ピュタゴラス本人は「楽器〔演奏〕やのど笛〔歌声〕によってそのような効果を得たのではなくて、言いがたく理解しがたい一種の神業によって、天上はるかなる全宇宙の奏でる交響曲に耳を傾け、精神を凝らした。彼ただ独りが、諸天球とこれらに付着して動く星々が奏でる汎宇宙的協和音と斉唱を聴き取り、理解することができたようであった」のだ。

しかも、その音楽は宇宙の美しい構造そのものに由来し、この宇宙の秩序そのものの体現なのである。イアンブリコスは続ける。「この音楽は、諸天球のそれぞれ異なる音響と速さと大きさと位置が極めて音楽的な比率で組み合わされているので、そして諸天球が極めて旋律的であると同時に多様で極美の運動と回転を行なうから、人間界の音楽よりももっと充実した、もっと完全な旋律を奏でるのである」

そして、この音楽に自らを浴させることによって、ピュタゴラスは「元気を回復し」、また、「〔体育家が〕身体を鍛えるように[4]知性の思考力を鍛えることができたとイアンブリコスはいう。

だが、なぜこのような宇宙の音楽は我々の耳には聞こえないのだろうか。

ピュタゴラスやイアンブリコスよりも（そしてプラトンより）ずっと「現実的」であったアリストテレスは、ピュタゴラスをこんなふうに批判している。[5]

4　イアンブリコス前掲書

5　アリストテレス『天について　第二巻』池田康男訳、京都大学学術出版会、一九九七年

「星たちが動くと、その発する音は協和するので、そこに音階が成立するという主張は、その提唱者たちによって巧妙に、しかも見事に語られている」がそうではないという。

アリストテレスが漏れ聞いたところによると、「地上の物体は星と等しい嵩ももたなければ、星ほど速く動きもしないのに音を発するのだから、星ほどの大きい物体が動くのであれば音を発するのは当然だし、また、太陽や月、さらに数と大きさにおいてもそれほどの量の星がそんなに速く動くのだから、何かしら巨大な音を発していないはずがないというわけである」

ではなぜその音に人間は気づけないのだろうか。アリストテレスによると、ピュタゴラス派の人々は「音と、音の無いことは較べてみてわかることだから」生まれた時からその音を聞いている人間は宇宙の音楽には気がつかないと主張しているという。それはちょうど、四六時中大きな音を立てている鍛冶屋が、慣れのために自分の立てている騒音に気がつかなくなるようなものだ、というわけである。

アリストテレスは、この説明をやすやすと論破する。第一に、巨大な物体が音を立てずに動くことはある。たとえば船の部品など、動くものに付随しているものは音を立てずに動く。また、もし慣れのために感覚的にその音に気がつかなくなっていたとしても、それは現代的にいえば衝撃波であり、物理的に大きな破壊力となるはずだ。星がもし音を立てているのであれば、それは雷などでさえ較べるべくもない巨大な轟音であるであろうから、「聞こえる」ことはなくとも、地上の事物を振動させたり、破壊したりすることになるはずである。しかし、そうしたことは起きていない。

　現代人はもっと簡単に宇宙の音楽という観念を捨て去ることができる。宇宙は限りなく真空に近いのであるから、空気を媒介にする音波は伝わらない。宇宙は絶対的な静寂だというのが宇宙の実像である。すなわち天球の音楽というのはそもそもナンセンスであるということになろう。

　しかし、もし古代のピュタゴラス派の末裔がいるとすれば――秘教的な伝統を生きる人々がこれに当たるのだが――アリストテレスとその末裔にたいして、きっとこのように反論するであろう。

　いや、違う、あなたは地上の音楽や音と、天界に響く霊的な音楽とを混同しているのだ、と。地上の音楽と違って、天界の音楽は「大きい」ものであっても、それは「偉大」ということであって物理的な量の問題ではない。それは精妙なもので、磨き上げられた霊的な感覚か、それにつらなる理性的な（ないし超理性的な）修養か、あるいは神的な恩寵そのものによるものでなければ聴くことができない。我々の感覚があまりに大きな音に慣れすぎていて、大いなる天球の音楽を聴くことができないというのは、我々の魂が天球の音楽の精妙さに開かれていないということの証なのだ、と。

　実際、この天球の音楽を「直接」聴いたという古代の人々の記述をたどると、それができた人々は通常の意識の状態ではないことがわかる。彼らは死後の世界において、あるいは特殊な「夢」

の状況においてこの地上界を離れ、天界に趣いたときにこそ、宇宙の調べに浴することができたというのである。

そのような記録はどこに出てくるのか。なんと、それは西洋の哲学の礎を築いたあのプラトンと、そしてもっとも模範的なラテン語の書き手とされたキケロの著作の中に登場する。

占星術的な「天球の音楽」は、決して知の傍流などではなく、西洋の知の中心軸を貫く観念なのである。以下、プラトンとキケロの天球の音楽論を参照してゆくことにしよう。

エルの神話とスキピオの夢

あのプラトンが、そしてキケロが天球の音楽を直接に聴いたという人々の話をしているというのは、考えてみれば面白いことではないだろうか。人間の心に直接響きあう天界の音楽という発想は、占星術の基礎をなす考え方の一つであるのだが、それは必ずしも異端的な思想家たちの泡沫的な奇説ではなく、知の伝統の礎石をなすテキストに見られるものであることを意味するからだ。

まず参照すべきはプラトンの『国家』[6]である。そこには、こんな神話が登場する。

6　プラトン『国家』藤沢令夫訳、岩波文庫、一九七九年それは勇敢な戦士エルが体験した物語である。エルは戦争で命を落とした（あるいは遂げたと思われた）のだが、死後もその亡骸は一〇日以上も腐らない。いよいよ一二日目に火葬にしようとしたとき、エルは突如、息を吹き返して「あの世で見てきたさまざまの事柄を語った」のである。

そう、これは今でいう臨死体験の物語なのである。エルは人間の魂の輪廻のプロセスについて報告する。死後、人間たちの魂は審判を受け、次の生に生まれ変わるために運命の三女神モイラから運命のくじをひく。そして自らの人生にふさわしいダイモーン（神霊）をひきあてているというのである。これは哲学的議論というよりもまったくの神話である。

余談になるが、全米でベストセラーになった、ユング派心理学者ジェイムズ・ヒルマンの『魂のコード』（鏡リュウジ訳、河出書房新社、一九九八年）は、この自らの運命を自らが生まれる時に選び取っているというエルの神話を手がかりに、人生を見直すことを試みる内容であった。むろん、ヒルマンの主旨は、生まれ変わりを実証しようというのではなく、現代の心理学がことさら大げさに主張するような、人間は遺伝子と環境の産物である、ことに幼少期における親からの影響が決定的な因子であるという人生観を相対化しようとするところにあった。人生はそんな単純なものではなく、表面的な因果論では割り切れないような個別性があるのだというのがヒルマンの真意なのである。このような本がベストセラーになること自体、古い神話が現代的な意味合いをもって再読できる好例でもあろう。

エルの神話は、生まれ変わる魂の処遇だけではなく、肉体を離れた人間にしか見えない、あるいは聴こえない宇宙の実像をも語っている。エルが目の当たりにしたのは天空を貫く光の綱のようなものであり、回転する天球全体を縛っているものであった。

その綱は必然の女神アナンケの紡錘に連なっており、それがすべての天球を回転させている。この軸には八種類のはずみ車が同心円的についており、それぞれが独自の速度で回転しているという。

このはずみ車が何を指しているのかはっきりしないが、七つの惑星と恒星の天球のことであろうというのは、その数からして容易に推測がつく。

しかもこの紡錘は「必然の女神アナンケの膝のなかで回転している」というのであるから、運命を紡ぐ星たちの動きを紡錘に喩えたものであろう。アナンケの娘が運命の女神モイラで、モイラたちがこの車輪の「回転を助けている」とあることを考えれば、この紡錘＝糸車は人間の運命を紡ぎ出す運命の輪とみなすことができる。また、これが星たちの回転運動としてイメージされていることがわかる。これが占星術の宇宙でなくて、一体なんであろうか。

そしてここで僕たちは天球の音楽に出会う。つまり「一つ一つの輪の上にはセイレンが乗っていて、一緒にめぐり運ばれながら、ひとつの声、一つの高さの音を発していた。全部これらの声は、お互いに協和し合って、単一の音階を構成している」というのである。

セイレンとは、現在の「サイレン」（警報）の語源にもなった、美しい歌声で船乗りを誘惑する妖女が原義であろうが、ここではそれぞれの回転する輪（天球）に乗って運ばれる惑星たちのことを指していると考えていいだろう。

プラトンの語る神話は、天球の音楽の概念をごく短いかたちで語っているのである。

さらにキケロが語る「スキピオの夢」は、このエルの神話を下敷きにして、もう少しその内容を細かく語っている。[7]

キケロが語るには、スキピオという人物があるとき夢を見る。夢のなかでスキピオは大スキピオと呼ばれる祖父に出会い、この宇宙と地上の理を目の当たりにし、その実相を説明される。古代において夢は、現代人が考えているような心理現象としての夢ではなく、魂が肉体の縛りから解放されて、真実の世界を垣間見る回路としてとらえられていることに留意したい。

エルは文字通り死を通してはじめて霊的世界に到達したわけだが、スキピオは夢という回路を通してイデア的な世界を体感したわけである。天球の音楽は、肉体による五感の世界を超越した人々でないと聴き取れないと考えられていたことがここからはっきりわかる。

スキピオの報告は当時知られていた宇宙観の見事な説明となっているので、長くなってしまうが、解説を挟みながら、少しずつ引用していってみよう。

スキピオの祖父は、スキピオに地上のことばかりに目を向けず、いま、スキピオ自身が立っ

7　キケロ「スキピオの夢」水野有庸訳、鹿野治助責任編集『キケロ、エピクテトス、マルクス・アウレリウス　世界の名著一三』中央公論、一九六八年所収

ている場所が「いかなる聖域に囲まれているか」にも目を向けよと促す。

よく聞いておくがよい。九つの輪、正しく言えば九つの球、万物は、これらによって、縛り合わされている。それらのうちの一つは天球、残りの全部を包み囲んでいる外側の極《きわ》みをなす球。ほかのいっさいの球を、囲い込み、固め保っているがゆえ、これこそ、まさに至高の神。このなかに嵌《は》め込まれているのが、あの回《めぐ》りゆく、星々の常《とわ》に変わらぬかずかずの道。

これはエルの神話で語られた「輪」についてのさらに詳細な説明である。ここでは輪がはっきりと星の軌道とされている。またエルの神話では八つとされていた天球が九つに増えているのが気になる方もおられようが、スキピオの夢では地球も一つの天球とみなされている。そこで一つプラスとされているのだろう。

この下につぎつぎと続いて、七つの球がある。それらは、天空と反対の方向へ動きながら、後《あと》向きに回《めぐ》っていく。

恒星天は日周運動として、東の地平線から昇り西へ沈んでゆく。惑星たちもその天球に乗って動いているように見えるが、恒星を背景にすると、それとは逆向きに西から東へと動いているように見える。ここではその二種類の動きのことが語られている。そして、ここからどのような惑星がどんな順で地球の周りを巡っているのかが語られる。

まず一つの球に、その座を占めているのが、地上での名によれば、例のサトゥルヌスの星［土星］。つぎにあるのが、人類の望みを容《い》れ、利益を与えてくれることが多い、ユピテルの星と呼ばれる、あの光明《あか》るい星［木星］。それからつぎが、赤色で、地上の者にとってはこわい星。おまえらは、これをマルスの星［火星］と呼ぶ。ついでその下、なかほどの一帯を、太陽が占める。太陽は、ほかのことごとくの、光を放つものの群れにとって、その総司令、その首領、その光度の調節者。宇宙の霊であって、そのほどよい和らぎのみなもと。太陽がそなえている力はまことに強大で、あまねく万物を、自分の光で輝きわたらせるほど。この太陽に従者の侍《はべ》り従うのは、片方でウェヌス［金星］の、片方ではメルクリウス［水星］の進みゆく道。しまいに、最下の輪を、月が、太陽の光に照らし出されながら、回《めぐ》ってゆく。

ここまでで、地球から遠い順番に土星、木星、火星、太陽、金星、水星、月の順に天球が配されていることが示されている。ちなみにこの順をカルデア配列と呼び、ルネサンスごろまではこの惑星の並び順が当然のものとされてきた。これもアリストテレス以来の伝統であるが、月よりも上の世界は永遠不変であり、そして月よりも下の地上圏においては、生成変化をする世界が存在すると考えられた。

つまり月よりも下の世界（sub lunar）は「死すべきもの」「崩れ滅びゆくものが存在する」「地の球」があるとされている。ただし、その地上界の中でも人間の知性は、永遠のものであるというのである。ここでは語られないが、人間の魂が星の世界の永遠の美しい理法に共鳴することができるのは、まさにそのためであると考えることもできるのではないだろうか。

ちなみに古代のヘルメス思想やグノーシス主義では、この不滅の魂は星の世界から生まれる時に下降してくるのだと考えられていた。

四〇〇年頃に活躍したローマの文献学者マクロビウスは、この「スキピオの夢」について注解を行い、のちの占星術に大きな影響を与えている。マクロビウスは古代のヘルメス思想に基づいて、人間の魂は惑星の各天球を通過するときにさまざまな魂の能力を付与されるという。[8]

すなわち、土星にて論理力（ロギスティコン）と観照力（テオレティコン）を、木星にて行動力（プラクティコン）を、火星にて激情（テュミコン）を、太陽においては感受の力（アイステティコン）と想像の性（ファンタスティコン）を、金星においては欲情（エピテュミコン）

8　ヨアン・クリアーノ『霊魂離脱とグノーシス』桂芳樹訳、岩波書店、二〇〇九年、第七章を参照の気を、また水星にて発語し解釈する力（ヘルメネティコン）を、月において肉体の播種増殖せしめる性（ピュティコン）を付与される、というのである。

ヘルメス思想では、霊魂はそれぞれの惑星から以上のような善きものを受け取ることになっている。こうした能力や才能、ないしは心の状態が星から与えられているのだとすれば、これこそまさに占星術であり、出生の星の配置からその人の内的志向やそこから生み出される運命を読み取ることも可能だ、ということになるだろう。

ただし、星からのこのような付与を呪いと捉える向きもあった。ヘルメス思想の世界を愚かな、あるいは邪悪な造物主が作ったものと考えるグノーシス主義では、この世界観を構造はそのままに、解釈を反転させ、惑星から与えられるのは魂を物質的で邪悪な肉体という牢獄に閉じ込めるための、さまざまな欲情や誘惑であると考える。グノーシスの霊的修行者は惑星的な欲望のさまざまな身体を脱ぎ捨て、星からの誘惑に勝って霊的高みへと上昇せねばならない。

星から付与される性向を善きものとみるか、悪しきものと見るかにかかわらず、惑星圏からの降下が人間の受肉ととらえられており、それが地上の人間の運命に大きく関わっていると考えられていたことはとても重要である。スキピオはこの宇宙の構造を目の当たりにしたのである。

夢の中においてスキピオがあの宇宙の音を体験するのは、まさにこのとき、つまり宇宙の構造を目の当たりにしたときなのである。

「おや？　これは。なんの音ですか。私の耳いっぱいに聞こえている、これほど大きな、しかも、これほど麗しい音は？」

これにたいして、ダンテを導くヴェルギリウスのごとく、大スキピオは答える。

「これこそ、あの古来名高い音であるぞ。これを内部から割り分けているいくつもの隔ての間《あいだ》は、等しくないとはいえ、一定の比に従うきまり正しい差異を持つ。この音の主《ぬし》は星々の輪、これらが押し寄りつつ動いていくことによって、この音は作り出され、かくして、高い音が低い音といろいろに混ぜ調《ととの》えられて、ここにおのずと作り出されてくるのが、その音色はさまざまであっても、たがいに劣らず、みな、和音なのである[9]」

スキピオが耳にした、大きく麗しい音はまさに天球の音楽であった。それは天球が回転するときに奏でる音であり、和音である。

しかも重要なことは、それらは勝手にきめられているのではなく美しい数学的な比に基づ

9　キケロ前掲書

く構造をしている。よってすべてが和音となっているのである。これは先に見たピュタゴラス派の人々の考えを受け継いでいる。

星が発する音程は、天球の回転する速度によって高さが変わるのだという。最も速く動く恒星の天球は、最も高い音を、もっとも地球に近く動きの遅い月は低い音をしているという。これらは七つの音程をなすが、この七という秘数は「ほぼ万物にとって、その絆《きずな》をなす数にあたる」

これらの音は「まことに強大。これは、全宇宙の急激きわまる回《めぐ》りによる轟きであるため、人間どもの耳では、とうてい、聞くこともできぬほど。それはちょうど、太陽をまともに見つめる能力を、おまえらは持たず、その放つ光に、おまえらの瞳《ひとみ》の、さだかに認め分けようとする力が、凌《しの》ぎ挫《くじ》かれるありさまに似ている」と大スキピオの霊は語る。

その音は、単に物理的に大きいということだけではなく、先にも言ったように、「偉大」であるからこそ、肉の器官では聞こえないということなのではないだろうか。

しかし、人間たちの中には、その天球の音楽をなんとか聞こうとする人もいるという。大スキピオはこのように語る。

「天界のいま見たありさまこそ、学知の深い人人は、これを絃器の演奏のうえに写し表わし、それによって、自分がここの場所へ帰るための手段を、手に入れたのであった」

そしてそのような学知の深い人人の中には、「人間の身でありながら神的な事柄の研究にひたすら耽《ふけ》った人たちも、はいるのである」と大スキピオは夢の中で星の世界に飛翔している孫に語って聞かせたのだった。

繰り返し、あるいは再確認ということになろうが、ここでいう「学知の深い人人」というのは近代的な意味で知識や教養があるという意味ではないと解釈したほうがよい。今の言葉で言えば、霊的な秘儀参入者を指すといってもいいだろう。当時は哲学者あるいは原−科学者というのは、物質を超えた宇宙の真実に接近した人々のことでもあり、科学者と神官との境界線は今ほどはっきりしていなかったのである。

天球の音楽について啓蒙書を著したジェイミー・ジェイムズは、先行研究を引きながら、僕のこのような解釈を補強してくれているようにも思える。

ジェイムズは、ここでキケロが用いた、「学知の深い人」にあたるラテン語の homo docti の過去の用例にあたっている。すると、この言葉は「『奥義を伝授されている』とか『教化されている』といったような意味」で用いられることがあり、ピュタゴラス派や音楽の神秘を重んじた密儀宗教の一つであるオルフェウス教の信者などにも通じる言葉であるのではないかというのである。

さらに七をキケロが rerum omnium fere nodus といっていることにもジェイムズは注目する。

普通は「結び目」を表すnodus（英語ではnodeであろう）には、実は「謎めいた事柄」という意味があり、七という数字を解明できれば、宇宙のほとんどの謎の鍵が手に入るとキケロは示唆しているのであろうと指摘する。[10]

そして、さらに興味深いのは、気鋭の新プラトン主義研究者であるクリスタル・アディの指摘である。[11]

アディは、イアンブリコスの夢論に注目する。イアンブリコスはその『密儀について　De Mysteries』三巻で、夢には人間の魂や想像力から起こる人間的なものと、神々から送られる神的なものの二種類があるとする。

人間的な夢もときおり、予知などの不思議議をなすことはあるが、それは基本「偶然」の産物で、人間の推論によって導かれた結論が幸運にも的中するものである。

しかし、神的な夢はそうではなく、物事の真実を示す。イアンブリコスによれば、こうした夢は「覚醒と眠りの中間状態」に訪れ、神霊が舞い降りてくるのが感じられるという。そうした霊が降り立つ時には、ヒューッという音がするという。

アディはこの「ヒューッという音」(a whooshing sound) と訳されている言葉に注目する。

10　ジェイミー・ジェイムズ『天球の音楽』黒川孝文訳、白揚社、一九九八年
11　Crystal Addy "Oracles, Dreams and Astrology in Iamblichus' De Mysteries" in ed.by P.Curry and A.Voss *Seeing with Different Eyes* Cambridge Scholars Publishing 2007

それは rhoizos だそうだが、これはピュタゴラス派やカルデアの神託での、惑星の公転が引き起こす音を示す言葉と同じだというのである。

もしこのアディの指摘が正しく、そしてこの一致が偶然ではないのだとしたら、神々から送られた神的な夢——あるいは、臨死体験のような変性意識状態において、学識者は天球の音楽を直接的に耳にすることになる。その音を聞くという体験は、綺麗な音楽を楽しむということをはるかに超えて、宇宙の真実に近づくという壮大な意義を持つことになるのである。

蛇足になるが、このクリスタル・アディは、二〇世紀を代表する占星術家であったジョン・アディの孫にあたる。ジョン・アディはこのあとすぐにご紹介するケプラーの占星術理論をさらに発展させ、占星術を大きく改革しようとした人物でもあり、その方法はアディ本人が「ハーモニクス占星術」と名づけている。

ハーモニクス占星術は、現代における「天球の音楽」の実践的な発展形だということができるが、その提唱者の孫が、占星術の実践をこえて、学問的にその系譜をたどっているというのは、実に感慨深いものがある。これもまた運命の女神の采配というものであろうか。

いや、脱線が過ぎてしまった。ここで話を天球の音楽に戻そう。

キケロによると、「学知の深い人」は、天球の音楽を「写し表わし」「自分がこの場所へ帰るための手段を、手に入れた」ということになっている。

学問によって、ある人々は天球の、本来は肉の耳には聞こえない音楽を楽譜に写し取ること、つまり、数学による記述が可能になるのではないかと考え、そのことによって「ここ」、つまり魂本来のありように回帰しようとしたというのである。

これは二つの方向性を生み出すように僕には思われる。一つは、星の軌道を数学的に見極め、実際に惑星の奏でる和音の元である比例や数学的構造を明らかにすることによって、真理に近づこうとする方向。

そしてもう一つは、魂の本来のありようへの回帰、あるいはピュタゴラスがしたと伝えられるように、天球の音楽を思わせる音楽によって心身を浄化し、「ここ」（魂のありよう）へと回帰するという、より儀礼的、宗教的な方向である。

むろん、この二つはたがいに重なり合い、明確には分けることなどできない。ニュートンですら、敬虔なクリスチャンであったことを思い起こせばそれは自明である。

しかし、もしこの二つのトレンドをそれぞれ代表する人物を歴史の中から探すならば、後者はフィレンツェ・ルネサンスの人文知をリードしたマルシリオ・フィチーノ、そして前者は惑星運動の法則を発見したヨハネス・ケプラーということになるだろう。

フィチーノとケプラーは同じ伝統と水脈に乗りながら、天球の音楽に基づく占星術を対照的な方向に展開していったのである。

天球の音楽を楽譜に写し取る――ケプラーの苦闘

ここで、天球の音楽を書き写そうとしたケプラーに目を転じてみることにしよう。ケプラーは、これまで言われてきたような近代科学の父としての面のほかに、占星術の偉大な改革者でもあった。そして、その改革はケプラーが必死に耳を傾けようとした天球の音楽への憧憬に水源を持っているのである。

一般にケプラーといえば、偉大な科学のパイオニアとして知られている。現在の最新の天文学もケプラーには大きなリスペクトを惜しまない。

二〇〇九年に打ち上げられたNASAの宇宙望遠鏡は、太陽系外の惑星を発見することを目的としているが、その成果は実に大きく、二〇一六年春の段階でこの望遠鏡が発見した系外惑星は実に一三〇〇個に届こうとしている。そのうちいくつかは生命が存在しうる、「ハビタブルゾーン」にあると判明しているというから、もしかしたら近い将来、地球以外についに生命が発見されるかもしれない。

そして、この最新探査機に与えられた名前が「ケプラー」であることを思うとき、現代の科学者たちもいかに一六世紀のヨハネス・ケプラーに強い思いを抱いているかが想像できるというものだろう。

ヨハネス・ケプラー（Johannes Kepler　一五七一－一六三〇年）はドイツの天文学者、占星術家である。一般には惑星運動の法則を発見したことで知られている。コペルニクスをいち早く支持し、地球中心の宇宙モデルから太陽中心説を採用。さらには千数百年もの間ヨーロッパの人々が信じていた、惑星軌道は完璧な形である正円だという信念――これは円の呪縛、スペル・オブ・サークルと呼ばれる――を打ち破って、惑星軌道は焦点が二つある楕円であり、太陽はそのうちの一つであることを発見した。いわば、既製の伝統的な、つまりは占星術的パラダイムを打ち破った近代科学のヒーローであると考えられても来た。

しかし、不都合な真実というべきか、ケプラーは占星術の実践者でもあった。

一昔前の啓蒙主義的な科学史の本を見ると、「天文学は賢い母、占星術は愚かな娘、しかし、娘が身を売ってパンを稼がなければ、賢い母は飢えただろう」というケプラーの言葉を引用して、ケプラーが生活のため、あるいは研究費を稼ぐためにしぶしぶ信じてもいない占星術を行っていたのだ、と見せるような記述もあった。

しかし、これは正しくない。ケプラーは確かに、当時の占星術師を批判することはあったが、これはケプラーからみて「まがい物」の占星術に対してであって、占星術そのものを否定しているのではない。それどころか、ケプラーは自分の理論を通して、より精度の高い占星術を再構築しようとすらしていた節もある。

そしてそのケプラーの理論の中核に、ピュタゴラス、プラトン、キケロのスキピオから始まる天球の音楽があったのだ。

ケプラーは、自分が古代ギリシャから続く「天球の音楽」の継承者であることをはっきり自覚していた。近代への移行期において、この美しい天球の音楽の理論が時代遅れになりつつあるかもしれないと感じていたケプラーは、生涯の集大成とも言える『宇宙の調和』[12]の中で以下のように高らかに語る。

プトレマイオスをはじめこれまでも天球の音楽の概念にとりつかれ、天球の音楽を聴きとりその法則を見出そうとし失敗してきた人もいる。彼らは「キケロの書に登場するスキピオとともに、ピュタゴラス的な甘美な夢を物語ったように見える」。しかし、ケプラーは「旧来の天文学が未熟なのに、15世紀もの時代を隔てながら両者の考察がこれほどぴったり一致した」ことに励まされたという。それは「事物の自然な本質そのものが、かけ離れた時代に生きる異なる解釈者を通じて、人々に自らの姿を顕示しようとしてい」るのであるという。

神は宇宙の音楽という本質を明らかに読み取ってくれる人間が登場することを、六〇〇〇年待った。ならば自分（ケプラー）は、自分の読者が自著を正しく理解してくれるのに一〇〇年でも待とう、とケプラーはいう。それほどまでにケプラーは自身が発見したと考えた「調和」に強い思いを抱いていたのである。

ここでいう「調和」とは宇宙全体が数学的に美しく構築されていることを指すと同時に、和声（調和＝ハルモニア）を奏でていることを暗示している。これは天文学書であると同時に音

12　ヨハネス・ケプラー『宇宙の調和』岸本良彦訳、工作舎　二〇〇九年

楽書であるといってもいいのだ[13]。

幸いなことに、ケプラーの重要な書である『宇宙の調和』やケプラー思想の集大成『宇宙の神秘』は邦訳出版されているので、以前に比べてその実像には触れやすくなった。

『宇宙の調和』[14]を試しに開いてみよう。僕のような数学音痴にはこの大著（全五巻、実に五三〇ページ以上）すべてを理解する能力はないが、この本が現代人が想像する天文学の書ではないというのはすぐにわかる。それはそこここに音楽の話が天体と結び付けられて出てくるからである。たとえばいまパッと開いた四五一ページには楽譜が掲載されており、それぞれに「土星」「木星」「ほぼ火星」「月」といったタイトルがつけられている。

また違うページを任意に開いてみると、「調性、長調と短調」というタイトルがあり、まさしく音楽理論が展開されているのである。

ケプラーにとって、音楽と天文学がいかに不可分であったかということがわかるだろう。では、その思想の発展はどのようなものであったのか。ごくごく簡単に主要な著書からその思考の足取りをたどってみよう。

ケプラーは多数の著述を残しているが、もっとも大きな業績といえば、次の三冊ということ

13　浦久俊彦『一三八億年の音楽史』講談社現代新書二〇一六年、浦久はこれは天文学書というより音楽書である、と評している。

14　ヨハネス・ケプラー『宇宙の調和』岸本良彦訳、工作舎、二〇〇九年

になるだろう。

まずは一九五六年の『宇宙の神秘』[15]。ケプラーが弱冠二〇代半ばで著した処女作である。近代科学へのリープという点でこの本が傑出しているのは、ケプラーがこの本の中でコペルニクスの太陽中心説をいち早く公然と支持したことだろう。ガリレオはケプラーのこの本を読んで書簡を送ったという。

しかし、それだけでケプラーを近代天文学のみのヒーローとみなすわけにはいかない。この書で展開しているのは、まごうことなくピュタゴラス＝プラトン的な「宇宙の神秘」なのだ。ケプラーは本書をこのように始める。この一文の中にこの大著の意図が集約されているといっていい。


読者よ、私がこの書で明らかにしようとしたのは、至高至善の創造主が、運行するこの宇宙を創造し天体を配列するにあたっては、ピュタゴラスやプラトンの時代から今日に至るまであまねく知られたあの五つの正立体に注目し、惑星の数と相互の距離の比と運動の理法をそれら〔正立体〕の本性に適合させ給うたのだ、ということであった。

15　ヨハネス・ケプラー『宇宙の神秘』大槻真一郎／岸本良彦訳、工作舎、一九八二年

ケプラーが図示したダイアグラム。グレートコンジャンクションの推移を表す。

若き日のケプラーが得た天啓は、惑星の軌道がギリシャの時代から知られている正多面体に沿って設計されている、というものだった。プラトンは正多面体が五種類ある事を語っている。上記の図のようにその正多面体の頂点に接する球をつくり、それを同心球として配置すると、それが惑星の軌道と合致する、というものだった。しかも、このモデルは地球ではなく太陽を中心に惑星の軌道を配置して初めて成り立つ。この宇宙モデルは、同書に付せられている美しい図版によって見事に表現されている。

しかし、残念ながらのちに自身でいうように、このモデルはいかに美しくとも「スキピオの夢」のようなもので、実際の天体運行を正確に映し出してはおらず、放棄せざるを得なくなる運命にあった。だがそれでも、ケプラーは終生、宇宙が美しい幾何学と比によって設計されているという考えを捨てることはなく、のちの大著である『宇宙の調和』にまでその霊感の音楽は響き続けることになる。

ところで、占星術の観点から見て興味深いのは、この正多面体による惑星軌道モデルは、アラブの占星術に直接由来しているという点である。
ケプラーが『宇宙の神秘』の中で見せているダイアグラムを見てみる。円の中に四〇もの正三角形が内接している。これは占星術の伝統では「グレートコンジャンクション（大会合）」の推移を表す図としてよく知られていた。

天王星や海王星といった土星外惑星が発見される以前の伝統的な宇宙観では、七つの惑星（太陽、月も惑星とカウントされた。曜日の名前になって残っているのが伝統的惑星である）のみが知られていたわけだが、その中でもっとも公転周期が長いのが土星（およそ三〇年）、ついで木星（およそ一二年）であった。単一の惑星のみを使う単純な技法では、占星術で用いることができる最も長い周期でも、三〇年が限界となってしまう。これでは歴史的な動きを解釈するにはいくらなんでも短すぎる。

そこで占星術家たちは複数の惑星のサイクルを組み合わせるようになったのだが、もっとも周期が長い土星と木星の会合（接近）を取り出してもわずか二〇年に過ぎない。ただし、この二〇年ごとに起こる大惑星である土星と木星の合は、「グレートコンジャンクション」（大会合）と呼ばれ、社会構造が変化する大きな契機として現在でも重視されている。

さて、面白いのはこれからだ。土星と木星の会合は二〇年ごとに起こる。その会合が起こる位置を、一二星座の中でたどってゆくと、計算上はある年に起こる会合の位置から二〇星座分進んだ位置で次の会合が起こることになる。つまりホロスコープを一周して、もとの位置から星座八個分進んだところとなる。

　より具体的にいえば、もとの位置から円の内角で二四〇度進んだ位置で木星と土星の会合が起こる。その次も、二回目の会合からカウントすると二四〇度、大もとの会合の位置から見ると一二〇度先のところで起こる。そして三度目には同じ位置に戻ってくる。となると、土星と木星の会合は、黄道星座の中で正三角形を描きながらぐるぐるとループすることになるわけだ。

　占星術では、ホロスコープ上で正三角形を形成する星座は、同じ「エレメント」に属する。牡羊座、獅子座、射手座はすべて「火のエレメント」に属する星座であり、これらはきれいな正三角形に並んでいるのだ。

　もし、木星と土星がきっかり二〇年ごとに同じペースで会合すると、その会合の位置はずっと同じエレメントの星座のグループで永遠に繰り返すことになる。

　しかし、複雑な惑星の動きはそうはならない。この「大会合の三角形」は時間とともに少しずつズレてゆき、一六〇年から二四〇年のスパンで、やがて次のエレメントの星座グループへと移動する。これは「ミューテーション」と呼ばれ、一つの時代の切り替わりだと考えられる。さらに時間が経ち、およそ八〇〇年でこの大会合の三角形がホロスコープを一周するのを「グランドミューテーション」と呼ぶのである。

　中世アラブの大占星術家アブー・マアシャルによって定式化されたこの占星術理論は、広く占星術の実践家たちの間に広がっていった。ケプラーも当然、このセオリーを熟知しており、重視していた。余談になるが、イエス・キリストの生誕を予告したというあの「ベツレヘムの星」は、木星と土星のグレートコンジャンクションであったとケプラーは推測し、二〇世紀の心理学者ユングもまた、ケプラーのこの説を支持して独自の歴史心理学を展開している。[16]

大学でこの大会合の三角形理論を講じていたケプラーの頭に一種の霊感が降りた。正三角形はいくつもずれて折り重なると円に内接する。ならばほかの正多角形もそうなるはず。そしてこれを立体にしたら？　正多面体に内接する球は存在し、それが美しい構造体を作るとしたら、それこそが偉大な宇宙の設計者たる神の意図ではないのか？

こうしてケプラーの脳裏に、先程引用したような美しい宇宙モデルが導かれたのだ。占星術がいかにこの新しく美しい宇宙モデルの構想に重要な役割を果たしたかが理解できるだろう。

だが、このモデルは厳密な観測事実を重んじるケプラーにとっては十分には機能しなかった。そこでケプラーはさらに研究を進めてゆく。

一六〇九年、ケプラーは自身が助手ないし共同研究者として働いたデンマークのティコ・ブラーエによる、当時もっとも正確だった観測データに基づき『新天文学』を発表、そのなかで世にいうケプラーの法則の第一と第二を示す。ついで一六一九年に生涯の集大成『宇宙の調和』を発表する。

16　マギー・ハイド『ユングと占星術』鏡リュウジ訳、青土社、新版二〇一三年参照のことそして、この書のなかには惑星が奏でる音楽が、音符のかたちで書き写されているのである。
『宇宙の調和』は多くの点で画期的である。地球中心を早々に捨てて太陽中心モデルとし、さらにギリシャ以来絶対の真実だと考えられてきた惑星軌道は正円であるというモデルからも脱却し、楕円軌道を打ち出した。その軌道上の速度の法則を定式化したのもこの書である。それでもなお、ケプラーの夢のなかに響いていた、惑星の美しい数学的ハルモニアの音楽は止むことはなく、熟考に熟考を重ねてケプラーはある結論にたどり着く。

調和しているのは惑星の軌道の大きさといった単純なものではなく、惑星がもっとも太陽に接近するとき（近日点）と離れるとき（遠日点）での、速度の比なのだ、と。

数学にも音楽にもそれこそ「音痴」の僕がこの大著を要約しても誤りだらけになるのは目に見えているので、ここは『宇宙の調和』の原典訳をなされた岸本良彦氏の解説から、そのまま借用させていただきたい。

「ケプラーの中心課題は音程を構成する調和比である。彼は協和音程の起源を正多角形の内接による円の等分に求める。つまり調和比は幾何学に由来する」

ここまでは繰り返し、僕も説明したことである。ピュタゴラス＝プラトン主義ケプラーの立場はここから一歩も揺らがない。

「最も単純な等分は直径によって等分した半円と全体の比1：2で、これが1オクターブ（8度）である。この円弧の2等分を続けると2オクターブ、3オクターブとなる」

ここまではほぼ自明のことだろう。面白いのは次である。

「その他の協和音程はその比を$m:n(m<n)$で表したとき、nが定規とコンパスで作図可能な正多角形の総変数で、mとnがたがいに素であり、mが作図不可能な正多角形の辺数でない場合である」


幾何はまったくの抽象の中での思考を可能にするものであるが、ここでは「定規とコンパスで作図可能」な図形が優位、ないし有意とみなされているのが実に興味深い。これは感覚的に容易に把握できる図形こそより美しいものであり、宇宙的な意味をもつという実際家としてのケプラーの姿勢を反映しているようだ。ケプラーは宇宙の彼方を夢見ているようでいて、人間の肉体的な感覚ともしっかりと結びついていたのである。

「これを弦の分割に適用し、8度の他に完全な協和音程として正3角形と正方形に由来する5度2:3、4度3:4、不完全な音程として正五角形に由来する長6度5:8、正6角形に由来する短3度5:6を取り出す。それに続いて、これらの協和音程の差となる比や、さらにこうして出てきた比の差となる比をもつ音程をあげる」


複雑な話であるが、惑星の運行が生み出す比が弦の分割として理解され、そこに天球の音楽を聞き取るわけだ。ただし、それは先程も書いたように、単純な軌道の大きさという話ではない。

「こういう協和音程ないし調和比が、各惑星の遠日点と近日点における運動の比や、隣接する

2惑星の一方が遠日点、他方が近日点にあるときの運動の比に見出されることを論証する」ことになるのだ。

こうして書き出される（ないし宇宙から直接写し取られる）音符の例は、上記のようなものだ。もし音楽の素養がおありになれば、ケプラーが音符に書きとった音楽を楽器で奏でてみるのも面白いかもしれない。

ケプラーが音符に書き取った音楽

このケプラーの考えは、実践上の占星術の理論に大きな影響を与えている。

それは「アスペクト」の理論だ。アスペクトとは占星術ではよく「座相」と訳される。ホロスコープの上での特定の角度関係のことだ。もともとアスペクトとは「視る」という意味であり、天体同士がどのように「視線」を送りあっているかを示す。プトレマイオスのアスペクトと呼ばれるものは伝統的に五種類ある。それは〇度、一八〇度、一二〇度、九〇度、六〇度の五種であった。

ただしギリシャ時代には、アスペクトは星座から星座へと数えられていた。牡羊座と天秤座のように、ホロスコープの上で一八〇度向かい合う星座にそれぞれ天体が入った場合、それら

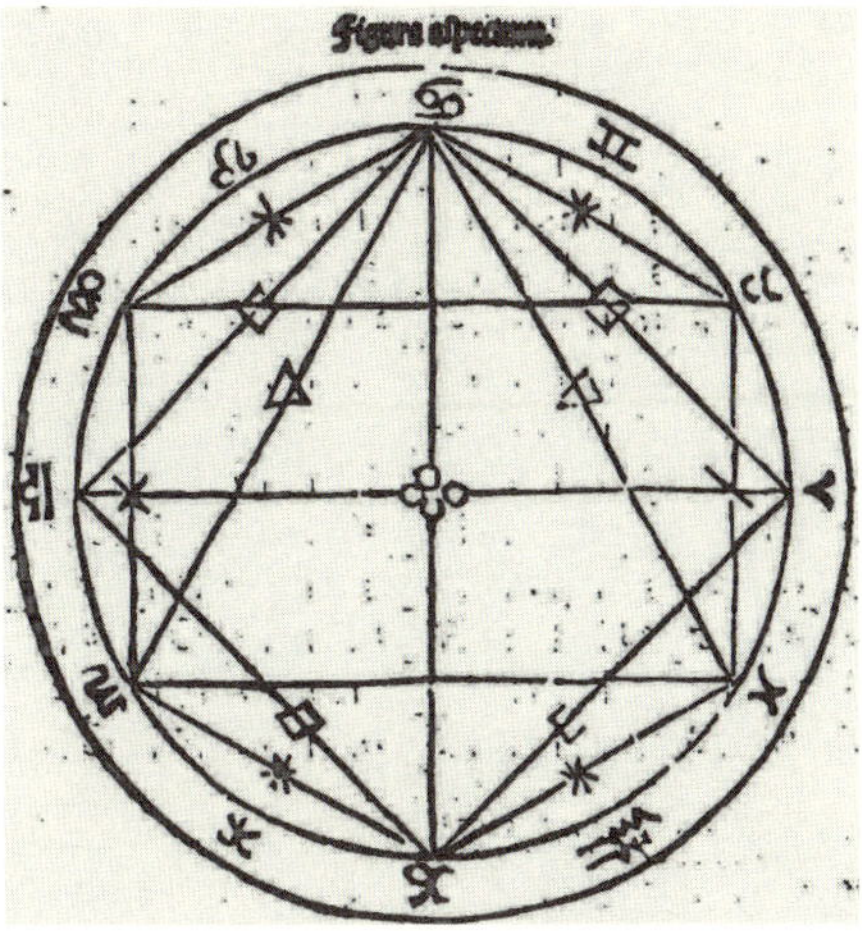

アスペクトを図示した古星図。
ケプラー以前ではホロスコープの内角０度、６０度、１２０度、９０度、１８０度が意味ある角度だと考えられた。

は「一八〇度」（オポジション）であるとみなされる。つまりアスペクトは星座を単位としていたのだ。

しかし、ケプラーは比による調和（ハルモニア）をアスペクト理論に導入する。すると、たとえば、二：三の比（五度の和音）をなす、内角七二度の角度も意味あるアスペクトと考えるようになる。これは現在クィンタイルと呼ばれている。このように、アスペクトが星座から独立した、比例理論として発展してゆき、二〇世紀に入って英国の占星術家ジョン・アディによる「ハーモニクス」占星術という技法へと展開していった。

このようにいうとケプラーが実に前衛的な占星術を実践していたようにも思われるが、実際には案外そうではない。ホロスコープを読むときには、実は伝統的な技法を用いている。それはごくオーソドクスな占星術であったといってよさそうだ。

だが、「占星術家」としてのケプラーの解明となるとまだまだの状態である。

ケプラーが残したホロスコープは多数あるが、それらは未分析のままなのである。それらは現在、「ケプラープロジェクト」として発掘と解読が進められている。これまで科学史家の側からは、占星術の実践には浅い関心しかもたれないことが通例であったが、このプロジェクトは占星術の実践家も加わって進められており、ケプラーの占星術実践に光が当てられようとしている。

天文学者としてのケプラーだけではなく、占星術家としてのケプラーの全貌が明らかになるのも、そう遠い将来のことではなさそうだ。

天球の音楽を奏で歌った哲学者

ケプラーが天球の音楽の基盤となる数学的な理念と、観測可能な現実の天体の運行の法則を一致させようとした理論家であるとするなら、実際にその天球の音楽を人間的な、実際に人間の耳に聴こえる音楽として再現し、宇宙との交感を果たそうとした「実践者」もいた。

一五世紀ルネサンスの哲学者マルシリオ・フィチーノがその筆頭である。

フィチーノについては、本書の読者の方はすでに「占星術と美術」の章で出会っているはずだが、ここでもう一度ご紹介しよう。なんといってもフィチーノは、ルネサンス時代の中で古代の魔法や占星術をきわめて洗練されたかたちで復興させた。秘教史上、最重要人物の一人なのである。

マルシリオ・フィチーノ（一四三三－一四九九年）はフィレンツェで活躍した哲学者にして占星術家、司祭でありそして魔術師、さらに音楽家でもあった。

思想史上、フィチーノが残した最大の業績は、なんといってもプラトンをギリシャ語からラテン語に翻訳し、西ヨーロッパにプラトン主義を再興したことだろう。さらにフィチーノは、ヘルメス文書と呼ばれるヘレニズム期の秘教的な書物を翻訳して紹介する。その中には占星術や魔術的な要素が多分に含まれており、ルネサンスという華々しい時代の文化のなかに、今でいう「オカルト」的なものが堂々と流れ込む素地を作ったのである。

フィチーノのこうした人文的仕事を初期の頃から経済的な面で大きく支えたのは、コジモ・デ・メディチである。

この偉大なパトロンは、ドナテッロ、フィリッポ・リッピ、フラ・アンジェリコといった多くの芸術家たちをパトロネージュしていることでも知られる。フィチーノにもフィレンツェ郊外カレッジに邸宅を与え、そこを学芸のセンターとした。フィチーノたちは、この邸宅を「プラトンアカデミー」と呼んだ。すでに述べたように『ヴィーナスの誕生』で名高いかのボッティチェリもそのサークルのメンバーだったという。奇しくも「宇宙」（コジモ）という名を持つこのパトロン自身、占星術にも深い関心をもっていた。

フィチーノはルネサンスにおいて「魔術」を復興させることになったのだが、その「魔術」を発動させる基本原理は宇宙に充満するとされた「スピリット」（精気）であった。

宇宙には半ば物質、半ば抽象であるような媒介が存在しており、これが天体によって動かされている。これは生命力でもあり、スピリットである。スピリットはもともと息という意味もあった。同様にラテン語の「魂」であるアニマが本来、息であることを思い起こされたい。人間にもスピリットがあるが、それは宇宙のスピリットと浸透し合っている。

フィチーノのスピリット論が展開されているのは『三重の生について *De Triplici Vita*』である。これは文字通りいかにして長寿を得るかという、一種の健康法の書でもある。三巻からなるこの本の最終巻は「天界によって導かれる生について」と題されており、宇宙の動きといかにして調和的に生きることができるか、そしてそのことによって魂と肉体の健康を維持することができるか、ということが書かれているのだ。フィチーノによれば、第一章で見たように、人が心身の健康を保つためには天界からの影響力をよく調整し、バランスのとれた生活を送らなければならない。そのためには惑星からの影響力を調節する必要がある。

とりわけ哲学者や思想家にとっては、地球から遠く暗い「凶星」である土星の過剰な影響を緩和することが重要であった。哲学者の資質はメランコリー（黒胆汁質）であるが、この性質は土星に強められる。適度な土星は人を熟考に向かわせるが、これが過剰になると人は鬱となり心身を弱めてしまう。それゆえ過度な土星の感化力を太陽や木星といった明るい天体のスピリットに引き寄せることが必要だとされた。

そのためにさまざまな方法があるわけだが、とくに興味深いのは中世の魔術に由来する護符や図像が推奨されている点である。異端すれすれのこの護符魔術については、フィチーノがどこまで実践したのかは議論の分かれるところであるが、フィチーノはこのような「占星魔術」の存在も重視しており、それがルネサンスの芸術家に大きな影響を与えたのではないか、というのが二〇世紀後半におけるヴァールブルク学派の美術史家たちのテーゼとなった。ボッティチェリの『春（ラ・プリマヴェーラ）』が巨大な金星の護符ではないかと指摘する、すでに見たフランセス・イエイツの説はその代表的な例である。

そして、このような惑星のスピリットと共鳴するメソッドとして、フィチーノが護符とともにきわめて重視していたのが、音楽なのである。

そもそも護符の効力を説明するためにフィチーノは音楽の力を引き合いに出している。音楽の効果はフィチーノの同時代の人々にとって——そしておそらく現代の僕たちにとっても——自明のものだったのだろう（テレビ番組でもしばしば「音楽に力づけられた」「音楽の力」といった表現が見られるではないか）。

楽音には、その律動と調和のとれた比例により、精気、霊魂、肉体を力づけ、動かし、左右する驚くべき力があることをご存じだろう。だが、こうした調和のとれた比例は——律動から成っているのだが――いわば点と線から成りながらも動いている図形のようなものである。同様に天の形象はその動きによって機能する。というのも、天の形象は万物に浸透する調和のとれた光と運動により、間断なく精気に密かに影響を及ぼすからだ――あたかも音楽が公然と、最も力強く作用するのと同じように。[17]

ケプラーが苦心して実際の天体軌道を音楽的に理解しようとしたように、宇宙の調和は音楽となって響き渡っている。それは美しい「調和のとれた光と運動」たる「天の形象」である。そして、私たち人間は内なる魂を調和（ハルモニア）させることで天の調和を模倣し、平穏と癒しを得ることができるはずだ。そこでは天界の和音（ハルモニア）を写し取ったような音楽が大きな効果を発揮しないはずはないのである。あるいは、音楽そのものが精気であると解釈することも可能だとされた。

「この種の音楽的精気は、肉体と霊魂の媒体たる精気に現に接触し、作用を及ぼす。その結果、両者〔肉体と霊魂〕は、音楽的精気そのものの性向にひたすら一致しようとするようになる。「天界は精気であり、その運動と音調により万物を統御」しており、「生命をもち歌っている精気には驚くべき力がある」ことになるのだ。[18]

17　D・P・ウォーカー『ルネサンスの魔術思想』田口清一訳、平凡社、一九九三年
18　ウォーカー前掲書

フィチーノによる占星術的音楽魔術は、こうした信念に基づいている。

フィチーノ研究の第一人者の一人、アンジェラ・ヴォスによれば「フィチーノがこのような魔術の効果を信じていたことはほとんど疑いない。さらにフィチーノは〝星の法則〟(stellarum norma)に従って作曲する特定の方法をも指南している。惑星配置を模倣、ないし、想像力によって天界に対応する歌い手の曲は、演奏者にも聴衆にも強力に作用するのである」[19]

では、実際にどのような曲がこの天界の音楽の写しとしての器楽の音楽(ムジカ・インストゥルメンタル)となり、人間の心の音楽(ムジカ・フマーナ)と共鳴するのだろう。

フィチーノはどのような天体にどのような音楽が対応するのかを判断するのは難しいと認めつつも、その対応関係を探り当てることは「人間の側の努力と神からの恩寵」によって可能であるとしている。[20] また惑星のスピリットを模倣する音楽を作曲するための規則として、次の三つを上げているという。少し長くなるが興味深いので、ルネサンス魔術研究の古典であるウォーカーの著作から引用させていただこう。

一:個々の星には本来いかなる力と効果が、またいかなる星位と星相があるのか、そして

19 Angela Voss, *ORPHEUS REDIVIVUS: The Musical Magic of Marsilio Ficino*, in Ed.by M.J.B. Allen and V. Rees, with M. Davies, *Marsilio Ficino:His Theology, His Philosophy*, His Legacy Brill, 2002.

20 Ibid.

これらは何を除去し、何を生み出すか見出しなさい。次に除去されるものを拒否し、産出されるものを是認するように、これらを歌詞の意味の中に取り入れなさい。
二：どの星が主としてどの場所と人間を支配しているか考えなさい。次に、その地域や人間が一般にいかなる音調《トニス》〔旋法〕や歌を用いるかを観察しなさい。そうすれば、一で述べた歌詞の意味とともに、同様の音調や歌を、当の星に捧げたい言葉の中に応用できる。
三：星辰の日々の星位と星相に注目しなければならない。それから、おのおのの相の下で、たいていの人が普通いかなる言葉、歌、姿勢、踊り、品行、活動に訴えるように駆り立てられるかを調査しなさい。そうすれば、歌の中にこれを模倣するべく策を尽くすことができ、その歌は天界の同様の性向と一致し、天界からの同様の性質の流入を受けることができる。[21]

ここで言われている内容は、ごく基本的な占星術の学習法だといえる。

一で言われていることは、惑星や星座そのものの基本的な象意を学習することであり、二ではその惑星が具体的にはどんなタイプの人間や、どのような風土をもつ土地と照応するかを学べ、ということであり、さらに三においては実際の星の動きと地上での人間活動を見比べるこ

21 ウォーカー前掲書

とで、自分自身の占星術的解釈力を上げ、自分なりの星のイメージの生き生きとした体感を育め、ということだ。

たとえば、金星が強い配置にきたときに、周囲の人がどのようなムードに包まれ、どのような行動をするかを経験則的に知っていけば、金星が強調されているホロスコープの解釈はより生き生きとしたものになる。そしてそのイメージをもとに、そのような惑星の力と親和性のある曲調や歌詞を作っていけばいい、というのである。これは二一世紀の占星術スクールにおける、占星術学習法としてもまったく有効であろう。

フィチーノは、具体的にどの惑星にどのような音楽が配当されるかも指示している。

土星、火星、月にはそれぞれの「声」があるだけで音楽はないそうだが、残る惑星の音楽の形容を拾い出すと、

木星：荘重にして真摯、甘く楽しいとともに安定した音楽。

金星：情感豊かで穏やかであるとともに、官能的な音楽。

太陽（アポロ）：優雅で快い響きであるとともに、神々しく、純粋〔簡素〕で真摯な音楽。

水星：（アポロと比べると）陽気さのためにいくぶん真摯さに欠けるが、力強く多彩な音

楽。[22]

つまるところ、惑星の神々のイメージとよく合致した曲が選定されているわけで、その点は、ホルストの組曲「惑星」のコンセプトをフィチーノが先取りしていたと言える。もっとも、ホルスト自身が「魔術的」効果を狙って作曲したとは言えないだろうが、しかし、もし我々がホルストの「ジュピター」を聞いて心動かされ、心身に変化を起こすのなら、それは現代版のフィチーノ的占星－音楽魔術を体験しているということになろう。

ただ、ここで気になるのはフィチーノがどの程度、こうした音楽魔術を実際に用いていたか、ということである。

このような魔術は神霊たちを動かす異端的な魔術ではないと主張しても、当時のキリスト教世界においては危険水域すれすれであったことは間違いない。

フィチーノは護符魔術をその著作で推奨しているものの、実際に護符を作成したという記録は残っていないようである。実践はしなかったか、あるいは、少なくとも公然とは行っていなかったということだろう。

とはいえ護符に比べると、音楽の魔法はもっと健全なものだと受け取られていたようであり、

22　ウォーカー前掲書

フィチーノの音楽的才能が多くの人の心を動かしていたということは、パトロンや友人たちも公然と認めている。

フィチーノの友人たちは、動植物はおろか、石のような無生物までその音楽の魔法で動かしたというギリシャの神話的楽人オルフェウスとフィチーノを重ね合わせていた。詩人ナルド・ナルディにいたっては、フィチーノはオルフェウスの魂の生まれ変わりそのものであるとさえ囁いていた。いや、それどころか、フィチーノのリラ（竪琴）と音楽は、陰鬱な気分をなぎ払い、人々の魂を向上させ、そしてプラトンの精神をこの世界に呼び戻すことができたのであるから、自分の妻を冥界から呼び戻すのに失敗したオルフェウスをフィチーノは凌駕している、とさえ誉めそやしているのである。[23]

オルフェウスはルネサンスにおいて音楽と詩才の最高のモデルとされており、オルフェウスに帰される古代の神々への讃歌をフィチーノは密かに翻訳していた（翻訳を出版しなかったのは、異教神への信仰を持っているのではないかという疑いをもたれることを避けるためだった）。

想像してみよう。フィレンツェの郊外、カレッジにおいて当時の文人たちが星の美しい夜に集う。

23　Voss, Ibid.

正確に星の動きが計算され、東の地平線に金星や木星が昇る時を見計らって、リラが演奏され、フィチーノが翻訳した古代のオルフェウスの讃歌が詠唱される。

聞け、黄金のタイタン、その眼で世界をくまなく見透かし、全天を照らすものよ。
自ら生まれ、光に包まれ疲れを知らぬもの、喜びを映し出すものよ。
季節の主、炎の車を駆り、突進する遠き所より光を放射するものよ。
御身の右手には朝日、左手には夜の父が宿りたもう。
敏捷にして活力に満ちる畏むべき太陽、御身が走るところ天に炎と輝きが充つ。
邪なるものには敵、良き人には導き手となるものよ……[24]

それは美しい儀式であり、その荘厳で高揚した雰囲気(スピリット)の中で、哲学と神学についての議論がワイン片手に交わされていた——なんという豊穣な世界であろうか。
この世知辛い時代の中で少し真似してみたいという気持ちにもなるかもしれない。ここで引用させていただいているフィチーノ

24　トマス・テイラーによるオルフェウス讃歌の英訳より筆者が訳出

The Marini Consort, *Secret of the Heavens*
フィチーノ風音楽の CD。

研究の泰斗アンジェラ・ヴォス博士はご自身、音楽家でもあるが（ついでにいうと占星術の実践者でもある）、このフィチーノの音楽魔術に基づいたCDに解説を寄せておられる。

フィチーノが使っていたであろう、オルフェウスに帰される惑星の神々への讃歌を英語に訳し、古楽を使って再現しているのである。もし、このような雰囲気を味わいたいと思われるなら、このCDを入手されてもいいいかもしれない。

星を見上げたとき、そこには霊妙なる音楽が響いている。ホロスコープは運命の青写真であると同時に、壮大な音符でもあったのである。

第五章

占星術と医術

星の薬草の治療効果

自由七科目から占星医術へ

現在の大学教育において医学部はもっとも難関であるといえるが、かつて西洋の学問を支える七本の柱であった「自由七科目」には、医学は入っていない。七科目の自由人の学問（リベラルアーツ）は、学問の基礎をなすものであり、実際的な技術ではなかったから、これは当然のことだ。

だが、医術を真に志すものは、その七つの学問すべてを修めるべきである、と中世の神学者セビリアのイシドールスは述べる。なぜなら、「自由学芸は個々別々の基本的学説だけを含んでいるが、しかし医学は全体的なものを含むもの」[1]だからである。結果、医師は文法、修辞学、弁証法、音楽、算術、幾何、そしてついには天文を修めることになる。

最後に医師は天文学の知識をもっていなければならない。それによって天界の構造と時間

1　H・シッパーゲス『中世の医学』大橋博司／濱中淑彦訳、人文書院、一九八八年

の進行を研究しうるようになるためにである。医師のうちのある者は、われわれの肉体の構造が星の位置に対応して変化するのだとさえ主張しているほどなのである。[2]

ここでいう天文学というのはAstronomiaであり、当時は当然、占星術と天文学はまだ分かれていなかったことを思い出そう。

このことはチョーサーの『カンタベリー物語』を見てもはっきりとみてとれる。この作品は巡礼の人々のよもやま噺のかたちをとって語られるもので、当時のさまざまな階層の人々の暮らしぶりや考え方を生き生きと伝えている。

その「総序の歌」に医師が登場する。彼はとても優れた医師であったようだ。「わたしたち一行の中に一人の医学博士がおりました。世界中で医学と外科のことでは彼の右に出る人は[3]」いないのであった。

この医者は「正真正銘の完全な開業医」であって、「いったん原因がわかり、病気の根本が知れると、すぐにも病人にその薬剤を与え」た。「彼はちゃんと薬剤師にいろんな薬や練り薬を送ってくれるように手配」したのである。「というのも、二人はお互いがお互いを儲けさせ

2　前掲書

3　チョーサー『完訳カンタベリー物語　上』桝井迪夫訳、岩波文庫、一九九五年。『カンタベリー物語』の引用はすべてこの書による。

ようとしていたから」で、「彼らの友情は昨日今日に始まったものではありませんでした」。古代ギリシャの時代からずっと続いていて、しかもこの医師は「医学では金は強壮飲料となるからというわけか、ことのほか金を愛して」いる一方で、聖書の研究といえばお粗末至極のものだった、というのだから、チョーサーの風刺的なユーモア精神がここでいかんなく発揮されている。製薬業者と医師の癒着の問題は中世からのものであるのがはっきりわかるし、当時の人々がこの皮肉たっぷりの箇所を読んで腹を抱えていたであろうことを想像すると、人は一〇〇〇年くらいたっても変わらないのだなという気がしてくる。

ただし、人の暮らしぶりは変わることがあまりないとしても、人体観や宇宙観は近代と前近代では大きく変化している。

チョーサーのこの医師像の描き方はコスモロジーの変化をはっきりと伝えている。この医者は「世界中で医学と外科のことでは彼の右に出る人は」いないという。「それというのも彼は占星術によく通じていたから」なのである！　もし現代に「優れた医師がいる、なぜなら彼は占星術に詳しいからだ」などという人がいれば、ちょっと耳を疑うのが普通だろう。逆に「あの先生は医者なのにもかかわらず、占いにはまっていてちょっと変わっている」というようなことになるはずだ。

しかし、実はこれは西洋近代とそれ以前の世界観の大きな断絶を意味するものにほかならない。漢方をはじめとする伝統医療では、太陽や月、星のめぐりを人体と結びつけて考えることは特に変わったことではなく、その意味で「全体論的」(ホリスティック)医療であったといえる。

全体論的というのは、人体を取替可能なパーツの寄せ集めであるとは考えず、全体をシステムとして捉える思考法であり、かつ、人体と環境や宇宙そのものもひとつの「系」とみなす世界観であるということができる。中国では、陰陽五行論がその中核をなしてきたし、その宇宙観は東洋医学の中ではまだ生きている。漢方薬局などにいくと、木火土金水の五行の循環図がポスターやパンフレットなどに図示されているのをよく目にするが、まさにこれは東洋医学が人体と宇宙的原理（と考えられたもの）の共感関係によって成立していることをよく示している。

チョーサーの作品では、東洋の五行に相当する参照枠が古代ギリシャの四つの属性論、体液論であることが示されている。

『カンタベリー物語』からの引用を続けよう。


彼は星占いによい時をみはからって、いわゆる自然魔術の占星術によって患者を注意深く観察し、処方しました。

病気という病気の原因でも、温、寒、湿、乾の体液のいずれであれ、よく知っており、どんなところに病気が生まれ、どんな体液からそれが生じたかを知っていたのです。

この短い文の中に、西洋の伝統医学、それもガレノスに由来する伝統医学の基本が表れている。細かい説明なくこの体液の話が出てくるところをみると、当時の人々にとってはこれが「常識」であったのだ。

体液は英語ではhumorという。これは今の「ユーモア」と同じであり、he has a good humorといえば、「彼は気がいいやつだ」くらいの意味であろうが、これを直訳すると「彼はいい体液をしている」ということになる。

紀元前五世紀の医聖ヒポクラテスに帰される文書にはすでにこのように書かれている。「人間の身体は血液、粘液、黄胆汁、それに黒胆汁をもっている。これらが身体の本性を作り出している。また、人はこれらによって病気になったり、健康を満喫したりするのだ。もっとも健康を満喫できるのは、これらが互いに適切な比率で混じり合い、結合状態、性質、それに量の点でうまくいっており、完璧に混じり合っている場合だ[4]」。これがバランスを崩すと病気になると考えられたのである。

この四つの体液は、火地風水の四大と対応し、それはもとはといえばチョーサーが述べているように熱（温）、冷（寒）、湿、乾の四つの要素の組み合わせからなるというのである。

4　原典ヒポクラテス『ヒポクラテスの西洋医学序説』常石敬一訳・解説、小学館、一九九六年しかもこの四体液は単に身体の健康状態を示すだけではなく、容貌や行動パターンとも深く関係するとされていた。

この四体液論を総合、理論化したのはペルガモンのガレノス（一二九－二一六年）であったとされる。

四元素と混合の理論を発展させ、熱・冷・乾・湿という二組四種類の性質を、病気の成り立ちと関連づけたのが、ガレノスの生理学の主著『自然の機能について』である。身体に含まれる四種類の体液は、二組四種類の性質の組合わせからなる。血液は熱と湿の組合わせ、黄胆汁は熱と乾の組合わせ、粘液は冷と湿の組合わせ、黒胆汁は冷と乾の組合せである。[5]

ガレノスはその後、圧倒的な影響力を西洋の医学の伝統において発揮し、人体観の形成を大きく決定づけることになった。そして、それは占星術とも結びついてゆく。

冷暖房が普及していない時代においては今よりもはるかに季節の変化と健康状態の結びつきは強く実感されたであろうから、季節の変化を生み出す天体の影響力は無視できないものであった。熱、冷、乾、湿といった重要な属性も、おそらくは季節の変化をベースに帰納された

5　坂井建夫『人体観の歴史』岩波書店、二〇〇八年

ものであったことは容易に想像がつく。天体の学問である占星術がそこで関係しないほうが不思議である。

この四つの属性は、季節や人間の年代と対応するようになり、さらに、惑星とも繋がりが想定されるようになった。

この四体液は単に身体の健康状態を示すだけではなく、容貌や行動パターンとも深く関係するとされていた。さらにキリスト教的世界観のもとにおいては、四つの体液が完全にバランスのとれた状態は、エデン追放以前、つまり原罪以前の人間の状態であるともされた。病はエレメントのバランスの崩れた世界への追放を意味する。これを敷衍すれば病からの治癒は一種の救済でもあるのである。

四つの体液は何をもたらすのだろう。日本では「血の気が多い」というと攻撃的で喧嘩っ早いことを意味するが、これは西洋の体液論に当てはめると「黄胆汁質」にあたる。これは熱にして乾の黄胆汁が優勢な人の特徴である。一方、「多血質」は、陽気で楽しく、明るい人となる。粘液質の人は、どこか緩慢でけだるそうな雰囲気をたたえている。黒胆汁質は「占星術と美術」の章でも触れたが、塞ぎがちで暗い人であり、ときに差別される対象となった人とさえ結びつけられた。が、ルネサンス時代には、メランコリー(黒胆汁質)は、哲学者の性質と考えられるようになってゆく(本書第三章参照)。

熱、冷、乾、湿の四つの性質は、二世紀のプトレマイオスの時代にはすでに占星術の惑星と

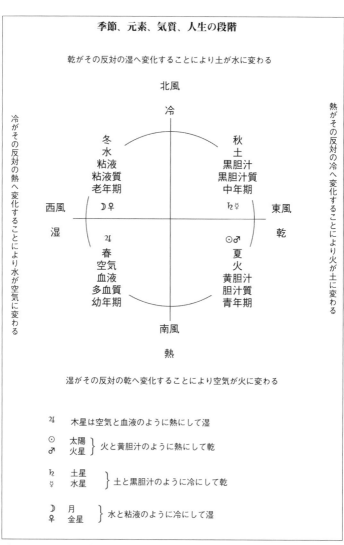

季節、元素、気質、人生の段階

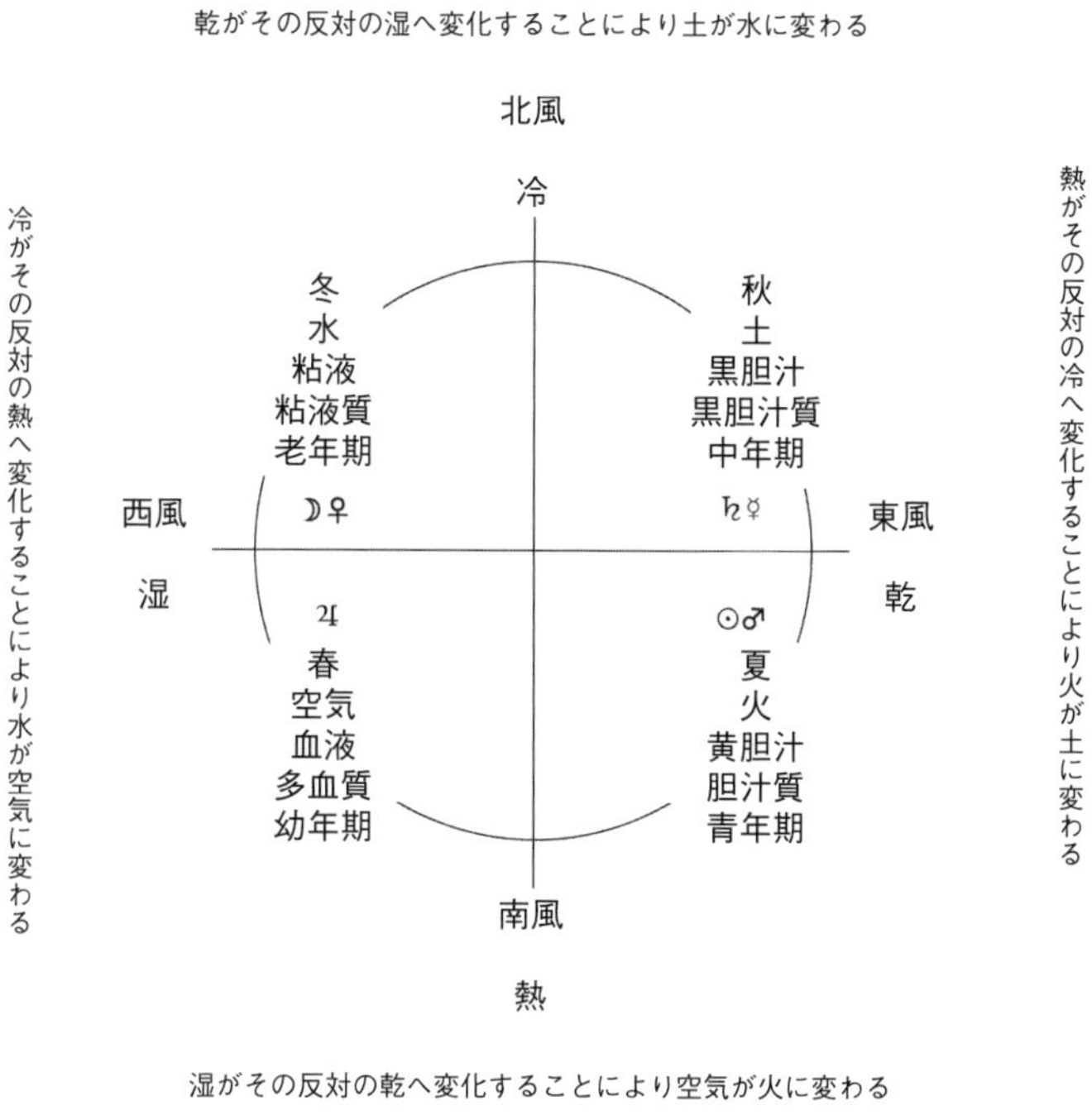

♃　木星は空気と血液のように熱にして湿

☉　太陽
♂　火星　} 火と黄胆汁のように熱にして乾

♄　土星
☿　水星　} 土と黒胆汁のように冷にして乾

☽　月
♀　金星　} 水と粘液のように冷にして湿

グレアム・トービン『占星医術とハーブ学の世界』鏡リュウジ監訳、原書房より紐付けられていたから、四つの体液とも結び付けられるようになる。

これらのことを表でまとめると、このようになる。

太陽や月、惑星が人体の体液と強く結びつき、そのサイクルが人体の状態と対応することになるのだ。

このような考え方はチョーサーの中世は無論のこと、じつに一七世紀にいたるまで生き残ることになる。

一七世紀半ばは伝統的な世界・人体観と近代的な世界・人体観のシフトの時期に当たる。象徴的な出来事といえば一六二八年にウイリアム・ハーベーが血液循環説を唱え、心臓が魂の座ではなく、一種の機械のようなポンプであると看破したことである。

近代的な医学がここからスタートするわけであるが、この時代にはまだ伝統的な医学も力を持っており、むしろそうした伝統的な医学が大衆へと下りてくる時代でもあった。英国においては一七世紀半ばといえば、議会派と王統派の対立が激化し、ついには国王チャールズ一世が処刑されるという政治的な激動に揺らいだ時代だった。同時に科学や文化面では、伝統的な世界観から真の意味で近代的な世界観への移行期にあたるという意味でも、歴史上の大きな転換点であった。

ニコラス・カルペパーの戦い

占星術と医術の関連でとくに重要なのは、ニコラス・カルペパーである。カルペパーの中には、伝統的な占星医術の最後の大きな輝きを見ることができるのである。幸い、カルペパーについては、現在、カルペパー研究の第一人者と目されるグレアム・トービンの『占星医術とハーブ学の世界』[1]の翻訳に関わらせていただいたので、以下、それを参照しながらご紹介していきたい。

カルペパーは医師ではなかったが、薬剤師であり、知識層にのみ読むことができるラテン語ではなく英語で、医学や占星術に関しての翻訳、著述、そして治療実践を行った。当時、医師のみが独占していた調剤書を勝手に英訳し(『医療指針集すなわちロンドン薬局方の英語版 *Aphysical Directory or a Translation of the London Dispensatory*』)、医師たちの激怒をかいながらも成功をおさめる。また初めての英語での薬草百科である『英国の医療 *The English*

1 グレアム・トービン『占星医術とハーブ学の世界』鏡リュウジ監訳、原書房、二〇一四年

Physician』（現在は『カルペパーのコンプリートハーバル　*Culpepers' Complete Herbal*』という題名で出版されている）の著者でもあった。

カルペパーの人生をざっと振り返ってみよう。

ニコラス・カルペパーは一六一六年一〇月一八日正午過ぎ、おそらくサリー州オクリーに生まれ、五四年に三八歳の短く濃い人生を終えた。

聖職者の家系に生まれるものの、父親はニコラスの誕生直前に他界。母方の祖父である、やはり聖職者のウィリアム・アタソルの強い影響下で幼年期から少年期を過ごす。この祖父はケンブリッジ大学で二つの学位を取得した学者であり、孫の将来には大いに期待していたようで、幼いニコラスにラテン語、ギリシャ語の教育を施した上で、一六歳のニコラスをケンブリッジ大学へ送り込んだ。自分と同じような聖職者になることを望んでのことであった。

しかし、一〇歳のころからニコラスはすでに占星術や薬草学への興味を抱いていたようで、神学への関心は第一義的なものではなかったのではないかと思われる。

結論からいえばニコラスは一年もしないうちにケンブリッジ大学を離れることになる。最大のきっかけはロマンスであった。

ニコラスはある女性と恋に落ち、駆け落ちをはかることになったのだ。しかし、待ち合わせ場所に向かう途中、その女性は雷に打たれて命を落としてしまう。ニコラスはすっかり憔悴し学問への意欲を失った上、この事件に立腹した祖父から学費の援助も打ち切られ、ロンドンの薬局（アポカセリー）へ奉公させられることになった。これが彼の人生を決定づけることになる。一六四〇年頃にはロンドンのスピタルフィールドのレッドライオンスクエアで自ら開業。多くの患者を集めるようになったのであった。

しかし、カルペパーの名声を確たるものにしたのはその医療の実践ばかりではなく、一六四九年に出した『ロンドン薬局方』の英訳であった。これは英国の医師会が作成していた処方箋集である。この書は、当時の医学書の常としてもともとはラテン語で書かれていた。医師会はラテン語を用いることで自分たちの知識を独占していたわけであるが、カルペパーが許可もなくこの処方箋を英語にしてしまったがゆえに激怒、カルペパーを強く糾弾する。

しかし、カルペパーはひるむことなく反論、五二年には『英国の医療』を出版。同じく、この本はより多くの人が読むことができる英語で書かれたのであった。そしてこれら二つの書は三百数十年もの間、かたちを変えつつも一度も市場から姿を消すことなく今日に伝わっている（日本語でも翻訳が出ている）。

宗教的には敬虔なピューリタンであり、政治的な立場としては議会派であったカルペパーは、つねに貧しい人、庶民の側に立とうとしていた。貧しい人には安い費用で治療にあたり、一日に何十人もの患者を診療したという。

『英国の医療』は英語で書かれた上に、構成も読みやすく、見出しがきちんと出来ていた。価格をなるべく下げるようにと原書では挿絵もなく、またボリュームを減らすべく誰もが知っている植物については叙述を省くなど徹底して低コスト化をはかり、三〇シリングという安価な値段で売られることになったという。

ここには自らの政治的信念に基づき、内乱時には戦地の最前線に赴いたカルペパーの情熱を見ることができる。自分の信念に忠実であったカルペパーは志願して兵士となるが、戦場で弾を受け、傷を負い、これがカルペパーの早い死の一因になったとも考えられている（カルペパーの出生ホロスコープは彼が胆汁‐憂鬱質であることを示す）。

カルペパーを理解するためには、一七世紀中葉の英国における医療事情を知ることが不可欠である。先に述べたように近代的医学、人体観の誕生はウィリアム・ハーベーによる「血液循環論」が重要な契機だとみなすことができる。ここから心臓をポンプとみなし、機械論的な人体観への歩みが始まるわけだが、この説の出版は一六二八年。この説はすぐには受け入れられることはなかったのだが、少なくとも近代科学がはっきりした輪郭を示し始めた時代だとはいえるだろう。医学そのものが、大きく変容しつつある時代だったのである。

医学の内実も過渡期にあったが、同時に制度の上でも医療は過渡期にあった。法の上ではロンドンとその周囲においてはオックスフォード、ケンブリッジ大学の学位をもつか、あるいは王立医師会から免許を与えられた者のみに、それ以外の地方では学位があるか司教から免許を与えられた人々に開業の許可が与えられていた（一七世紀の大占星術家ウイリアム・リリーも一六七〇年に、免状を得ている）。

しかしそうした知的エリートだけでは、大衆のニーズに応えることはまったくできない。計算上、ロンドンでは「公的」医師一人が五千人もの人々をカバーしなければならない状況だったのである。[2]

一五二四年には、民間治療者も代金さえとらなければ治療にあたってよいという法律がすでに制定されているが（偽医師法と悪名高かったという）、その背景には公的な医師がまったく不足している事情もあったのであろう。今日に繋がるように大学出の医師たちが専門職として制度化されていく一方で、「医師」よりはるかに多くの民間治療者たち――薬剤師や産婆や呪術師たち――が人々の治療に当たっていたわけである。彼ら民間治療者が相手にしたのは、多くは貧しい人々であったであろう。

カルペパーの『英国の医療』は薬草の事典である。アルファベット順に三〇〇種類を超えるハーブの性質や効能が解説されている。まずは外見を含めてのそのハーブの特徴（挿絵がないのでこれは重要であった）、またそのハーブの分布（湿気ているところに生えるか、乾燥を好むか、など）、さらにそれらの植物の季節が解説される。そしてもっとも重要であるのはその植物の効能である。この効能は Virtue と書かれているが、徳目であるとともに、力という意味である。中世のころからこれは自然魔術的な力を指す言葉でもあった。

2 ピーター・W・G・ライト「医学の『成功』と占星術の『失敗』」高田紀代志訳、ロイ・ウォリス編『排除される知』青土社、一九八六年所収この「効能」のセクションの冒頭には、その植物を支配する惑星、あるいは一部には惑星と星座が示されている。近代人の我々にはこの植物と天体のマッチングは奇異に見えるかもしれない。しかし、これは当時はごく当然のことだっただろう。

今でも寒い時には生姜をとって体を温めることが日常的な知恵として行われる。だが、これは考えてみれば不思議である。生姜自体は熱くはない。しかし、生姜を摂取すると明らかに血流がよくなり、温かく感じられるのである。現在では生姜に含まれるジンゲロールなどの成分が作用するのだとわかっているが、こうした知識がなかった当時、生姜が身体を温める作用はまさに「隠された自然の徳目」（オカルト・ヴァーチュー）だったはずだ。それ自体は熱くないのに体を温めるということは、熱の性質が生姜のなかに隠されている（オカルト）ことの証左であり、その性質は熱い天体である火星に由来すると考えられたのだ。先ほどの四つの体液の性質のバランスを調整しようとするときには、この生姜の火星、熱の効果は大いに役立つと考えられた。

むろん、こうした前提は近代的な人体観、宇宙観からすると間違っている。だから占星術は衰退し、近代的な医学のほうが生き延びたとシンプルに考えやすいが、実際にはそうとは言い切れない。

抗生物質もなく近代的な衛生知識も未成熟であった時代、多くの医師が行っていた主な治療法は瀉血（血を抜く）と下剤処方という荒っぽいものであったわけで、皮肉なことにその治療効果はもしかしたら薬草を用いる占星術のほうに軍配が上がったかもしれない。少なくとも激しい瀉血や下剤の処方より、占星医術の危険はずっと小さかったことだろう。一七世紀における医学の勝利については実際の効果というよりも社会学的な要因のほうが大きいと言えるのではないかという説がある。[3]

実際、ある種の体感としてはハーブは有効であるし、生姜のような例では科学的根拠も出ている。現在のハーブ医療やアロマセラピーはこうした経験知識から生まれてきたものであり、現在では化学的な有効成分の分析も行われている。

ここではわかりやすく効果が実感できるところで、生姜の例を挙げたが、そのほかの植物にも支配天体が配当されている。ローズマリーやカモミールは太陽、ワイルドレタスは月、ラベンダーは水星、ローズは金星、といった具合である（次ページの表参照）。

なぜ、そのような惑星が重要なのか。

カルペパーによる、『英国の医療』の序文を見てみよう。そこにはこのように書かれている。

多くの対立物によって構成されたこの世界（神の創造物）はひとつの統一的な身体であり、また人間がその縮図であることを知っている。人間のうちのさまざまな影響――健康

3　前掲書

よく使われる薬用ハーブの性質と作用

『占星医術とハーブ学の世界』（原書房）より

植物名	支配する惑星
アイブライト	獅子座にある太陽
アグリモニー	蟹座にある木星
アンジェリカ	獅子座にある太陽
ウッドベトニー	牡羊座にある太陽
カモミール	太陽
ガーリック	火星
ゲンチアナ	火星
コルツフット	金星
シナモン	太陽
ジュニパー	太陽
ジンジャー	火星
スィートバイオレット	金星
スティッキングネトル	火星
セージ	木星
センナ	水星
タイム	金星
ダンディライオン	木星
チェストツリー	火星
パセリ	水星
バーベイン	金星
バレリアン	水星
フィーバーフュー	金星
フューミトリー	土星
プランテーン	金星
ヘンベイン	土星
ホップ	火星
ボリジ	獅子座にある木星
ホーリーシスル	牡羊座にある火星
ホワイトウィロウ	月
ホワイトホアハウンド	水星
マグワート	金星
マーシュマロウ	金星
マロウ	金星
ペパーミント	金星
ヤロー	金星
ラヴェンダー	水星
ルー	獅子座にある太陽
レッサーセランディン	獅子座にある太陽
レモンバーム	蟹座にある木星
ローズ	木星、金星
ローズマリー	牡羊座にある太陽
ワイルドレタス	月
ワームウッド	火星

や病気――はこの小さな宇宙のなかのさまざまな作用によるものである。原因を知ることは治療法を知ることであるだろう。したがって、ハーブの作用を知ろうとするものは占星術を使って星の高みも同時に見なければならないのである。私は病がしばしば星の動きで起こることを見てきた。[4]

つまるところ、惑星が病気を引き起こしているのだから（天体因とも呼ばれる）その惑星に働きかけるハーブを使うことが有効だと考えたのだ。

カルペパーの序文を解説を加えながら、さらに見ていこう。具体的には以下のように指示されている。

一：まずは病気を引き起こしている惑星を考慮せよ。

『英国の医師』序文ではこのように簡単に一行ですまされているが、実際には複雑である。出生ホロスコープのほかにデカンビチュアと呼ばれる占星術チャートを計算する。デカンビチュアとはもともと「横たわる」という意味で、患者が病のために立っていられなくなった時点の

4 *Culpeper's Complete Herbal*, Wordsworth References Series, 2007.

星図を元来は意味していた。しかし、実際には患者や患者の近親者が医師（占星術師）のもとを訪ね、依頼をしたときのチャートである。

このチャートでは、第一ハウス（東の地平線）とその星座の支配星が患者を、第六ハウスと呼ばれる位置とその星座の支配星が病気そのものを表すのである。

二：その病が身体のどの部位を痛めているのか、肉か、血液か、骨か、室なのかなどを考慮せよ。

ギリシャの時代から、人体の各パーツは星座や惑星に対応させられてきた。そのことを図示した絵は、人体と星座が重ね合わせられており、「獣帯人間」（ゾディアックマン）と呼ばれている。大宇宙は小宇宙に等しいとする古代からの神秘思想が表れている。天体が悪影響を及ぼしている人体部位を見極めるということが重要なのである。

三：その身体の部位を支配する惑星を考慮せよ。

星座と同じく惑星も人体の部位と対応する。

四：その病を引き起こす惑星に対抗する惑星のハーブで病に対抗せよ。たとえば木星の病には水星で、逆もしかり。太陽や月の病には土星で、また逆もしかり。火星の病には金星で、また逆もしかり。

この方法はアンティパシーと呼ばれる。

五：しばしば、その病はシンパシーで治療する。どの天体も自分の病を治療するのだ。太陽と

月のハーブは目を。土星は脾臓を。木星は肝臓を。火星は胆のうと胆汁の病を。金星は生殖器を。

ただ、これらの判断はじつに複雑で、単純にホロスコープ解読のルールに従っていけば自動的にできるというものではなさそうだ。[5]おそらく、熟達した占星術師は実際の患者の様子を見たり、近親者から話をききつつ、多様な解釈可能性のあるホロスコープを見ながら経験値と直感を組み合わせて判断をしていったのだと推察する。占星術師というのは普通に我々が想像するよりもずっと実際家だったはずなのであるから。

また、面白いのは、薬用になる植物を採集するときも、星を見て行うように指示されていることだ。『英国の医療』の「アンジェリカ」の項目には以下のようにある。

5　カルペパーによるデカンビチュア・チャートの判断の実際についてはトービンによる前掲書に掲載されている。占星術の実践を学習されている方はご覧いただきたい。

獣帯人間の図

獅子座にある太陽のハーブ。太陽が獅子座にあり、月と太陽がよい角度関係になってゆくときに採集すること。太陽の時間か木星の時間［惑星時間という曜日と日の出、日の入りを基準に算出した占星術的時間区分による］そして太陽が地平線、子午線に近い状態にあること。

これらの記述が示すのは、当時の医療は、この自然すべてが宇宙的に繋がり合っており、照応しているという考え方であったということだ。ガレノスの医学と占星術の知識は結びつき、神が自然界の動きを使ってさまざまな徴を通して、正しい導きを与えるという考えのもと、病の治療法も探求されていたのである。[6]

小さな地の花や植物と、大いなる高みの星の世界、そして人間の緊密な結びつきの感覚が伝統的な医術にはあった。その感覚を僕達はもう一度思い起こしてみることもいいのではないだろうか。

6　Louise Hill Church, *English almanacs, astrology and popular medicine*, p.131, 1550-1700, Manchester Univ.Press, 2007.

第六章

占星術と心理学

内なる宇宙を探求する

ユング心理学と占星術

第一章の「マスメディアの『星占い』の誕生」でも触れたように、現代に入ってから占星術の力点は「性格描写」に移ってきた。それまで星座のキャラクター描写はごくシンプルで、むしろ容貌の特徴の描写に加えられたものであったのにたいして、一九世紀末から二〇世紀にかけて占星術はより人間の内面を探る体系へと変容していったといえる。別な言い方をすればそれは占星術の「心理学化」であったといってもいいだろう。

まずこの動きは、先述のように占星術復興への原動力となった神智学の影響から始まった。神智学は東洋思想を取り入れるなどして、西洋精神のメインストリームである正統的なキリスト教に満足できない人々の受け皿となった面が大きい。中でもインドのカルマと輪廻の考え方を取り入れたことは特徴的だが、ここで接続されたのがなんとダーウィンの進化論であった。肉体のみならず、人は生まれ変わりを通して魂のレベルで〝進化〟すると唱えたのだ。ホロスコープはその魂のカルマの課題のマップであるという解釈がなされ、ことにアラン・レオが霊的な自己成長のための手引きとしての占星術を構想、発展させる。

さらにこの流れはフランス出身のアメリカ人占星術家ディーン・ルディア（314ページ参照）によって継承され、「人間性占星術」「トランスパーソナル占星術」を登場させる。その過程で巨大な影響を与えたのは、ほかならぬ、あのカール・ユングでもあったのだ。

ユングが神話や錬金術とともに占星術にも深い関心を寄せ、かつそれを実践していたことは、ユング心理学に興味をもつ者にはよく知られている。心の医師であるユングは占星術にたいして真剣な関心を抱いていたのである。

いったい、ユングと占星術の関係はどのようなものだったのだろうか。

さまざまな神話的形象を集合的無意識から現れてくる元型的イメージとみなし、それを拡充していって普遍的な人間の「こころ」のありようを探ろうとするユング心理学の手法を考えたとき、天と地をめぐる壮大なファンタジーである占星術がユング、そして師に続く後のユンギアンたちの関心の的になることは容易に想像もできるし理解もできる。世界中の神話がよく似ていることから、人類のこころの基本的な基盤として「集合的無意識」や「元型」の存在を仮定したユングにしてみれば、惑星や星座の神話はまぎれもなく、無意識の投影が生み出したイメージ群とみなされるのだ。

だが、占星術には、ほかの神話的素材とは大きく異なる特徴がある。それは占星術が「占い」として現代においても生命力を保ち、広く実践されて生きている伝統であるということだ。ギリシャの神々を古代のようなかたちで信仰する人はいないし、その神託を受け入れている人はほとんどいないだろうが、占星術家のもとを訪れ星からの託宣に耳を傾ける人は多いのである。

もっとも考えてみれば、現代の心理療法のルーツにはシャーマニズムや神託の伝統がある。該博な精神医学の歴史を著したエレンベルガーは、心理療法は古代の呪術から始まると指摘している。が、近代的な意味での精神医学が始まるのは、メスメルが伝統的な「悪魔祓い」の儀式を否定し、霊的な存在の代わりに「動物磁気」という物理的な流体に病因を置き換えた時点であると指摘して、エレンベルガーは霊的伝統としての精神治療と近代的な精神治療モデルの切断面があることを強調している。占星術は「霊的」なものであるかどうか議論は複雑なところがあるが、しかし、惑星の「神々」を前提とするものであると考えれば、それは古代のモデルに属している。

以前に見たフランス映画でこんな印象的なシーンがあった。アフリカの伝統的呪術医が、パリに住む女性分析家に向かって「よう、同業者」と呼びかけるのである。またレヴィ＝ストロースが精神分析治療とシャーマンの治療の構造的同型性を指摘していることもよく知られている。

とはいえ、高度に専門化し訓練を積んだ心理療法家と、玉石混淆の状態にある現代の占い師や呪術師を並列に論じるのは乱暴にすぎると、重々承知である。しかし、すでに過去のものになった錬金術と違って（今日、鉛から物理的に黄金を作り出そうと夢見てレトルトに向き合うものがどれほどいよう）、占星術はいまだに生きている。さまざまなかたちで人の悩みに答え、癒しを与えようとしている。そこには当然、カウンセリング的な要素がある。

占星術は、数ある占いの中でも広義で「同業」である心理学、ことにユング心理学から大きな影響を受けて変容を遂げた。実際、欧米ではユング派の分析家にして占星術家という人も存在する。そしてなにより、ユング本人が占星術に本格的に取り込んでいるし、普通に考えられている以上に占星術から受けた影響も大きいように思われる。ここでは、ユングと占星術の関係について、少し詳しくみていくことにしよう。

ユングの占星術への関心

まずは、ユング自身の占星術への関心から検討していくことにしよう。

ユングは若い頃から心霊現象やオカルトに並々ならぬ関心を示していた。占星術にも当然、関心を抱いていたであろうが、いつから実際にコミットするようになったのかは明らかではない。が、少なくとも一九一一年、ユングが三六歳の時点にはユングが自らホロスコープを計算し、かつ一定の解釈ができるようになっていた。ユングがフロイトにあてて次のような書簡を書いているのである。[1]

1　ユングの書簡の引用はすべて、この書による。W・マグァイア編『フロイト／ユング往復書簡集　下』平田武靖訳このところ毎夜、占星術に大部分の時間をついやしています。心理学的な真理内容に糸口をみつけようとして、ホロスコープ計算を実践しています。…勇を鼓して申しますと、天体に〔無意識的直観によって〕投影されているとの予感をはらむ大量の知を、われわれはいつの日か占星術のうちに発見するようになるのではないでしょうか。たとえば黄道十二宮の図は性格像、換言すると折々の典型的なリビドーの特性を描き出すリビドーの象徴であるように思われます。（一九一一年六月一二日のユング書簡）

ユングは同じ書簡のなかで、実際にホロスコープが患者の心的内容を探り出すツールであることを実例を用いてはっきり述べている。また、オカルト全般にたいして慎重で防衛的な態度を崩さないフロイトに向けてこのように書いている。

これまでに、あなたにきっと信じていただけないと思われる、ある注目すべき現象があらわれています。ある女性の症例で、星座の位置計算によってやや詳細な宿命をしめすきわめて鮮明な性格像があきらかになりましたが、その性格像はかの女に帰属するものではなくかの女の母親に帰属するもので、母親の特性にぴったりのものでした。この女性は強度の母親コンプレックスに苦しんでいます。

つまり、患者の抱える母親コンプレックスと、そのコンプレックスと分かちがたく結びつく母親の性格像がホロスコープの中に正確に現れているというのである。[2]

ユングが一九一一年にフロイトにこのような書簡を送っていたことは重要である。というのも、フロイトとユングが蜜月ののちに袂を分かつようになる大きな原因の一つが、ユングのこうしたオカルト的な現象にたいしての興味だったからだ。

一九一一年、ユングはフロイトと決別する火種となった『リビドーの変容と象徴』という本を著す。ここでユングが扱ったリビドーとは、フロイト流の性的な衝動という定義を超え、より普遍的な生命エネルギーのようなものを意味していた。フロイトにとってはこれは自分の「皇太子」であるとさえ呼んだユングの、見過ごせない裏切りだった。精神分析を科学として世界に認知させようとしていたこの時期に、ユングのオカルトへの接近はあまりにもリスクの高いものであったのだ。

2　ただし、患者のホロスコープが患者そのものの性格像ではなく、患者の母親の性格像によりフィットしていたとユングが述べていることに注目されたい。
　これはユングにとって占星術がどのような性質をもつものであるか、重要な指摘をしている。ユングにとっては、出生ホロスコープがその本人の心的内容だけではなく、それが投影される人物像までも描写するということになる。ホロスコープのシンボリズムはそれほどシームレスでフレキシブルであると一九一一年の段階で理解されているのである。

しかし、そんなときでもフロイトよりも若いユングは占星術への関心を抑えきれず、別の書簡でこのように述べている。

いつの日かわれわれは、リビドー論を離脱しなければならないと思われます。このところ占星術を検討中ですが、その知識が神話を理解するうえで絶対に必要なものだと思われます。この幽闇の地帯には不可思議な事態がいくらでもあります。わたしのこうした無限彷徨を、どうか御心配なさいませんように。いつの日か人間の魂の認識に役立つ、赫々たる戦利品を携えて帰還するつもりです。いましばらくのあいだ、無意識の深淵にどんな秘密が隠されているかを完全に理解できるようになるため、魔性の香料に自分を酔わせておかなければなりません。（一九一一年五月八日）

心配めされるなといわれたフロイトであるが、むろん心配しないわけにはいかず、同僚のフィレンツィに、ユングはオカルティズムの領域に出兵するのに同行しろと言ってきているけれども、私には同行はできないといった内容の書簡を送っている。[3]

結果、ユングとフロイトはやがて道を違え、ユングはオカルトの領域へと踏み出してゆく。

3　前掲書

ユングはその後、終生にわたって占星術に妥当性があるという考えを捨てることはなかった。

では、ユングはフロイトへの宣言の通り、「赫赫たる戦利品」を占星術を含むこの幽闇の領域から持ち帰ることができたのであろうか。

ユングの占星術に対しての業績や関心は、概ね、次の三つの方向性に要約できる。

一．元型的イメージの表現としての占星術象徴
二．個人的なシンクロニシティの顕現としての占星術実践
三．集合的時代精神の変容の指標としての占星術

以上の三点は、順次相互関係を持っている。これらを順に見ていくことにしよう。

一．元型的イメージの表現としての占星術象徴

これについてはあまり詳しく説明する必要はないかも知れない。ユングの心理学をほかの心理学から際立って特徴づけているものは、集合的無意識と元型の存在という仮説である。ユングは、こころの深層には普通に考えられている以上により深く、普遍的な構造があると考えた。これが集合的無意識であり、それは個人の経験から生まれるものではなく、アプリオリに生得的に備わっている経験やこころの動きのパターンである。その具体的な内容は元型と呼ばれる

イメージや行動の「型」である。世界中の神話が驚くほど似ていることがあるのは、こうした深い層から神話が生まれてくるからであるとユングは考えた。

個人の夢やファンタジーは、ときに神話的なモチーフと酷似しているものがある。個人のこころを理解するためには、参照項として神話などを研究しなければならない。ユング派の書物を読んで初学者が面食らうのは、心理学の本なのか民族誌や神話学の本なのかわからないほどに大量の神話の引用がでてくるためなのだが、そのような記述があるのは神話がこころの基層をなす集合的無意識の元型的なものであると考えられているからだ。

そうした元型的イメージは強力に個人を突き動かすことがあり、その圧倒的な力をユングは古代グノーシスの占星術的な用語を借用して「ヘイマルメネー」とさえ呼んだ。これはずばり、「星の強制力」という意味である。ユングにとって無意識の力は、古代人にとっての占星術的な宿命の力ときわめて近しいものだったとさえ言える。

ユングはさまざまな元型的イメージの発露として、神話や錬金術の表象を広く扱ったわけであるが、もちろん、占星術もそうした元型的イメージそのものと考えられた。

ユングは同時代のフランスの著名な占星術家アンドレ・バルボーへの書簡でこのようにはっきり言っている。

占星術は、心理学が関心をもつ集合的無意識のように、象徴的なものの組み合わせでできています。『惑星』は神々であり無意識のように力の象徴なのです。[4]

占星術の星座や惑星は、集合的無意識から生み出される元型的イメージであるとユングは考えていたわけである。惑星それぞれが、たとえば金星は「ヴィーナス／アフロディーテ」と今でも呼ばれていることからわかるように、神話的継承と同定されていることからして、それは自然ななりゆきだろう。ユングの著書にも占星術象徴がそこここに登場する。ユング晩年の著書『結合の神秘』[5]においては、太陽と月についてかなりまとまった記述がある（これは錬金術が占星術と不可分な関係にあるためでもあるが）。

さらに黄道一二宮は、ユングには元型のひとつであるマンダラの形象のひとつとして扱われている。

マンダラとはもちろん、仏教などにおける曼荼羅を指す言葉であるが、ユング心理学では、より広い意味を含む特殊な用語となっている。

ユングは自分自身の体験や患者の夢やファンタジーなどに、なぜか円や方形からなる幾何学

4　C.G.Jung, *Letters*, RKP, 1954. バルボーとユングの文通内容は、渡辺学『ユングにおける心と体験世界』春秋社、一九九一年に要約されている。

5　C・G・ユング『ユングコレクション5、6　結合の神秘1、2』池田紘一訳、人文書院、一九九五年、二〇〇〇年

的なパターンが自然発生的にしばしば現れることに気がついた。しかもそれは崩れかけていた意識と無意識のバランスが再び調和してバランスがとれるときに現れるようであった。東洋の宗教を調べるうちに、ユングはそうしたイメージがいわゆる「曼荼羅」によく似ていることに気がついたのである。そこでユングはこころ全体の統合を象徴する元型的イメージとして、「マンダラ」の存在を仮定したというわけである。

マンダラ像は夢や錬金術の寓意にもしばしば登場する。ユングの有名な著作に『心理学と錬金術』があるが、ここにもマンダラは頻出する。『心理学と錬金術』は、ある夢見手（これは実は物理学者のヴォルフガング・パウリその人であったことがのちに明らかにされた）の一連の夢と、錬金術のイメージとの比較で議論が進められるというユニークな本であるが、その中のマンダラ夢五九、「宇宙時計」のイメージを扱った箇所にこのような記述を見出すことができる。

夢見手はこのような神秘的とさえいえる印象的な幻覚を見る。この夢に夢見手は「調和の極致の印象」を感じたというのである。

共通の中心点を持つ垂直円と水平円がある。これは宇宙時計 (Weltuhr) である。この宇宙時計は黒い鳥によって支えられている。

垂直円の方は白い縁取りのされた青色の盤で、大きく四分されており、その一つ一つの部分がさらに八分されて、全体としては三十二の部分に分かれている。その上を一本の指針が回転している。

水平円の方は四色から成っている。そのそれぞれの上に振子をつけた侏儒が一人ずつ、計四人たっており、それを取り巻く恰好で、かつては黒っぽい色をしていたがいまは黄金《きん》に変じている環《リング》（前に四人の子供が運んでいた例の環）が置かれている。

この「時計」は次のような三つの律動《リズム》もしくは脈動を持っている。

小脈動　青色の垂直円の指針が三十二分の一だけ進む。

中脈動　小脈動が三十二合わさって指針が一回転する。と同時に水平円が三十二分の一だけ回転する。

大脈動　中脈動が三十二合わさったもので、これと同時に黄金の環が一回転する。[6]

これが「宇宙」時計と夢見手自身によって呼ばれていることに注目しよう。占星術に親しんでいるものなら、ここにホロスコープとの類似を考えないわけにはいかない。ユング自身、このヴィジョンの解釈としてホロスコープを援用している。すなわち「この像の比較材料として、東洋で発展を遂げたマンダラによる時間象徴［つまりホロスコープ］を掌中にしている」とユングは、この

6　C・G・ユング『心理学と錬金術Ⅰ』池田紘一他訳、人文書院、一九七六年

ように述べる。そして、「占い用の天宮図《ホロスコープ》自体がすでに、真中に不可解な中心点があり、「十二宮」と遊具系とを伴った左廻りの「周回」の見られる一種のマンダラ（一種の時計）である」[7]と言うのである。

現代の占星術は、惑星、星座、ハウスという占星術の構成要素を元型的イメージとみなし、解釈を深めている。このような占星術の象徴の心理学化によって、伝統的な吉凶判断を中心とした方法ではなく、より豊かで深みのある解釈が可能になったのである。

それは「心理学化」された人間が登場した一九世紀末から二〇世紀にかけての、大きな時代の趨勢の一部として必然的に起こったことであろうが、その中でユングの影響はとりわけ大きかったのである。

二　個人のシンクロニシティの顕現としての占星術実践

ここまではユング心理学に馴染んだ方にとって、ついてゆくことはさほど困難ではあるまい。あらゆる神話的象徴が「集合的無意識」の表れだとするなら、占星術をその例外とするほうがおかしいだろう。

だが、ユングは単に象徴解釈の段階に留まらず、そこから足を踏み出してゆく。つまり古来の占星術の実践に妥当性があること、つまり個人の内的な状態が実際の天体の配置と共時的に

7　ユング前掲書

合致することがあるというのである。はっきり言ってしまえば、ユングは占星術が「当たる」というわけである。それは先のフロイト書簡にも表れているし、別の箇所においてもユングはこのように言う。

占星術の基礎になっている共時性現象を真面目に考察することを私はためらわない。私が詳しく論証したように、錬金術は顕著な心理的存在理由を持っているが、占星術も同じである。今日ではもはやこの二つの領域がどれほど間違っているかに興味を示すべきではなく、むしろそれらの存在がいかなる心理的基礎のうえに成り立っているかを研究すべきである。[8]

X嬢という女性が描いたマンダラ図像の中には蟹が描かれていた。ユングはこれが蟹座のシンボルであると解釈する。ただし、これは純粋に無意識的な産物ではなく、意識的なものでもあった。というのも「X嬢は、蟹座の最初の数度［約三度］のあいだに生まれた。彼女は自分の星座を知っていたし、生まれた時刻の重要性を完全に意識していた。すなわち彼女は、昇ってゆく黄道帯の度数によって誕生時の星座が左右されることを知っていた」からである。

8 C・G・ユング『個性化とマンダラ』林道義訳、みすず書房、一九九一年しかし、それだけではない。ユングはどうもこの女性のホロスコープを実際に見ていたようで、注のなかで「アニムスによって脅かされる危険は月と水星が九〇度になっていることによって示されている」と書いている。うっかりすると見逃しやすい小さな注であるが、これはユングが実際に患者のホロスコープを見ていたことを示す貴重な証拠の一つではないだろうか。

ユングが個人のホロスコープが有効であると信じていたことが、このような記述から伺えるわけであるが、のちには占星術の有効性を統計によって証明しようとしたこともよく知られている。

物理学者パウリとの共著『自然現象と心の構造』[9]に収められた論文には、その全貌が収められている。それは伝統的に言われている占星術の相性関係の法則が有効であるかどうかを調べようとしたものであった。ごく簡単に紹介してみよう。

ユングは結婚しているカップル四〇〇組のホロスコープを作成し、そのホロスコープを重ね合わせた時に特定の天体の結びつきが現れるかどうかを調べた。

結果はどうであったか。

結論を先取りしていうと、近代的な意味での統計実験としては失敗であった。しかし、ユングはそこでめげず、別な解釈を展開する。どうやら実験者の心的状態こそが統計的な現象に干渉するのではないかという、より神秘的、あるいは占い（Divination）的解釈である。

9　C・G・ユング／W・パウリ『自然現象と心の構造：非因果的連関の原理』河合隼雄、村上陽一郎訳、海鳴社、一九七六年最初は、カップルのホロスコープでは二人の太陽と月が同じ位置にあることが有意に多いように見えた。これは二世紀の占星術家プトレマイオスの占星術教科書にも出てくる占星術のルールだ。太陽は男性性を、月は女性性を象徴する。錬金術においても「太陽と月の結婚」といえば、対立する原理が合致することを意味し、黄金錬成の成功を表すシンボルであるのだから。

しかし、喜ぶのも束の間、実験を繰り返すとその統計的偏差は消えてしまい、今度は月同士の合が出現した。さらに繰り返すと、月同士の一八〇度、アセンダント（上昇点）と月の組み合わせなどの分布が高くなった。結果は不安定なのであり、どうもそこには観察者の心的条件も含まれるようだ。

そこで、ユングは心的状態をよく知っている患者に、これらのホロスコープをまるでクジのようにしてひかせてみせた。そうすると、不思議なことに「強度の感情的興奮状態」にある女性の患者の場合、火星が強調される組み合わせが多く現れた「自己抑圧傾向」にあり、自分のパーソナリティを主張することが求められている女性の場合、社会に向かっての顔を意味する「アセンダント」（上昇点）が強調されたのだ。

東洋では占いを生年月日などのデータに基づく「命術《めいじゅつ》」、易など偶然性に基づく「卜術《ぼくじゅつ》」、そして人相などの「相術《そうじゅつ》」の三つに分類するという。ここで面白いのは、客観的なデータに基づくように見える「命術」としての占星術は、実際には「卜術」のごとき性質をもっているということをユングが指摘していることだ。もちろん、ユングはこうした統計は偶然の範囲に収まっており、母数を大きくすればこのような偏差は消えてしまうであろう、と冷静さを保っているが、ここでは体験として意味があるという感覚を否定するには「あまりに鈍感でいなければならない」というのだ。

ユングの次の言葉は占星術の実践者にはとても印象的なものだ。科学的統計に基づくと冷静に考えていれば、占星術はあてにならない土台の上に築かれていたものであることを占星術師はずっと早くに発見していたであろう、しかし、「私の場合もそうであるが、占星術師たちの事例においても資料と占星術師の精神状態の間に相互の黙認が存在していたと私は想像している。この符合は、ほかのあらゆる快いあるいはいやな事件のように、単純にそこにある」！

占星術は、実践者の心の状態と外的な状況が暗黙のうちに繋がるときに、偶然のかたちで発動する、というのがユングの占星術理解でもあった。これは東洋の占いでいえば占機と呼ばれるものであろうし、また、英国の占星術研究家ジェフリー・コーネリアス博士の言葉を借りればThe Moment of Astrologyということになるのだ。

ただ、残念なことにユング自身が作成したホロスコープやその解釈の詳しい事例は、僕が知る限り公刊されていないようだ。もしかするとどこかに未公開のノートなどが存在するのかもしれないが、未見である。

ユング派の分析家であるイアン・ベックは一九九九年八月の英国占星術協会の年次大会にお

いて、ユング本人が作成したホロスコープが見当たらないのは、ユングはリリアン・フレイなど、より占星術に深い素養をもつ弟子や共同研究者に煩わしい天体位置計算を任せるようになっていたからではないか、という示唆をしている。ユング本人でなくとも、こうした側近たちが作成したチャートが残っていれば、きわめて興味深いのであるが。

三　集合的時代精神の変容の指標としての占星術

ユングが占星術の妥当性、有効性をシンクロニシティとして受容していたというのは、合理的な人々には受け入れにくいかもしれないが、実はもっと理解しがたい、壮大な論を彼は展開しているのである。

ユングは個人の心の状態のみならず、時代精神（ツァイトガイスト）そのもの、西洋の宗教の歴史の変遷が、実際の天体の運行と符合する、というのである。

この議論は晩年の大著『アイオーン』の「双魚宮」（魚座）という章で展開されている。一言でいえば、ユングは西洋の宗教の歴史が、春分点が歳差運動によって星座を縫うように動くにつれ一〇〇〇年、二〇〇〇年単位で変動してきた、というのである。春分点とは見かけの太陽の通り道（黄道）と天の赤道の交点の一つであり、占星術でいう牡羊座宮の原点である。この点は、地球の自転軸のふらつきのために、およそ二万数千年で黄道をバックしてゆく。星座は一二個あるので、ひとつの星座を移動するのは、およそ二〇〇〇年ということになる。

ユングはキリスト教が春分点が魚座の始まりに達した時に誕生したこと、原始キリスト教のシンボルが魚であることを結びつけて語る。

人となり給うた神は、前述のように雄羊として生贄となるが、魚として生れたのであった。その神は漁師たちを弟子となし、彼らを人間をとる漁師にしようとする。また、何千人もの人たちに奇蹟的にふえた魚の食事を与える。さらにみずから魚として、「聖なる食物《サンクトル・キプス》」として食べられる。そしてその神につき従う人はみな小さな魚（pisciculi）なのであった。[10]

キリストは「去ってゆく時代《アイオーン》の最後の雄羊として死ななければならなかった」し、「双魚宮時代の最初の魚として生れ」なければならなかったのである。[11]

ユングは福音書の記述が、偽装された占星術書として意図的に暗号化した占星術象徴を取り入れているわけではないであろうという。むしろ、魚をシンボルとする宗教が、春分点の移動と「共時的」に起こったのであろうというのである。

さらにユングは星座図上での魚座のかたちに注目する。魚座は漢語訳では「双魚宮」と訳

10　C・G・ユング『アイオーン』野田倬訳、人文書院、一九九〇年

11　前掲書

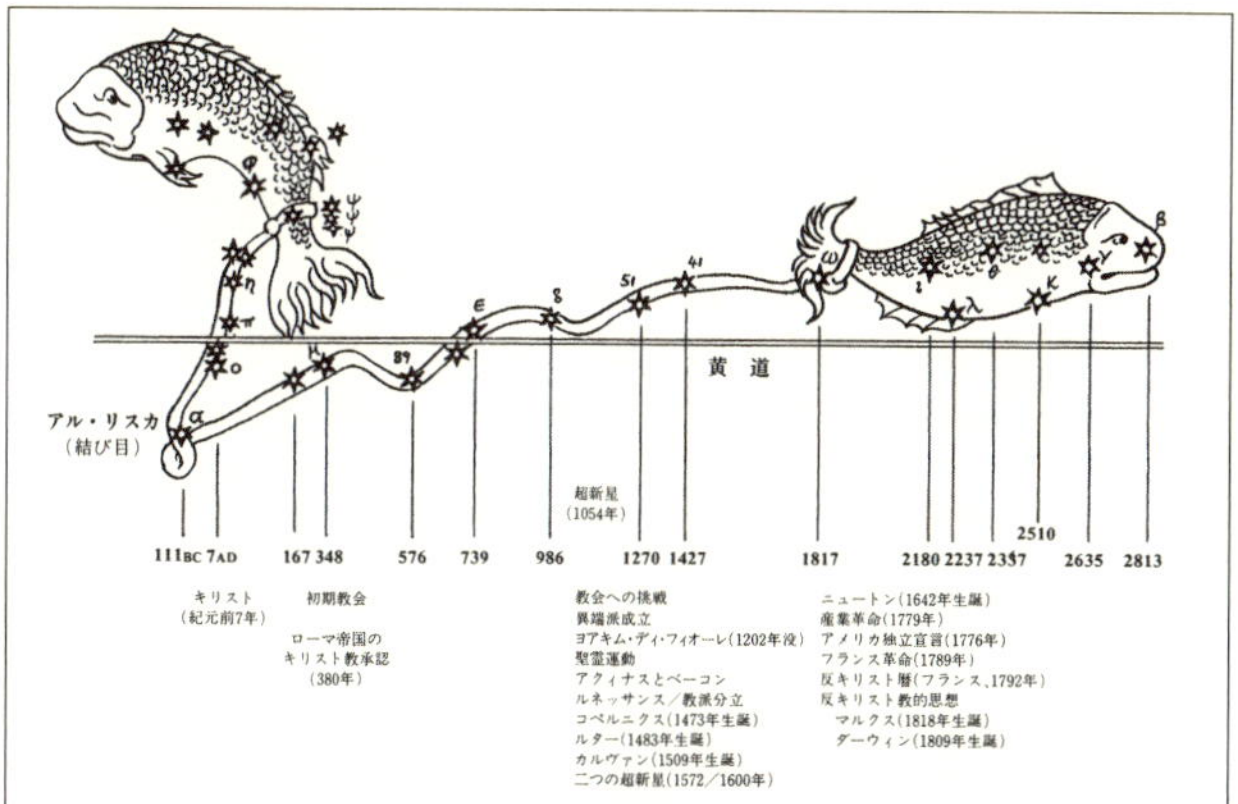

図1.3　魚座の時代

マギー・ハイド『ユングと占星術』鏡リュウジ訳、青土社より

されるように、一方の魚は垂直方向で上を向き、もう一方の魚は水平方向である。この二匹の魚はほとんど直角になっており、つまりは十字架を形成するというのである。

垂直方向の魚は神への指向性であり、水平方向は唯物論的な方向を示す。とするなら、第一の魚はキリストに、そして第二の魚はその強烈な反動として生まれる反キリストとして解釈することができる。春分点が第二の魚にすぐ近接すると、ルネサンスが始まり、「そしてそれとともにやってくるのが、現代を頂点とする精神にほかならない」[12]のである。

二匹の魚のつなぎ目に当たる時代はルネサンスであり、一六世紀にはかのノストラダムスが出現し、反キリストの到来を予言した。そのことまで

12　前掲書

ユングは春分点の移動や木星、土星の周期と重ね合わせて語る。

『アイオーン』が公刊されたのは一九五一年であるが、実はユングは少なくとも一九三〇年にはこうした考えに到達していた。ユングには生前には公開されなかったさまざまなノートや記録があるのだが、中でも一九九七年になってやっと公開された、ユングの私的セミナーの記録ノート『ヴィジョン・セミナー』は重要である。驚いたことに、ユングはクローズドなセミナーの席においてはさらに壮大な占星術的想像力を働かせている。一九三二年六月八日のセミナーで、より平易なかたちですでに述べた春分点移動と西洋の時代精神の変遷について講じているのだが、さらにユングは通常占星術で用いられる一二の星座以外に、より広範な星座図を用いて、時代精神の変遷にまつわる占星術的符合を展開する。[13]

黄道一二星座の「下」には鯨座がある。鯨や巨大な魚、龍は、ユング心理学では暗い無意識の象徴であるが、それは意識を飲み込む混沌のシンボルとして普遍的なものである。一方、黄道の「上方」には龍と対峙するペルセウス座を見出すことができる。これは意識の誕生を象徴する。

さらにペルセウスが救出した姫であるアンドロメダ座のそばには小さな三角座がある。三角は抽象的な幾何学図形であり、抽象思考を表している。一方で春分点はいまや魚座の終わりの

13　C・G・ユング著、C・ダグラス編『ヴィジョン・セミナー2』氏原寛／老松克博訳、創元社、二〇一一年

ほうに差し掛かり、ペガサス座にも近いところに到達しつつある。

ペガサスとは四つの星からなる星座である。ユングにとってはこの四という数字は一種の聖数でもあった。それは三位一体では欠けている女性原理や悪、物質の原理を受け入れたマンダラを形成する数である。キリスト教が抑圧してきた「四番目のもの」を意識化し、統合する時代に入りつつあるのだ、とユングは一種の預言者のごときことを内輪の会において述べていたのだ。

「そしてまた、この時代は、古い三角の価値が、つまり三位一体の観念がひっくり返され、その第三に第四の機能が付け加わる時代です。三位一体は、父なる神、息子なる神、聖霊なる神からなっていますが、第四のものとは悪魔なる神のことです。これで四角になります。おわかりのように、この占星術的見取り図全体、このアンサンブル全体が無意識の組織にそっくり」[14]なのである。

ここからさらに春分点は水瓶座へと進んでいくが、これはニューエイジ思想でいう「水瓶座の時代」ということになる。

ただしここで大急ぎで付け加えなければならないが、こうした春分点の歳差移動と時代精神の変化を結びつける発想は一九世紀末の神智学から始まるものであり、長い占星術の伝統には

14 ユング著、ダグラス編前掲書

ないと分析している。[15]

逆にいえば、ユングはまったく独自のかたちで星座図と春分点移動の解釈を展開したということになり、その想像力は並いる現代の占星術家のそれを大きくしのいでいるといっていいだろう。

ユングの娘による父親のホロスコープ解釈

ユング自身による詳細なホロスコープ解釈の記録は残念ながら見当たらないが、実は、ユングの実娘グレーテ・バウマン－ユングが父カール・ユングの出生ホロスコープを詳細に解読している。あまり知られていないことかもしれないが、グレーテは、本職の占星術家となって活躍していた。

グレーテによるユングのホロスコープ解釈は、一九七五年の元型的心理学雑誌「スプリング」

15　ニコラス・キャンピオン『世界史と西洋占星術』鏡リュウジ監訳、柏書房、二〇一二年参照。ただし、宗教史家ウランゼーは、古代のミトラ教の勃興は春分点が牡牛座から牡羊座、そしてその上にあるペルセウス座への以降によるものだという。春分点の移動を発見した古代の知的階層人が、この天文学的ドラマをミトラ教の根本的モチーフである「牡牛殺し」として発展させたというのである。D. Ulansey, *The Origin of the Mithraic Mysteries*, Oxford Univ. Press, 1989を見よ。

に掲載されている。[16] これは一九七四年の、スイスはチューリッヒの心理学クラブでの講演が元になっている。

グレーテは、個人が主観的に体験する世界が、ホロスコープ上で惑星配置に反映されていることを躊躇なく認める。そして、父親の自伝をひきながら、それはユングの出生ホロスコープと符合していることを詳細に示していくのである。

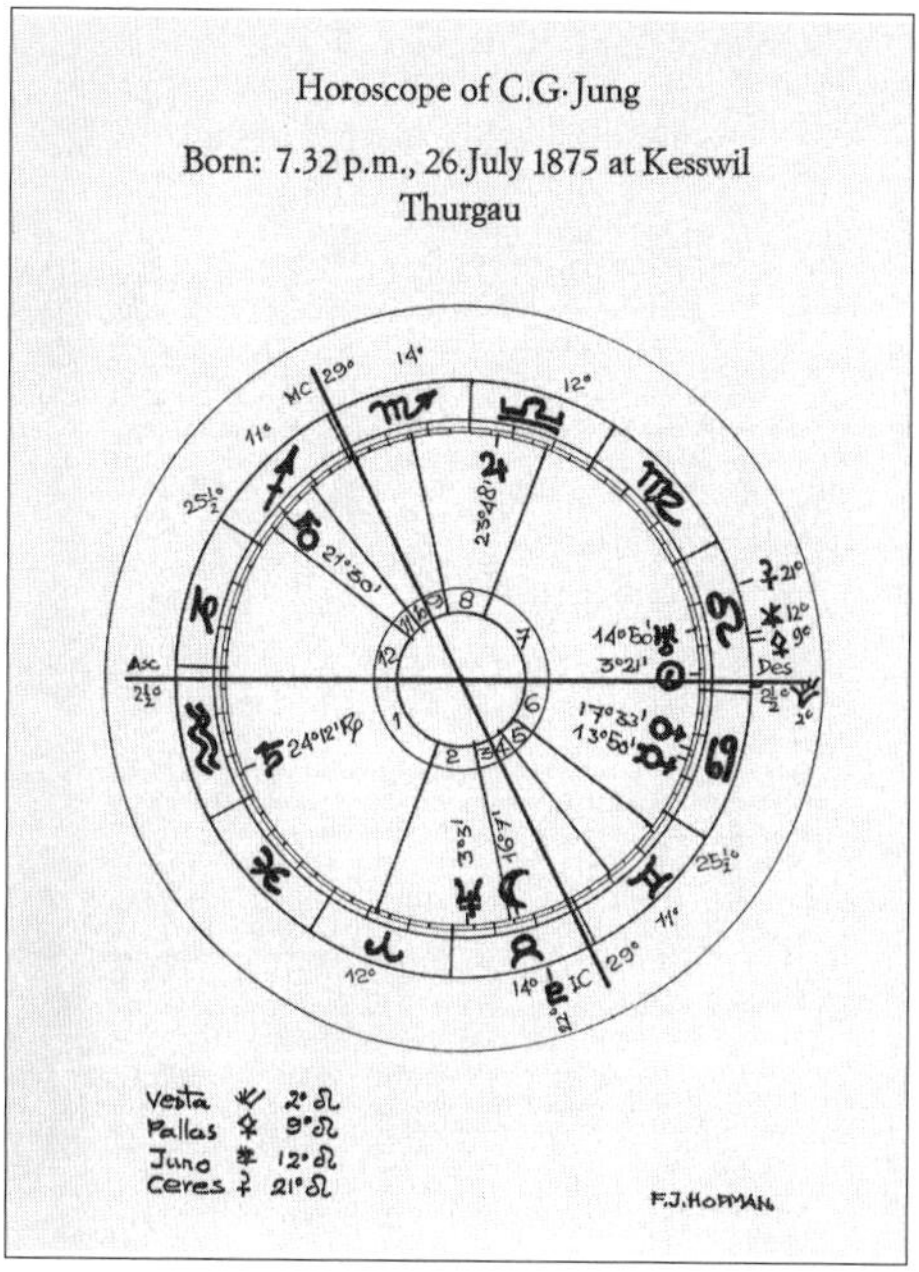

たとえば、ユングの自伝によれば彼の母親は「動物的温かさ」をもっており、異教的な深みとも繋がっているという。グレーテはこのことを牡牛座に入っている月と結びつける。またユングが母に時折感じていた不気味さは、月と隣り合っている冥王星によって象徴されている。一方聖職者でありながら、自分の信仰

16　Gret Bauman-Jung, *Some Reflections on the Horoscope of C.G.Jung* in Spring Journal 1975

に自信を持つことができなかった父のイメージは、太陽と海王星のスクエア（凶角）によって示されている。

　実娘にしか言えないコメントもある。「私がかかわった患者のなかで宗教が問題でなかった人はいない」とまで言い、その膨大な著作で古代の伝承から中世の神学者にいたるまで大量の引用をし、また世界中の神話に精通していたユングであるが、娘の目からするとユングの宗教的な側面はほとんど見えなかったというのである。グレーテにとって父は、「極めて神から遠い（ungodly）人物」であり、「祈っている姿は見かけたことがない」のだという。グレーテにとって父が宗教的であったことを知るのは、その著作を通してのみ、ということらしい。

　グレーテはこれを、宗教を示す木星が死を表す第八ハウスに入っていることと関連付ける。僕なら、死のハウスにある木星（神）は、ユングが「神の死」の時代である近代のなかで、宗教的本能をいかに生かすことができるかと向き合っていたという側面として解釈するところである。

　ユングの自伝のライトモチーフの一つは、彼自身の内側でNo．1の人格とNo．2の人格が葛藤していた、ということである。No．1の人格は合理的で近代的な自分であり、No．2の人格は、古代的で非合理的、宗教的、あるいは魔術的な自分であった。

　ユング心理学とは、この二人の自分をなんとか統合しようと格闘して練り上げられたものであったといってもいい。グレーテは、この二つの人格を土星と天王星に同定する。

ユングのチャートでは、水瓶座が上昇している。水瓶座は伝統的な占星術では土星に支配されるが、一七八一年に天王星が発見され、近代に入ってからは天王星が支配星とされている。つまり、水瓶座は二つの支配星をもつ。

土星はユングの第一ハウス（自分自身）を表す位置にあり、天王星は第七ハウス（他者）を表す位置にある。この二つの星は正確にではないが、ホロスコープで向かい合っており、緊張をはらんでいる。グレーテによれば土星はＮｏ．１の人格であり、天王星がＮｏ．２の人格であった。

グレーテはこの講演のしめくくりで「ユングの創造性はこの土星と天王星の二つから強く影響されている」といっている。また、「父の出生時に土星は水瓶座の二四度で逆行しており、天王星は獅子座一四度五〇分で順行していた。一日を一年に相当させる進行法を使えば、このホロスコープの二つの天体が正確に一八〇度で向き合った時に、父は他界した。おそらく年老いた肉体はこのような内的緊張を抱えることはもうできなくなったのだろう」[17]ともいう。

グレーテは、さらに、ユングのホロスコープに対する惑星の運行が、ユングの精力的な著述活動と符合しているという。

例を挙げるとこのようになる。

17　Ibid.

一九三八年〜四〇年　『心理学と宗教』発表。土星が火星に一二〇度となる。火星はユングのチャートでは宗教を表す射手座にあり、また宗教の第九ハウスの支配星である。

一九四二年　『パラケルスス論』　天王星がアセンダントに一二〇度。

一九四四年　『心理学と錬金術』　トランジットの土星が出生の土星と木星に一二〇度、天王星が出生時の太陽に六〇度。

一九四六年　『分析心理学と教育』『最近の出来事についてのエッセイ』『転移の心理学』土星が出生の水星と金星に〇度、木星が出生の木星に一二〇度、天王星が出生の天王星に六〇度。

一九五五〜六年　『結合の神秘』　天王星がパートナーシップのハウスを通過、土星が出生時の土星に九〇度。

グレーテは父の死の少し前にホロスコープについて話し合う機会があった。ユングは娘にこういったという。「面白いのはこの忌々しいもの（占星術）は、死後も有効なんだよなあ」。実際、ユングの死後すぐに進行した天頂は幸運の木星と正確なトラインとなる。これは社会的名声を表すものだが、このとき、ユングの自伝が出版され、ベストセラーとなってユングは一般にも有名になったのだった。

もう一つ、グレーテのホロスコープ解釈で面白いのは、七五年当時はまださほど占星術では一般的でなかった小惑星も取り込んでいることだ。セレス、パラス、ジュノー、ヴェスタという四つの小惑星がすべてユングにとって出会いの位置である第七ハウスに集合している。セレス、パラス、ジュノー、ヴェスタはすべて女神の名前を持つ。ユングがずっと女性たちに取り巻かれていたことはこのシンボリズムに一致するという。

しかし、グレーテの講演では、ホロスコープを絶対的なものとはみなしていない。結語としてグレーテはいう。

「ホロスコープに現れていないのは、ユングが自分のミッションを究極的なかたちで完遂させなければならなかった人物である、ということです。チャートは遺伝子に書き込まれたものをもってこの世界に持ち込むべきものについても、また最初の産声の瞬間にインプリントされた魂の性質についても語ることはないのだから」と。

心理占星術の誕生

二〇世紀初頭のアラン・レオの神智学的占星術、そしてユングその人の占星術を集合的無意識からの元型的イメージの顕現とみる解釈を通して、二〇世紀の占星術は急激に「心理学化」してゆくことになる。

そこで大きな役割を果たしたのは、フランス出身のアメリカ人、ディーン・ルディア（一八九五－一九八五年）である。ルディアは、二〇世紀アメリカにおけるもっとも重要な占星術家の一人であるにとどまらず、現代音楽の作曲家、芸術家でもあったし、アメリカの現代舞踊にも大きな影響を与えた。もっとも、ルディア自身が、自分は音楽家でもあり、展覧会も開催した画家でもあり、占星術をまったく入れない哲学の本も小説も数冊書いているにもかかわらず、なぜみな私の占星術の面しか言及しないのだ？[1]と愚痴をこぼしていたほどに、ルディアの多様な顔の中でも占星術の面が広く知られている。

1 D.Ertan, *Dane Rudhyar: Music, Thought, and Art,* University of Rochester Press, 2009.

ルディアは、本名をダニエル・ショヌヴィエールといい、パリで生まれた。第一次大戦中に欧州を離れ、アメリカに移住。ここで、ルディアという名前に改名している。この風変わりな名前はヒンドゥー教の暴風雨の神にしてシヴァ神の前身ともされるルドラに由来する。伝記作家エルタンによれば、この名前がルディアにはしっくりきてアイデンティティに一致したという。[2]

この時代の多くの占星術家の例にもれず、ルディアは神智学を通して、ないし神智学と極めて近接したところで占星術に出会ったようだ。

ルディア自身の回想を引用しよう。

当時アメリカの神智学協会の本部であったクロトナ研究所に近いハリウッドに滞在していた一九二〇年に私は占星術に興味をもった。そのころよく知られていたハゼリッグ（Hazelrigg）という占星術師と文通してホロスコープを作成してもらい、解釈をしてもらった。一九二〇年から二一年にかけては、伝統的なやり方でホロスコープ作成と解釈をする女性から占星術の手ほどきを受けた。[3]

2 Ibid.
3 Rudhyar, *From Humanistic to Transpersonal Astrology*, The Seed Center, 1975.

それと同時に、ルディアは神智学にも関心を抱き、神智学の祖であるブラヴァツキー夫人の著作に親しむようになる。またのちに独自の神智学宗派をたちあげるアリス・ベイリーとも近しくなる。

一九三〇年にはやはり神智学的な占星術を展開するマーク・エドモンド・ジョーンズと出会い、「サビアン集会」と呼ばれる秘教的占星術のサークルに加わった。[4]

さらにルディアは一九三三年にはユングの著作に親しみ、ユング心理学と占星術の共通性を発見して、占星術の心理学化を推し進めてゆく。

一九三六年にはルディア占星術の最初の、そして主著とも言える『パーソナリティの占星術』[5]がベイリーの神智学教団の出版社であるルーシス・トラストから出版されるが、その中で「それぞれのホロスコープは個人の人生のマンダラである。それはまさにその人が個性化(Individuation)してゆくプロセスの青写真だ。これを理解してそのプロセスに沿っていくことは、「意識的に」、セルフ〔ユング的な、未来の大いなる自己〕である存在の全体性を充足させていくことでもあるのだ」[6]

4　Ibid.

5　手元にあるのは D.Rudhyar, *The Astrology of Personality*, Doubleday Paperback, 1970.

6　Ibid.

この本の一九七〇年版の序文にはルディアの占星術への姿勢がはっきりと表れている。

私が、人間性占星術（ヒューマニスティックアストロロジー）とみなすものは、個人が自分自身の、そして人間関係の問題を解決することを支援すること、とりわけ生まれながらの可能性を十全に発揮することを促すための占星術である。このタイプの占星術においては、どんな惑星も『良い』『悪い』というふうには解釈されない。チャートには良い悪いはなく、ただ、それが今後十全に開花してゆく可能性が示されるのみなのである。[7]

ルディアのこうした占星術はブラヴァツキー、ユング、ヤン・スマッツ（南アフリカの思想家）、マズロー、ベルグソンらの思想をソースとして、練り上げられていったものであった。そこに一貫しているのは、「全体」を実現させていこうとするこの世界自身の自律的な運動が存在しており、それは循環的なサイクルをらせん状に繰り返しながら進行してゆくという考えである。個人は小さな全体でありながらより大きな世界の全体の一部であり、より大きな全体に自己を開示、あるいは展開させてゆくことが求められる。占星術はその宇宙的目的に個人が参与するためのツールとされたのである。

7 Ibid.

リズ・グリーンによる心理占星術の完成

ルディアは、自らを時代の「種子」とみなしていた。新しい水瓶座の時代に向けて人類の精神は新しい進化の段階に入りつつあるという神智学的なニューエイジ思想を抱いていたルディアは、自分自身がそのプロセスの種子となると自認していたのである。

そのようなニューエイジが到来したか（あるいはするか）どうかは脇に置くとしても、ルディアが蒔いた種子は、より大きく広いかたちで芽を吹いた。

それは〝心理〟占星術というかたちの占星術である。その中で特筆すべきは、リズ・グリーン（一九四六－）であろう。

グリーンはユング派の分析家の資格をもち、占星術とユング心理学の本格的な融合を成し遂げた。ルディアの著述は濃密であるがときに秘教的で、決して読みやすいものであるとは言いにくい。しかし、グリーンは神智学的な要素はぐっと薄く、ほぼユング心理学のフレーム内において記述を展開する。さらにその神話学的な厚い知識とあいまって、多くの知的な読者を獲得することに成功した。かくいう僕も、リズ・グリーンの著作と高校時代に出会い、「ああ、ここに正気で知的な占星術家がやっといた」と感激したのである。

グリーンはホロスコープを心のマップと同定する。そしてこころを分析するためのツールとして捉える。

グリーンの出世作は一九七六年に出た『サターン　土星の心理占星学』[8]である。これは土星のシンボリズムに焦点を当てたもので、伝統的には凶星の代表とされてきた土星を、ユング心理学でいう「シャドウ」、心の中で見たくないと思っている自分の影の元型とみなすことによって、単なる吉凶判断のレベルから心理学的な深層の解釈へと引き上げられた。この本のインパクトは大きく、占星術の専門家ばかりではなく、心理学などにも関心をもつ広い層にアピールすることができた。

リズ・グリーンはこの書を「美女と野獣」のおとぎ話から書き始める。主人公の美女は、闇の中だけで出会うことができる「野獣」と結ばれる。最初、その相手は野獣とみなされているが、それは自分自身の「シャドウ」の象徴である。シャドウと向き合い、受け入れることができれば、それは王子に変容する。ユング的にいうなら、これは心理学的錬金術のようなものなのである。

では、グリーンの解釈の特色を具体的に見てみよう。

たとえば、伝統的に結婚や人間関係を司るとされる第七ハウスに土星があると、シンプルな吉凶判断の占星術では、結婚運が悪いなどとされる。ある日本の占星術家の教科書を開いてみ

8　リズ・グリーン『サターン　土星の心理占星学』鏡リュウジ訳、青土社、二〇〇四年。L.Greene *Saturn* Arkana　1976, 1990

る。

何はともあれ結婚運のわるさを表す。……結婚しても夫婦仲がよくない場合が多く、離婚というケースになりやすい。[9]

もっと古い占星術のテキストも見てみよう。四世紀に書かれた中世の占星術の代表、フィルミカスの「マテーシス」より。

もし夜のチャートで土星がこの位置にあれば、肛門のあたりにできものができるだろう。……妻の不幸によって悲しみを味わうのが常である。[10]

あるいは一七世紀英国の占星術師、ジョン・ガドベリーの『出生図の教義』から。

もし土星が第七ハウスにあるならば、土星は（生命を示す）上昇点の反対側にあることに

9　流智明『占星学教本』JICC 出版、一九八二年。よく読まれた占星術の入門書である。

10　Trans.by Jean RhysBrams *Ancient Astrology; Theory and Practice The Matehsis of Firmicus Materunus Noyes Press* 1975

なり、生命の危険がある。……多くの悲しみ、多くの困難、結婚における障害、しばしば妻との別離をもたらす。極めて悲惨な結婚。[11]

いずれも救いがなく、独断的に結婚の凶意を示す配置だとされている。これに比べ、グリーンの第七ハウスの土星の解釈は実に心理学的である。解釈は実に豊かに深められている。その一部を引いてみよう。

土星が第7ハウスにあると、内的な統合、あるいは敵対者とバランスを取る機会がもたらされる。自分の求める性質を、パートナーが望んだ形で実現してくれる見込みはほとんどないからだ。むしろ、自分を内なる探索へと再出発させる決意ができるまで、人間関係において苦痛、孤独、拒絶、失望を自ら次々と引き寄せることが多いはずだ。この位置の土星は、錬金術の「結合」(coniunctio) や神秘的結婚に近い意味を持っている。心理学的に言えば、心の新たな中心や、人生の新たなバランスと意味をもたらすような内的統合である。錬金術では「結婚」はエリクシル(霊液)が蒸留される前段階の闇と死をともなっている。第7ハ

11 John Gadbury, *The Doctrine of Nativities* 1658, republished by Ascella

ウスの土星をともなう闇は、約束された黄金の輝きに対応しているのだ。[12]

グリーンはその後も『占星学』（鏡リュウジ他訳、青土社、二〇一三年）『宿命の占星術 *Astrology of Fate*』『ネプチューン *Neptune*』などの心理学的占星術の著作を精力的に執筆する一方で、ロンドンに心理占星術センターを設立、後進の指導にあたる。

最近では心理占星術センターの活動は休止に向かっており、グリーン本人も一九世紀末の英国におけるオカルト運動の研究など、よりアカデミックな活動に軸足を移し、かつてのような賑やかさはないが、しかし、その影響を受けた占星術は大きく広がっている。

元型的心理学と占星術

リズ・グリーンのアプローチは、伝統的な占星術を「心理学化」させる方向に向かっていた。グリーンの影響は極めて大きかったので、占星術をあまりにも心理学化してしまう傾向を危惧する向きもあった。占星術は単に内面的なものを扱うだけではない、というのである。これはもっともなことだろう。惑星や星座の意味は本来内面にあって、内側の元型的なものが

12　グリーン前掲書

投影されたものである、と考えると外側に広がっていた壮大な占星術の世界が矮小化されてしまうことになるし、あるいは、その判断も具体性をかくものになってしまいかねない。

ところで面白いことに、今度は心理学者のほうから、過度に内面化されてしまった心理学そのものをもう一度外側に開いていこうという動きも出てきていたのである。

代表的なところでは、ジェイムズ・ヒルマンの元型的心理学である。ヒルマンは、スイスのユング研究所の学習主任を務め、世界中の碩学が集まったエラノス会議の常連でもあったという人物である。しかし、ヒルマンはあるときに「心理学自体が自閉的になっている」として臨床をやめてしまった。そして、より広範な著述活動を展開していった。

ヒルマンはユングを、近代の心理学の巨人というよりも、長い西洋の精神的伝統の水脈の中のひとりであるという。「その系譜は、フロイト、ディルタイ、コールリッジ、シェリング、ヴィコ、フィチーノ、プロティノス、そしてプラトンからヘラクレイトス」へと遡ることができるというヒルマンは、一五世紀の哲学者にして占星術師であるフィチーノを「元型心理学のパトロン」と呼ぶ。

すでに本書に何度も登場しているようにフィチーノは、ルネサンス時代に占星術と魔術を復興させた人物でもある。ヒルマンは、西洋の伝統には、近代の合理主義のもとになった北方的なものだけではなく象徴的にアルプスより南の「南の知」もあるという。これは常に対比される「東西」の対比とは別な比較の軸を持ち出しているということでもある。

ヒルマンは、物質と抽象的な精神をつなぐ媒介として「魂」を想定する。それは古代ギリシャ以来の、そしてフィチーノによる宇宙にみちる精気、宇宙の魂（アニマ・ムンディ）に想を得たものである。

ヒルマンは、「鏡から窓へ」[13]、つまり心理学は自分自身を自己愛的に見つめるものではなく、再び、心のありかを外の宇宙へと開いていかねばならないというのである。ただし、ここでいう「魂」とは、ニューエイジの信者たちが素朴に持ち出すような実体的なものではない。それはひとつの視座であり、精妙な感覚であり、字義的な定義には収まらないものである。しかし、この「魂」の感覚が、個々の無味乾燥な出来事に意味を与え、それを経験へと深めてゆく。

代表的な元型派の心理学者であり、ヒルマンのアンソロジーの編者でもある心理療法家のトマス・ムーアは、デビュー作がフィチーノの宇宙論と占星術に対する心理学的な注釈である『内なる惑星』[14]であり、また占星術の大会などにも顔を出している。その著書『日々の生活のリ・エンチャントメント』[15]において、ムーアはこのようにいう。

13　ジェイムズ・ヒルマン「鏡から窓へ　精神分析のナルシシズムを治療する」、日本ユング研究会編『ユング研究』Vol.1所収、ＡＢＣ出版、一九九〇年

14　トマス・ムーア『内なる惑星　ルネサンスの心理占星学』鏡リュウジ／青木聡訳、青土社、二〇〇二年

15　Thomas Moore, *The Re-Enchantment of Everyday Life*, Harper Collins, 1996.

占星術的態度は関心を、その主観、意識、そして意志のもとの決断に満ちた自己から引き離し、それ自身の神秘的な導きの糸や内省を与える外なる世界へと向かわせてゆく。占星術は自然を単に知るだけではなく、具体的かつ明断に自然と同調してゆく方法を与える。占星術を専門的に実践しようとしまいと、占星術の態度は単なる心理学を超えた深い導きを示す。私としては占星術を心理学的なものに還元するのではなく、心理学を拡張するためにこそ、占星術に向き合いたいのである。

還元主義的な心理学に占星術を閉じ込め内面化するのではなく、近代的な精神医学や心理学によって内側に「内面化」されて小さなところに閉じ込められてしまった魂の感覚を、フィチーノらの占星術を導きの糸として取り戻し、再び開放していこうというのが、元型的占星術の目論見なのである。

ただし、ヒルマンは現代の占星術に潜む罠についての警鐘を鳴らすことも忘れない。「占星術は、ともすれば科学的根拠のない数字の罠にはまる。そして成功を勝ち取り、恋を成就させ、トラブルを避けようとする実践的な自我の要求にレベルを合わせてしまう」。これは僕も含めて耳が痛い。書店に多く並ぶ占星術書は、自己啓発書にどんどん接近している。この世界にいかに適応し、成功するかに主眼を置いて、本来占星術の価値である、この世界にみちるワンダーの感覚、畏怖の感覚や宇宙の神秘に開かれていることから、かえって読者を遠ざけてしまうことがある。
「だが、占星術の最大の美徳は、個人の魂を元型的な力に帰す豊かな特徴を提示することにある。神話に基づくその想像力は、人間の先天的傾向を、より深い必然性に結びつける」[16]

トランスパーソナル心理学と占星術

ヒルマンとはまた別の方向で、心理学の占星術化を考えている学派もある。実は、「心理学の第四の勢力」とも呼ばれる、トランスパーソナル心理学の一部も占星術と接近しているのである。

トランスパーソナル心理学とは、精神分析、行動主義、人間性心理学についで現れた心理学の第四の波、などとも呼ばれていた学派であり、二〇世紀後半には大きな注目を集めた。文字通り、個人を超えた領域を探求の対象としようとし、従来の心理学モデルが扱いきれなかったスピリチュアリティまでも扱おうとしている。それだけで十分にアヤシイということもできようが、曲がりなりにも学問的な体裁をとって自らを発展させていこうとする面があるので、日本では占星術との関係については触れられることが少なかった。

16 ジェイムズ・ヒルマン『老いることでわかる性格の力』鏡リュウジ訳、河出書房新社、二〇〇〇年しかし、「トランスパーソナル心理学者の創立者の一人であり、ＩＴＡ（国際トランスパーソナル学会）の会長をながらく務め」「トランスパーソナル心理学の発展と切っても切り離せない」[17]とされる精神科医、スタニスラフ・グロフが深く占星術を信頼、傾倒しているといえばどうだろう。実際、グロフは占星術が「意識探求におけるロゼッタストーンである」[18]とまで言うのである。

そのことはとくに隠されてはいない。日本に広くトランスパーソナル心理学を紹介するのに大きく貢献した書物の一つとしてグロフの『脳を超えて』があげられる。原著は一九八五年、邦訳は一九八八年に出版されているが、この本を丹念に読んでいれば読者はすでにグロフの占星術への傾倒を見出せるはずだ。

グロフは断言する。「ニュートン＝デカルト的科学からは拒絶され、嘲笑されてきたトランジット占星学は、パーソナリティの発達と変容に関する貴重な情報源となりうるものである」[19]このような意見は近代科学からするとバカげているように見えるが、「意識を存在の布地《ファブリック》そのもののなかに織り込まれた宇宙の根本要素とみなし、元型的な諸構造を物質世界の現象に先行

17　吉福伸逸『トランスパーソナル・セラピー入門』平河出版社、一九八九年
18　Grof,S, *"Holotropic Research and Archetypal Astrology" in Archai; the Journal of Archetypal Cosmology Vol*, Ed by Grice, K.L and O'Neal, R Archai Press 2009, 11.
19　スタニスラフ・グロフ『脳を超えて』吉岡伸逸他訳、春秋社、一九八八年

し、それらを規定するものと認めるアプローチにとっては、占星学のはたらきはごく論理的で理解可能なものと映る」[20]

実際、グロフは英国占星術協会の年次大会で基調講演さえしているのである。

グロフが治療技法として開発した特徴的な技法は「ホロトロピックブレスワーク」である。LSDなど向精神薬を使わず、深く激しい呼吸法を用いて日常的な意識を超えた変性意識に入るテクニックであり、専門化の指導のもとに安全を期して行われる。このブレスワークによってさまざまなヴィジョンを被験者は体験するのだが、その体験は、グロフによれば四つのパターンに分類可能で、それは個々人が誕生のときに体験した内容に対応するというのである。

この四つの型はBPMⅠからⅣまでと名付けられている。ちなみにBPMというのはベーシック　ペリネイタル　マトリックスの略であり、「分娩前後の体験基盤」といったような意味だ。

どのような心理的アセスメントも、ブレスワークなどで誘発されるヴィジョンを予測することは不可能だが、グロフによれば占星術によってどの惑星が被験者のホロスコープに強く現れているか、関わっているかによって見出すことができる、というのである。以下、簡単にその内容を見てみよう。

20　Grof, S, *Holotropic Research and Archetypal Astrology in Archai; the Journal of Archetypal Cosmology Vol*, Ed by Grice, K. L and O'Neal, R Archai Press, 2009. 11.

○ＢＰＭⅠ　母親との原初的融合

これは胎児が母親の胎内でまどろんでいる状態である。自他の境界がなく、一種の大洋感覚にひたっている状況。羊水のなかで母親＝世界＝自己という前自我的な無境界感覚を得る。否定的には白昼夢や非現実性。占星術ではこの状態は海王星と一致する。海王星はギリシャ神話ではポセイドン、ローマ神話ではネプチューンであり、占星術においては、「星雲のごとく不明瞭、感化を受けやすく」「物質的世界の境界を溶解させる能力」と関係があり、無意識を通して芸術的、霊的領域と接触させるという。グロフらによれば、ホロスコープ上で海王星が強くトランジットしたり、出生図で強調されているときにＢＰＭⅠが出現することが多いという。

○ＢＰＭⅡ　母親との拮抗

ＢＰＭⅠの段階の次には生物学的出生プロセスにおいては陣痛が始まった段階に相当する。陣痛にともない、子宮はリズミカルに収縮し、胎児は子宮から押し出されようとするが、いまだ子宮口は開いておらず、胎児は圧迫されている。いわゆる「出口なし」の状況。これは占星術の土星元型の否定的側面と見事に符合する。土星は現代占星術では「制限、冷淡さ」をキーワードとし、「境界のうちにとどまろうとする衝動」に対応する。

○ＢＰＭⅢ　母親との補助作用

次の段階では子宮口が開く。子宮の収縮は続き、産道を通過する。苦痛は続くが、母子はともにその苦痛を共同して終えようとしている。死と再生のプロセスのクライマックスともいえ、しばしば、火山の爆発のようなヴィジョン体験として変性意識下では再体験される。このような現象は占星術における冥王星元型と合致する。冥王星は冥界の王ハデス、ないしプルートであり、現代占星術では「消滅、新生、再生」をキーワードとしている。物事を極限まで推し進め、そして次のステージに向けて変容させる強大な力を象徴するとされている。

○BPMⅣ　母親からの分離、解放

産道が開き、実際に胎児が新生児としてこの世界に生まれてくる解放の状態に当たる段階である。ぎりぎりの緊張から解放され、急激にリラックスするのと同時に新生、刷新した自己を感じる状態。これは占星術では天王星元型に相当する。天王星は英語では天空神ウラヌスであるがタルナスは、文化英雄であったプロメテウスが天王星の元型的イメージをもっともよく表す神格であると提唱している。

もしこれが本当なら大変に興味深いのではあるが、ただ、僕が知る限りではグロフらは「経験的証拠」があると述べるだけで、厳密な統計的なデータや実験記録は公開されていない。

そのようなデータはあるのか、あるいは、これもまた、ユングの実験のような、一種の宇宙的なトリックがなす、実験者と被験者の間の「暗黙の共謀関係」からくる、神秘的な繋がりによるものなのだろうか。

しかし、僕は思うのだ。内的なこころと、外側に広がる宇宙は、デカルト以来、少なくとも思考の上ではくっきりと分断されてしまったが、人間の体験や心はその繋がりの回復を求めている。

占星術という営みは、「心理学」という回路を通じ、この内と外をつなぐインターフェイスとして人々の気持ちを捉えているのではないだろうか、と。

おわりに

占星術への学問的研究は、一般に想像されているよりもはるかに困難である。占星術は一六世紀ごろまで天文学と一体であった。ということは占星術を理解するためには、高度な数学的、天文学的素養を必要とする。少なくともケプラーやガリレオが扱った天文学的データや数式をすらすらと理解することができる程度の素養が必要だ。

と同時に、占星術の歴史的、地域的広がりを考えると、占星術の全体像を理解するには、英独仏伊の現代語はおろか、ラテン語、ギリシャ語、アラビア語が必須になってくる。さらにいえば、占星術が興隆、ないし生存した社会を支えたキリスト教、イスラム教への造詣も求められるだろう。

占星術の研究は、真の意味での「学際的」な分野なのである。

だから専門的な意味での占星術研究は、僕の手にはまったくあまる。正直、手も足も出ないというところだ。

しかし、メディアの中で占星術を長らく扱わせていただき、現代占星術の本場である英国の研究、実践者たちと交流させていただいてきた身としては、この広大な占星術世界の魅力の一端を、もう少し深く、そして幅広く知っていただくのに貢献したいというのが、心の底にあった願いでもあった。

そこで、占星術の「歴史」ではなく、文化のさまざまな側面の中で占星術がいかに大きな役割を果たしてきたか、あるいはいかに重要な位置を示しているのかを、先行研究を引用しながら、できるかぎりわかりやすくご紹介しようと試みて、出来上がったのが本書である。

仕事柄、占星術をテーマに各地で講演や講義をさせていただくことも多いのだが、しばしば僕は「占星術を知らないとシェイクスピアもルネサンス絵画もわからない」と言う。それが単なる大げさな宣伝文句ではないことを、本書をお楽しみくださり理解していただければ幸いだ。そして、もし占星術により深い関心を持っていただけたのなら、脚注で上げたような文献にあたってくだされば、さらに心強いことこの上ない。

なお、本書の原稿のかなりの部分は、夜間飛行発行のメールマガジンのために書いたものであり、第六章はユングクラブ発行の『プシケー 16』(二〇〇〇年)に寄稿した内容を大幅に加筆修正したものである。

本書の誕生には多くの方のお力をお借りした。この場を借りて感謝申し上げたい。

まずは本書の企画を通してくださり、面倒な編集作業を一手に引き受けてくださった原書房の大西奈己さん。夜間飛行の担当をしてくださった宮崎雅子さん、さらに常に僕の占星術研究を励ましてくださる英国の占星術研究者ジェフリー・コーネリアス博士、マギー・ハイドさんにも感謝を捧げたい。

そして本書を手にしてくださったあなたと、運命の導きの星にも。

鏡リュウジ

二〇一七年二月

◆著者
鏡リュウジ（かがみ・りゅうじ）
占星術研究家、翻訳家。国際基督教大学卒業、同大学院修士課程修了（比較文化）。占星術の心理学的アプローチを日本に紹介し、従来の「占い」のイメージを一新。占星術の歴史にも造詣が深い。英国占星術協会会員。日本トランスパーソナル学会理事。平安女学院大学客員教授。京都文教大学客員教授。主な著書に『占星綺想』（青土社）、『占星術夜話』（説話社）、訳書に『ユングと占星術』（青土社）、『魂のコード』（河出書房新社）、監訳書に『世界史と西洋占星術』（柏書房）、『占星術百科』『世界占術大全』『占星医術とハーブ学の世界』（以上原書房）など多数。

カバー画像　フェルメール『天文学者』/ PPS 通信社

占星術《せんせいじゅつ》の文化誌《ぶんかし》

●

2017年3月30日　第1刷

著者……………鏡《かがみ》リュウジ
装幀……………岡孝治
発行者……………成瀬雅人
発行所……………株式会社原書房
〒160-0022 東京都新宿区新宿 1-25-13
電話・代表　03(3354)0685
http://www.harashobo.co.jp/
振替・00150-6-151594
印刷……………新灯印刷株式会社
製本……………東京美術紙工協業組合

ISBN 978-4-562-05391-9, printed in Japan